现代财务管理及会计实务研究

田媛媛　李二利　冷素云 ◎ 著

东北林业大学出版社
Northeast Forestry University Press
·哈尔滨·

图书在版编目（CIP）数据

现代财务管理及会计实务研究 / 田媛媛，李二利，
冷素云著. — 哈尔滨：东北林业大学出版社，2023.6

ISBN 978-7-5674-3211-6

Ⅰ．①现⋯ Ⅱ．①田⋯ ②李⋯ ③冷⋯ Ⅲ．①财务管
理－研究②会计学－研究 Ⅳ．①F275②F230

中国国家版本馆CIP数据核字（2023）第119506号

责任编辑：乔鑫鑫

封面设计：文　亮

出版发行：东北林业大学出版社

　　　　　（哈尔滨市香坊区哈平六道街 6 号　邮编：150040）

印　　装：河北创联印刷有限公司

开　　本：787 mm×1092 mm　1/16

印　　张：16

字　　数：308 千字

版　　次：2023 年 6 月第 1 版

印　　次：2023 年 6 月第 1 次印刷

书　　号：ISBN 978-7-5674-3211-6

定　　价：66.00元

前　言

　　财务管理是在一定的整体目标下，关于空产的购置（投资）、资本的融通（筹资）和经营中的现金流量（营运资金），以及利润分配的管理。财务管理是企业管理的一个组成部分，它是根据财经法规制度，按照财务管理的原则，组织企业财务活动、处理财务关系的一项经济管理工作。在现代企业管理当中，财务管理是一项涉及面广、综合性和制约性都很强的系统科学。它是通过价值形态对企业资金流动进行计划、决策和控制的综合性管理，是企业管理的核心内容。

　　企业的财务管理正以财务报表管理的方式向着财务业务一体化管理发生转变，从报表管理的事后汇报提升到以预算计划、事中控制、事后分析相结合的闭环管理，从粗犷管理向精细控制、从制度管控向手段管控转变。企业应顺应时代大潮，针对这些变化，结合企业内、外部环境，以及应对世界经济发展的需要，选择稳妥的财务管理模式，能够促进企业实现价值最大化并将风险防控在一定范围内，实现财务管理的计划、控制和决策职能，并对实现企业资源一体化过程中发挥财务管理的作用有着极其重要的意义。

　　本教材在编写过程中，作者参考了大量的国内外相关专家学者的著作和相关文献资料，在此表示衷心的感谢！

　　由于编者水平有限，教材中难免存在疏漏或不足之处，恳请广大读者和同行批评指正，以便再版时进一步修订和完善。

作者

2023 年 1 月

目　　录

第一章　现代财务管理的概述

第一节　现代财务管理的理论基础

一、财务管理的概念

财务管理是组织企业财务活动、处理财务关系的一项经济管理工作。因此，要了解什么是财务管理，首先要了解企业的财务活动和财务关系。

（一）企业的财务活动

企业的财务活动是以现金收支为主的企业资金收支活动的总称。在商品经济条件下，拥有一定数额的资金是进行生产经营活动的必要条件。企业的生产经营过程，一方面表现为物资的不断购进和售出；另一方面则表现为资金的支出和收回。企业的经营活动不断进行，就会不断产生资金的收支，企业资金的收支构成了企业经济活动的一个独立方面，这便是企业的财务活动。

（二）企业的财务关系

企业的财务关系是指企业在组织财务活动过程中与各有关方面发生的经济关系。企业的筹资活动、投资活动、经营活动、利润及其分配活动与企业内部和外部的各方面有着广泛的联系。

企业的财务关系可概括为以下几个方面。

1. 企业与所有者之间的财务关系

这种关系主要是指企业所有者向企业投入资金，企业向其所有者支付投资报酬所形成的经济关系。企业所有者主要有国家、法人单位、个人、外商四类。企业与其所有者之间的财务关系，体现着所有权的性质，反映着经营权和所有权的关系。

2. 企业与债权人之间的财务关系

这种关系主要是指企业向债权人借入资金，并按借款合同的规定按时支付利息和归还本金所形成的经济关系。企业债权人主要有、债券持有人、贷款机构、商业信用的提供者、其他出借资金给企业的单位或个人。企业与其债权人的关系表现为债权与债务的关系。

3. 企业与其他被投资单位的财务关系

这种关系主要是指企业将其闲置的资金以购买股票或直接投资的形式向其他企业投资所形成的经济关系。企业向其他单位投资，应按约定履行出资义务，参与被投资单位的利润分配。企业与被投资单位的财务关系是体现了所有权性质的投资与受资关系。

4. 企业与债务人的财务关系

这种关系主要是指企业将其资金以购买债券、提供借款或商业信用等形式出借给其他单位所形成的经济关系。企业将资金借出后，有权要求其债务人按约定的条件支付利息和归还本金。企业同其债务人的财务关系体现的也是债权与债务关系。

5. 企业内部各单位的财务关系

这种关系主要是指企业内部各单位之间，在生产经营各环节中相互提供产品或劳务所形成的经济关系。企业在实行内部经济核算制的条件下，企业供、产、销各部门以及各生产单位之间，相互提供产品和劳务要进行计价结算。这种在企业内部形成的资金结算关系，体现了企业内部各单位之间的利益关系。

6. 企业与职工之间的财务关系

这种关系主要是指企业在向职工支付劳动报酬的过程中所形成的经济关系。企业要用自身的产品销售收入，向职工支付工资、津贴、奖金等，按照提供的劳动数量和质量支付职工的劳动报酬。这种企业与职工之间的财务关系，体现了职工和企业在劳动成果上的分配关系。

7. 企业与税务机关之间的财务关系

这种关系主要是指企业要按税法的规定依法纳税而与国家税务机关所形成的经济关系。任何企业都要按照国家税法的规定缴纳各种税款，以保证国家财政收入的实现，满足社会各方面的需要。及时、足额地纳税是企业对国家的贡献，也是对社会应尽的义务。因此，企业与税务机关的关系反映的是依法纳税和依法征税的权力义务关系。

二、财务管理的目标

在计划经济体制下，企业要生产和销售产品，因为供给小于需求市场，所以企业的管理主要是生产管理。随着社会主义市场经济的引进和竞争的加剧，企业的优势在于以最少的投资（资本）获得最大的产出（资金），简而言之，企业生存和发展的经济效益取决于自身的创新能力和技术水平。低消费、高回报，使企业在竞争中立于不败之地。

任何商业活动都离不开"资金"，资本流动贯穿始终。企业财务管理目标有以下两点。一是以财务活动和财务管理为基础，财务管理是企业资本运动的决策、规划和控制管理活动的全过程。其实质就是以价值的形式对生产经营的全过程进行全面的管理。财务管理作为企业管理的核心，必须与企业的目标相一致。二是指在一定环境条件下的企业财务管理，应达到预期的结果，是企业机制财务管理的方向。财务管理目标理论有三个观点，即利润最大化、资本利润最大化、企业价值最大化，其中最具代表性的是企业价值最大化，因而如何实现企业价值最大化问题变得更加迫切。

（一）财务管理理念的转变是实现财务管理目标的思想保证

1. 风险的概念

在市场经济条件下，市场信息瞬息万变，任何企业的利益都是不确定的，存在着经济损失的可能性。同时，市场经济中的企业应该对自己的利润和损失负责。因此，只有通过增加生产和降低成本，才能赢得市场的竞争。为了使企业在市场竞争中不被淘汰，企业领导和财务人员必须树立风险观念，合理投资，加强对收入、成本和利润的评估。

2. 人才价值的概念

目前，我们处于知识经济时代，专利权、商标权、专有技术和知识，如商誉、信息资源和人力资源将成为经济发展的重要资源，科学技术是第一生产力，科学技术、知识和人才是决定企业在竞争中获胜的关键因素，这就要求企业必须建立人才价值观念。

3. 现金流的概念

现金流是衡量企业质量的重要指标。在许多情况下，现金流指数比利润指数更重要。即使企业经营业绩良好，由于缺乏现金流，也会导致企业破产。

4. 利润最大化理念

企业生产经营的最终目标是追求利润最大化，财务管理必须建立利润最大化的理念利润目标，我们必须加强单位收入、成本和费用、控制等资本措施，加强对各单位利润的考核，以确保各单位实现利润和利润最大化的目标。

5. 财务管理的概念

市场经济条件下，企业复杂多变的商业环境，风险越来越大，确保利润最大化，必须建立财务管理在企业管理中的核心地位，财务预测、决策、规划、控制、评价等，这是由财务管理工作的性质和特点决定的。

（二）提高会计质量是实现财务管理目标的坚实基础

会计和审计是最重要的，是对业务的预测和决策，这要求会计数据准确、完整和快速。在企业内部，要确保所有工作人员都有良好的道德操守、严谨的工作态度以及对会计工作的真实性和科学性的追求；至于外部环境，国家正在改革税收制度、金融制度、投资系统等，这些对企业财务管理将产生巨大影响。在内部审计和外部监督之下，保证审计的独立性、权威性，才能对企业发挥强有力的监督，企业才能在内部审计和外部监督的齐抓共管下，确保财务信息的真实性、完整性，营造有利的理财环境。

（三）提高财务管理人员综合能力是实现财务管理目标的动力

1. 参与决策能力

决策是企业最重要的工作，投资决定是企业所有决定中最重要的决策。投资决定失误是企业的最大失误，一个重要的投资决定失误能使一个企业陷入困境，甚至破产。因此，财务管理者为了调整收支情况，在掌握工作重点之后转移、预测、分析、检查、控制、参与决定，并修改各种经济责任制、规则制度。

2. 更新知识能力

会计工作是政策性和科学性很强的专业，因此为了适应社会发展的变化及财务管理的需要，财务人员在掌握会计知识的同时，还应学习本金和利息的分析，ABC 分析法等管理会计和经济活动分析理论，了解经济学、商业管理、计算机等基础知识，熟悉生产管理知识和法律、金融、保险、证券、期货、预测决策方面的相关知识，此外财务人员还必须具备自我更新知识、不断提高业务水平的能力。

3. 领会政策准则的能力

近年来，国家制定了一系列财务政策和会计制度，这些制度、法规有的刚性很强，有的则"弹性"很大，只规定一个上下限，也有其他规定，但仅在参考范围值之内。因此，这需要会计进行专业培训学习，领会精神，做好工作。现在的税法政策、税收筹划是在对政府制定的最优选择的税法进行比较后的法律税收条件下进行的，也就是说，纳税义务并没有在一定程度上降低或免除。合理的规划可以使企业在不违反税法的情况下，通过调整经营活动来减轻税负，从而实现净利润最大化。

4. 财务公关能力

伴随会计行业进入国际化的进程，企业内外关系比较复杂化，企业需要和行政管理部门建立良好的合作关系，对内要协调与上级领导、相关部门、职工的关系，对外协调与债务人、投资者的关系。从大方向来讲，对外还要从技术、信息等方面全方位观察企业的外部环境，协调好与上级主管、财政、税务部门的关系，这要求会计财管人员具有公关知识、技巧，在不损失会计信息的前提下，提高对外应对能力和对内协调能力。

5. 提高资产的利用效率

企业应建立严格的投资决策审查制度、规范的投资行为和投资决策主体、内容、程序、原则、责任、监督等方面的约束，从而尽可能提高企业财务管理水平的目标。在确定项目的过程中，实施"统一规划、民主集中、专家评审"的可行性论证方法。在资金使用方面，采用投资预算、总量控制和专用的封闭式跟踪方法，确定最佳的资本结构。资本结构是所有者权益与负债的比率关系。

如果资本结构不当，会严重影响企业的利益，增加风险，甚至导致企业破产。企业的最大价值在于找到最优的资本结构，揭示资本成本、财务杠杆和企业价值间的关系。企业的总利润不反映股东的财富。在同样风险的前提下，股东财富的大小取决于投资回报。要想增加投资回报，我们就必须学习"货币时间价值"，如净现值法、现值指数法、内含报酬率法等，以提高财务管理决策的质量，实现企业财务管理目标。

6. 加强企业内部财务控制

内部财务控制是由董事会、监事会、管理层和工作人员进行的，目的是实现控制财务目标。因此，企业内部财务控制目标与财务管理目标一致。内部监督管理内部经济活动并监督企业根据国家立法和相关法规，建立企业监督机制、风险报告机制。没有严格的内部控制系统，企业的目标达不到，更不用说价值最大化了。为了实现财务管理的目标，企业必须加强内部控制，确保企业的管理，确保企业资产的安全，确保企业财务报告的真实性和相关信息，全面提高企业的效率和管理，促进企业未来的发展战略。

总之，企业利益最大化是企业财务管理的奋斗目标。只有不断提高企业领导和财务人员的职业操守，同时还要提高财务人员的综合素质和会计工作能力，才能使企业的价值最大化，使投资者及其利益相关者的利益得到有力保障。

企业的财务管理是基于企业这个实体存在为前提而进行的一系列理财活动。这使得企业财务管理成为企业管理的一部分，财务管理目标取决于企业目标。

（四）财务管理的具体目标

企业是根据市场反映出来的，社会需要来组织和安排商品生产和交换的社会经济组织，企业必须有自己的经营目标。企业一旦成立，就要面临竞争，并处于生存和倒闭、发展和萎缩的矛盾之中。企业必须生存下去才可能获利，只有发展才能求得生存。因此，企业的财务管理目标可以概括为生存、发展和获利，其中获利应该是企业的终极目标。

1. 生存

生存是企业获利的首要条件，企业生存的基本条件是以收抵支，也就是企业从市场上获得的货币量至少要等于其付出的货币量，才能够维持企业的持续经营。一方面，企业使用货币去市场上购买货物，以取得企业发展所需资源；另一方面，企业生产产品或提供服务，以满足市场需求并从市场上获取货币。一旦企业不能够持续创新，并且以独特的产品和服务取得货币收入，或者不能够持续降低成本从而减少货币流出，那么企业将缺少足够的货币资金从市场上购买必需的资源，企业将出现亏损的局面。长期如此，将出现恶性循环，企业就会萎缩，甚至会因无法维持最低的运营条件而使企业倒闭。

企业生存的另一个基本条件是能够偿还到期债务。企业为了扩大规模进行长期投资，或者为了满足短期经营周转需要，向银行等金融机构申请贷款。如果企业不能够到期偿还本金和利息，按照国家有关法律规定，债务人必须申请破产还债。

2. 发展

企业必须在发展中求得生存。在竞争日益激烈的现代社会，在科技不断进步的经济浪潮中，在产品不断更新的时代背景下，如果企业仅仅满足于以收抵支或到期偿债，而不去思考企业的发展问题，不去创新产品、工艺、工作流程，不去学习各种先进理念和方法，企业将缺少核心竞争力，就可能被对手逐渐占有自己已有的市场份额，被优胜劣汰的自然竞争规律所淘汰。企业的发展集中表现为增加收入，这就要求企业必须不断更新设备、技术和工艺，改进管理，提高产品质量，不断创新产品，扩大产品销售量，努力增加企业销售收入。在市场经济中，各种资源的取得都需要付出货币，因此企业的发展离不开资金，财务管理活动必须为企业发展提供充足的资金保证。

3. 获利

获利是企业生存的根本目的。企业只有获利，才有其存在的价值。也只有企业获利，它才有可能改善职工收入、改善劳动条件、提高产品质量、实现产品创新、扩大市场份额，从而实现企业的发展需要。从财务角度来看，盈利就是超过企业投资额的回报。企业的每项资产都是投资，都必须从经营中获得回报。获取盈利是最具综合性的目标，它不仅体现了企业的出发点和归宿，而且反映了企业其他目标的实现程度。财务管理的本质就是通过有效地配置资源、合理地安排资金，使企业尽可能多地获得盈利。

（五）财务管理目标与企业管理目标的一致性和独立性

企业管理是一个庞大复杂的控制系统，财务管理是该系统的一个子系统，子系统必须服从系统的整体效益。目标整体性要求协调整体目标与子系统目标的关系，以实现整体目标的最优。从这个意义上说，财务管理的总目标与企业管理的整体目标是统一的。纵观中外具有代表性的财务管理目标观，无论是产值最大化、利润最大化，还是股东财富最大化、企业价值最大化，尽管表述方式和主体侧重点有所不同，但是它们的共同之处在于与企业获利最大化这一企业目标的一致性。

财务管理的总目标虽与企业管理目标基本一致，但如何将财务管理的总目标定位得更准确、更具操作性，应作为财务管理目标的研究出发点之一。财务管理目标是企业进行理财活动所希望实现的结果。然而，由于委托代理问题的存在，企业不同利益相关者对企业的财力分配有不同的预期，因而，在满足盈利这一企业总目标下，应当通过对财务管理目标的界定，协调各个利益集团的利益，这一职能内含于企业的财务管理目标，也是财务管理目标相对独立于企业目标的地方。

企业财务管理目标制定过程是各利益关系方之间的博弈过程，最终制定结果是一个能满足各利益集团要求的折中，各利益集团都可以借助财务管理目标实现自身的最终目的。

三、财务管理的对象与内容

（一）财务管理的对象

财务管理主要是对资金的管理，其对象是资金及其流转。资金流转的起点和终点是现金，其他资产都是现金在流转中的转化形式。因此，财务管理的对象也可以说是现金及其流转。财务管理也会涉及成本、收入和利润等问题。从财务的观点来看，成本和费用是现金的耗费，收入和利润是现金的来源。财务管理主要在这种意义上研究成本和费用及收入和利润等，而不同于一般意义上的成本管理和销售管理，也不同于计量收入、成本、费用和利润等的会计工作。

1. 现金流转的概念

建立一个新企业首先要解决两个问题：一是制定规划，明确所要经营的项目和规模；二是筹集必需的现金，作为最初的资本。没有现金，企业的规划无法实施，不能开始运营。企业建立后，现金变为经营用的各种资产，在运营中这些资产又陆续变回现金。在生产经营中，现金变为非现金资产，非现金资产又变为现金，这种流转过程称为现金流转。这种流转无始无终，不断循环，称为现金循环或资金循环。

现金循环有多种途径。例如，有的现金用于购买原材料，原材料经过加工成为产成品，产成品出售后又变为现金；有的现金用于购买固定资产，如机器等，它们在使用中逐渐磨损，价值计入产品成本，陆续通过产品销售变为现金。各种流转途径完成一次循环，即从现金开始又回到现金所需的时间不同。购买商品的现金可能几天就可流回，购买机器的现金可能要许多年才能返回现金状态。

现金转变为非现金资产，然后又恢复到现金，根据所需时间不同，可分为现金的短期循环和现金的长期循环。

2.现金的短期循环

现金转变为非现金资产，然后又恢复到现金，所需时间不超过一年的流转，称为现金的短期循环。短期循环中的资产是短期资产，包括现金本身和企业正常经营周期内可以完全转变为现金的存货、应收账款、短期投资及某些待摊和预付费用等。

3.现金的长期循环

现金转变为非现金资产，然后又恢复到现金，所需时间在一年以上的流转，称为现金的长期循环。长期循环中的非现金资产是长期资产，包括固定资产、长期投资、无形资产、递延资产等。企业用现金购买固定资产，固定资产的价值在使用中逐步减少，减少的价值称为折旧费。折旧费和人工费、材料费构成产品成本，出售产品时收回现金。有时，出售固定资产也可使之变为现金。现金的长期循环是一个缓慢的过程，房屋建筑物的成本往往要几十年才能得到补偿。长期循环有两个特点值得注意：第一，折旧是现金的一种来源；第二，长期循环和短期循环的系。

长期循环和短期循环的共同特点为：长期循环和短期循环在换取非现金资产时分开，分别转化为各种长期资产和短期资产。它们被使用时，分别进入在产品和各种费用账户，又汇合在一起，同步形成产成品，产品经出售又同步转化为现金。当产品转化为现金以后，不管它们原来是属于短期循环还是长期循环，企业都可以视需要重新分配。折旧形成的现金可以购买原材料、支付工资等，原来用于短期循环的现金收回后也可以用于投资固定资产等长期资产。

4.现金流转不平衡

如果企业的现金流出量与流入量相等，财务管理工作将大大简化。实际上这种情况极少出现，不是收大于支，就是支大于收，企业在一年中会多次遇到现金流出量与现金流入量不平衡的情况。

（二）财务管理的内容

企业财务活动包括：筹资活动、投资活动、营运活动及分配活动，对这四个方面的活动的管理构成了财务管理的基本内容。企业财务活动具体还包括：筹资管理、投资管理、营运资金管理、利润及其分配管理。

1.企业筹资管理

在筹资管理中，主要针对以下问题进行管理：一是正确预测需要筹资的金额规模多少最合理；二是合理确定筹资的方式，比如发行股票和借入资金的选择以及两种方式的比例确定；三是对借入资金选择发行债券还是从银行借入做出决策；四是对采取长期还是短期借款以及两者的比例做出选择与决策，同时还要对不同性质的银行借款比例进行决策，以保证借款的稳定性；五是对还款方式进行选择等。

2. 企业投资管理

企业的投资包括购买固定资产、无形资产等对内投资，也包括购买股票、债券，以及兼并、收购等对外投资。在投资管理中，企业财务人员应对投资项目进行论证，不仅要论证投资方案的现金流入与现金流出，还要论证投资的回收期，同时要控制投资风险，对不同的投资方案进行选择或投资组合。另外，还要根据企业的财务状况确定合理的投资规模，防止盲目投资，影响财务结构的稳固性，并在投资之前进行详细分析，做出正确的决策。

无论是对内投资还是对外投资，投资管理都要求企业必须合理确定投资规模、投资方向和投资方式等，以控制投资风险，提高投资收益。

3. 营运资金管理

营运资金是指企业在生产经营过程中占用的流动资产的资金。企业在日常生产经营过程中，会发生一系列的资金收付。在营运资金管理中，主要涉及流动资产与流动负债的管理，关键是加快资金周转，提高资金的使用效果。营运资金管理主要包括存货决策、生产决策、信用管理、税收筹划等。

4. 利润及其分配管理

在利润及其分配管理中，要根据企业的情况，制定最佳的分配政策，其中最主要的是股利支付率的确定，过高会影响企业的投资能力，过低又会影响股价的变动，当然，对于非上市公司来说，不存在股价变动问题，但会导致投资人的不满，影响投资者的积极性。

四、财务管理的原则

财务管理原则，是指组织企业财务活动和协调处理财务关系的行为准则，是体现理财活动规律性的行为规范，是对财务管理的基本要求。财务管理原则是从财务管理实践中总结归纳出来的行为规范，它既反映了企业财务管理活动规范化的本质要求，又体现了理财的基本理念。

财务管理原则是联系理论与实务的纽带。财务管理理论是从科学角度对财务管理进行研究的成果，通常包括假设、概念、原理和原则等。财务管理实务是指人们在财务管理工作中使用的原则、程序和方法。财务管理原则是财务管理理论和财务管理实务的结合部分，具有重要的理论意义和现实意义，具有以下特征：①财务管理原则是财务假设、概念和原理的推论，是经过论证的、合乎逻辑的结论，具有理性认识的特征。②必须符合大量观察法和事实、能够被多数人接受。③财务管理原则是财务交易和财务决策的基础，财务管理实务是应用性的，"应用"是指对理财原则的应用，各种理财程序和方法都是根据理财原则建立的。④为解决新的问题提供指引。⑤原则不一定在任何情况下都绝对正确。

（一）有关竞争环境的原则

1. 自利行为原则

自利行为原则是指人们在进行决策时按照自己的财务利益行事，在其他条件相同的情况下，人们会选择对自己经济利益最大的行动。该原则是有关竞争环境原则的核心。

自利行为原则的依据是理性人假设（又称经济人假设）。该假设认为，人们对每一项交易都会衡量其代价和利益，并且会选择对自己最有利的方案来行动。自利行为原则假设企业决策人对企业目标具有合理的认识程度，并且对如何达到目标具有合理的理解。在这种假设下，企业会采取对自己最有利的行动。自利行为原则并不认为钱是任何人生活中最重要的东西，也不认为钱以外的东西都是不重要的，而是说在"其他条件都相同时"，所有财务交易参与者都会选择对自己经济利益最大的行动。

自利行为原则的一个重要应用是委托—代理理论。根据该理论，应当把企业看成各种自利行为的集合。企业和各种利益关系人之间的关系，大部分属于委托代理关系。这种相互依赖又相互冲突的利益关系，需要通过"契约"来协调。因此，委托—代理理论是以自利行为原则为基础的。

自利行为原则的另一个应用是机会成本概念。当一个人采取某个行动时，就等于取消了其他可能的行动，因此他必然要用这个行动与其他的可能行动相比较，看该行动是否对自己最有利。当采用一个方案而放弃另一个方案时，被放弃方案的最大净收益是被采用方案的机会成本，也称择机成本。将方案的预期收益与机会成本进行比较，实际上就是在其他条件都相同的情况下，将该方案的预期收益与其他方案进行比较，选取对自己最有利的方案。

2. 双方交易原则

双方交易原则是指每一项交易都至少存在两方，在一方根据自己的经济利益进行决策时，另一方也会按照自己的经济利益进行决策，因此在决策时，不仅要考虑自利行为原则，要正确预见对方的反应。

双方交易原则的建立依据是商业交易至少存在两方，交易是"零和博弈"，以及各方都是自利的。每一项交易都有一个买方和一个卖方，一方的收益是另一方的成本，一方享有权利，则另一方需承担义务。在"零和博弈"中，双方都按自利行为原则行事，谁都想获利而不是吃亏。那么为什么还会成交呢？这与事实上人们的信息不对称有关。信息不对称使自利的交易双方对金融证券产生不同预期，高估者买入、低估者卖出，交易的结果是一方得到的与另一方失去的一样多，从总体上看交易双方收益之和为零。因此，在决策时不仅要对自身有利，还要使对方有利，否则交易就无法实现。

双方交易原则要求在理解财务交易时不能"以自我为中心"，在谋求自身利益的同时要注意对方的存在，以及对方也在遵循自利行为原则行事。这条原则要求我们不要总是"自以为是"，错误地认为自己优于对手。

双方交易原则还要求在理解财务交易时注意税收的影响。由于税收的存在，主要是利息的税前扣除，使得某些交易成为"非零和博弈"。政府是交易第三方，凡是交易政府都要从中收取税金。

3. 信号传递原则

信号传递原则是指行动可以传递信息，并且比企业的声明更有说服力。

信号传递原则是自利行为原则的延伸。根据自利行为原则的要求，一项资产的买进能暗示出该资产"物有所值"，买进的行为提供了有关决策者对未来的预期或计划的信息。例如，一个公司决定进入一个新领域，反映出管理者对自己公司的实力以及新领域未来前景充满信心。

信号传递原则要求根据企业的行为来判断它未来的收益状况。例如，一个经常用配股的办法找股东要钱的公司，很可能自身产生现金流的能力较差；一个大量购买国库券的公司，很可能缺少净现值为正数的投资机会；内部持股人出售股份，常常是公司盈利能力恶化的重要信号。

信号传递原则还要求公司在决策时不仅要考虑行动方案本身，还要考虑该项行动可能给人们传递的信息。在资本市场上，每个人都在利用他人交易信息，自己交易的信息也会被他人利用，因此应考虑交易的信息效应。例如，优序融资理论认为，外部融资可能向市场传递公司证券价值被高估的信号，为避免这种嫌疑，公司应尽量选择内源融资。又例如，当把一件商品价格降至难以置信的程度时，人们就会认为它质量不好，不值钱。

4. 引导原则

引导原则是指当所有办法都失败时，寻找一个可以依赖的榜样作为自己的引导。所谓"当所有办法都失败"，是指我们的理解力存在局限性，不知道如何做对自己更有利；或者寻找最准确答案的成本过高，以至于不值得把问题完全搞清楚。在这种情况下，不要坚持采用正式的决策分析程序，而是直接模仿成功榜样或者大多数人的做法。引导原则是行动传递信号原则的一个应用。承认行动传递信号，就必然承认引导原则。

不要把引导原则混同于"盲目模仿"。它仅在两种情况下适用：一是理解存在局限性，认识能力有限，找不到最优解决办法；二是寻找最优方案的成本过高。在这种情况下，跟随值得信任的人或者大多数人才是有利的。引导原则不会帮你找到最好的方案，却常常可以使你避免最差的行动。它是一个次优化准则，其最好结果是得出近似最优的结论，最差结果是模仿了别人的错误。

（二）有关创造价值的原则

有关创造价值的原则是人们对增加企业财富基本规律的认识。

1. 有价值的创意原则

有价值的创意原则是指新创意能获得额外报酬。

竞争理论认为，竞争优势可以分为经营奇异和成本领先两方面。经营奇异是指产品本身、销售交货、营销渠道等客户广泛重视的方面在产业内独树一帜。任何独树一帜都来源于新的创意。创造并保持经营奇异性的企业，如果其产品溢价超过了为产品的独特性而附加的成本，它就能获得高于平均水平的利润。

有价值的创意原则主要应用于直接投资项目。要弄清一个项目依靠什么取得真正的净现值——一个有创意的投资项目。有创意的直接投资，其竞争不充分，商品市场有效性低，从而可以获得正的净现值；证券投资竞争程度高，资本市场有效性高，从而难以获得正的净现值。

2. 比较优势原则

比较优势原则是指专长能创造价值。比较优势原则强调的是比较优秀而不是绝对优势。例如你要想在市场上赚钱，就必须发挥你的专长。大家都想赚钱，你凭什么能赚到钱？你必须在某一方面比别人强，并依靠你的强项来赚钱。没有比较优势的人，很难取得超出平均水平的收入；没有比较优势的企业，很难增加财富。

比较优势原则的依据是分工理论。让每一个人都去做最适合他做的工作，让每一个企业生产最适合它生产的产品和劳务，从而使社会经济效率提高。

比较优势原则的一个应用是"人尽其才、物尽其用"。在有效的市场中，不必要求自己什么都能做得最好，但要知道谁能做得最好。对于某一件事情，如果有人比你做得更好，就支付报酬让他代你去做。同时，你去做别人做得更好的事情，让别人给你支付报酬。如果每个人都去做能够做得最好的事情，那么每项工作就找到了最称职的人，就会产生经济效率。如果每个企业都在做自己能够做得最好的事情，那么一个国家的效率就提高了。国际贸易的基础就是每个国家生产它最能有效生产的产品和劳务，这样就可以使每个国家都受益。

比较优势原则的另一个应用是优势互补，如合资、合并、收购等都是出于优势互补原则。比较优势原则要求企业应把主要精力放在比较优势上，而不是日常运行上。建立并维持自己的比较优势，是企业长期获利的根本。

3. 期权原则

期权是指不附带义务的权利，它有经济价值。期权原则是指在估价时要考虑期权的价值。

期权概念最初产生于金融期权交易，它是指所有者（期权购买人）能够要求出票人（期权出售者）履行期权合同上载明的交易，而出票人不能要求所有者去做任何事情。在财务上，一个明确的期权合约经常是指按照预先约定的价格买卖一项资产的权利。

广义期权不限于财务合约，任何不附带义务的权利都属于期权。许多资产都存在隐含的期权。例如，一个企业可以决定某个资产出售或者不出售，如果价格不令人满意就不出售，如果价格令人满意就出售。这种选择权是广泛存在的，例如，一个投资项目，本来预期有正的净现值，因此被采纳并实施了，上马后发现它并没有原来设想得那么好。此时，决策人不会让事情按原计划一直发展下去，而会决定方案下马或者修改方案，使损失减少到最低。这种后续选择权是有价值的，它增加了项目的净现值。在评价项目时就应考虑到后续选择权是否存在以及它的价值有多大。有时一项资产附带的期权比该资产本身更有价值。

4.净增效益原则

净增效益原则是指财务决策建立在净增效益的基础上，一项决策的价值取决于它和替代方案相比所增加的净收益。

一项决策的优劣是与其他替代方案（包括维持现状而不采取行动）相比较而言的。如果一个方案的净收益大于替代方案的净收益，我们就认为它是一个比替代方案好的决策，其价值是增加的净收益。在财务决策中，净收益通常用现金流量计量，一个方案的净收益是指用该方案的现金流入量减去现金流出量的差额，也称现金流量净额。

净增效益原则的应用领域之一是差额分析法，也就是在分析投资方案时只分析它们有区别的部分，而省略其相同的部分。净增效益原则看起来似乎很容易理解，但实际贯彻起来需要头脑清晰，周密地考察方案对企业现金流量总额的直接和间接影响。

净增效益原则的另一个应用是沉没成本概念。沉没成本是指已经发生、不会被以后的决策改变的成本。沉没成本与将要采纳的决策无关，不属于增量成本，因此在分析决策方案时应将其排除。

（三）有关财务交易的原则

有关财务交易的原则是人们对于财务交易基本规律的认识，其主要分为以下几点。

1.风险——报酬权衡原则

风险——报酬权衡原则是指风险和报酬之间存在一个对等关系，投资人必须对报酬和风险做出权衡，为追求较高报酬而承担较大风险，或者为减少风险而接受较低的报酬。所谓"对等关系"，是指高收益的机会必然伴随巨大风险，风险小的机会必然只有较低的收益。

在财务交易中，当其他一切条件相同时，人们倾向于高报酬和低风险。如果两个投资机会除了报酬不同以外，其他条件（包括风险）都相同，人们会选择报酬较高的投资机会，这是由自利行为原则所决定的。如果两个投资机会除了风险不同以外，其他条件（包括报酬）都相同，人们会选择风险小的投资机会，这是由"风险厌恶"所决定的。"风险厌恶"是指人们普遍对风险反感，认为风险是不利的事情。风险反感表现在确定的1元钱，其经济价值要大于不确定的1元钱；风险反感使得投资者在冒风险投资时，会要求以额外的收益作为补偿，投资者的风险厌恶感越强，要求的风险补偿越大。

2.投资分散化原则

投资分散化原则是指不要把全部财富投资于一个项目，而要分散投资。

投资分散化原则的理论依据是投资组合理论。哈里·马科维茨的投资组合理论认为若干种股票组成的投资组合，其收益是这些股票收益的加权平均数，但其风险要小于这些股票的加权平均风险，所以投资组合能降低风险。

分散化投资具有普遍意义，不仅仅适用于证券投资，公司各项决策都应注意分散化原则。不应把公司的全部投资集中于个别项目、个别产品或个别行业；不应当把销售集中于少数客户；不应当使资源供应集中于个别供应商；重要的事情不要依赖一个人完成；重要的决策不要由一个人做出。凡是有风险的事项，都要贯彻分散化原则，以降低风险。

3.资本市场有效原则

资本市场有效原则是指在资本市场上频繁交易的金融资产的市场价格反映了所有可获得的信息，而且面对新信息完全能迅速地进行调整。

资本市场有效原则要求理财时应重视市场对企业的估价。资本市场既是企业的一面镜子，又是企业的行为矫正器。

4.货币时间价值原则

货币时间价值原则是指在进行财务计量时要考虑货币时间价值因素。货币时间价值是指货币在经过一定时间的投资和再投资后所增加的价值。

货币具有时间价值的依据是货币投入市场后其数额会随着时间的延续而不断增加。货币具有时间价值，是投资与再投资将产生投资收益的结果。要想让投资者把钱拿出来，市场必须给他们一定的报酬。这种报酬包括两部分：一部分是时间价值，即无风险投资的投资报酬；另一部分是风险价值，即因为有风险而附加的投资报酬。

货币时间价值原则的首要应用是现值概念。不同时点上的货币具有不同的价值量，不能直接相加、相减、相比较，必须换算到同一时点上。通常要把不同时点上的货币价值统一换算到当前时点，以便进行运算或比较。

货币时间价值原则的另一个重要应用是"早收晚付"观念。对于不附带利息的货币收支，与其晚收不如早收，与其早付不如晚付。

五、财务管理的环节

在财务管理工作中，为了实现财务管理的目标，还必须掌握财务管理的环节和方法。财务管理的环节是指财务管理的工作步骤与各个阶段。财务管理一般包括财务预测、财务决策、财务预算、财务控制、财务分析五个相互联系、相互配合的环节。这些环节紧密联系，形成周而复始的财务管理循环过程，从而构成完整的财务管理工作体系。

（一）财务预测

财务预测是根据企业财务活动的历史资料，考虑现实的要求和条件，对企业未来的财务活动和财务成果做出科学的预计和测算。其作用是通过测算各项生产经营方案的效益，为决策提供可靠的依据；通过预计财务收支的发展变化情况，以确定经营目标；通过测定各项定额和标准，为编制预算提供服务。财务预测是财务管理循环的联结点，其工作内容包括：①明确预测对象和目的；②收集和整理资料；③确定预测方法，利用预测模型进行预测。

（二）财务决策

财务决策是指财务人员在财务目标的总体要求下，运用专门的方法从各种备选方案中选出最佳方案。在市场经济条件下，财务管理的核心是财务决策，因为财务决策关系到企业财务活动的成败。财务决策的工作步骤包括：①确定决策目标；②提出备选方案；③选择最优方案。

财务决策的方法主要有优选对比法和数学模型法。优选对比法包括总量对比法、差量对比法、指标对比法等；数字模型法包括有数学微分法、线性规划法、概率决策法、损益决策法等。

（三）财务预算

财务预算是指运用科学的技术手段和方法，对目标进行综合平衡，制订主要的计划指标，拟定增产节约措施，协调各项计划指标。财务预算是以财务决策确立的方案和财务预测提供的信息为基础编制的，是财务预测和财务决策所确定的经营目标的系统化、具体化，是控制财务收支活动、分析生产经营成果的依据。财务预算主要包括以下工作：①分析财务环境，确定预算指标；②协调财务能力，组织综合平衡；③选择预算方法，编制财务预算。

（四）财务控制

财务控制是指在生产经营活动过程中，以预算任务和各项定额为依据，对各项财务收支进行日常计算、审核和调节，将其控制在制度和预算规定的范围之内，发现偏差及时纠正，以保证实现或超过预定的财务目标。实行财务控制是贯彻财务制度、实现财务预算的关键环节。其主要工作内容包括：①制定控制标准，分解落实责任；②实施追踪控制，及时调整误差；③分析执行差异，搞好考核奖惩。

（五）财务分析

财务分析是指以核算资料为依据，对企业财务活动的过程和结果进行调查研究，评价预算完成情况，分析影响预算执行的因素，挖掘企业潜力，提出改进措施。通过财务分析，可以掌握各项财务预算和财务指标的完成情况，不断改善财务预测和财务预算工作，提高财务管理水平。财务分析的一般程序是：①收集资料，掌握信息；②进行对比，做出评价；③分析原因，明确责任；④提出措施，改进工作。

第二节 现代财务管理的作用及价值基础

一、现代财务管理的作用

随着市场经济的发展，企业之间的竞争更加激烈，财务管理在企业中的地位也更加重要。在新的经济环境下，企业财务管理的内涵、功能和地位等都发生了深刻的变化。在新的市场环境下，企业对于财务管理给出了新的定位。

（一）现代市场经济条件下，财务管理的对象及内容

企业财务管理就是对企业的全部资金及其运动的管理，其中主要包括企业资金的筹集、使用和分配，市场经济环境中，企业是经营者和生产者。因此，企业的财务管理范围除了包含企业内部的资金运动以外，还包括整个社会生产过程。

1. 多种渠道筹措资金，提高企业资本运营收益

对于任何一个企业而言，融资都是企业获取资金的重要手段，企业一般都是通过融资租赁、发行股票和债券等方式来获取资金的。一般筹资对象都是金融机构和非金融机构。在筹措债务和发行股票方面，两者存在很大的差别，筹措债务表示资金成本可在税前列支，但是所承担的财务风险较大。而发行股票是通过分散所有权的方式获得相应的资金支持，因此财务风险较小。不同的筹资方式就要求企业对财务管理工作做出相应的调整，以适应企业发展的需要。

2. 加强企业财务管理以实现现金流量最大化

目前，我国企业的财务管理目标是提高企业的经济效益，实现企业利润的最大化。随着市场经济的发展，企业的财务状况直接影响到企业的整体发展。因而必须采取科学的、合理的方法对企业的财务状况进行分析，尽可能提高企业的资金利用效率，合理运用资金，最大限度地提升企业的现金流动能力，控制资产负债率、存货周转率、流动比率、速动比率等，以实现企业现金流量最大化。

3. 建立有效的财务管理风险机制

企业在经营管理过程中难免存在各种风险，在市场经济环境下，很多企业由于财务风险预警机制的缺失导致其衰败。在企业竞争加剧的情况下，企业财务风险的加剧导致企业在获利中产生了风险。因此，企业要重视财务风险的管理，建立一套完整有效的财务管理风险机制，对企业财务管理过程中的重大投资、债务清偿等环节进行严格把控，对可能存在的财务风险进行及时预防、评估、控制和分散，尽量降低财务风险发生的可能性。

（二）制约财务在企业管理中的地位和作用的因素

1. 日常操作不规范，工作落实不到位

目前，不少企业的财务工作都存在问题，比如科目滥用、信息失真、账目不清、手续简化等，还有存在私设小金库、虚假记载，不定期对库存现金进行盘点发现会计凭证和账目核对不准，财务人员监管不力等，导致企业账证不符、账实不符的现象发生。

2. 财务管理职责混乱

由于企业自身的原因，很多企业的财务监管人员不能独立地行使自己的监督权，对企业财务工作中出现的种种问题，财务监管人员无法做到有效的监管，导致财务工作中很多漏洞无法被发现和更正，财务监管人员监管不到位，管理人员管理不当，企业的财务管理职责混乱导致企业的管理出现恶性循环。

3. 人员设置机构不合理

随着市场经济环境下经济知识的不断更新换代，很多企业在企业内部的机构设置上出现问题。企业财务人员也缺乏相应的专业素养，并且理财观念滞后，缺乏一定的主动性和创新能力。

（三）确立财务管理在企业管理中的中心地位

1. 盘活存量资产，处理沉淀资金，加快资金流动性

目前我国企业资金闲置现象比较普遍，一方面是由于企业存在很多不用材料和设备，另一方面企业贷款较重，在资金的运用方面有待改善。针对这一问题，企业应当每年集中进行盘查，列出积压清单，及时列出报废资产，并尽可能将报废资产转为货币资金。

2. 编制资金使用计划，加强资金平衡工作，充分发挥资金调度作用

一方面，企业为了维持正常的运作，要对资金进行合理分配。企业要采取适当的措施进行资金的统一安排，根据任务的轻重缓急合理安排工作顺序。另一方面，企业要安排财务部门将各部门的用款计划进行呈报，确保资金的合理使用。

3. 人才管理是确立财务管理中心地位和作用前提

无论是对于国家还是企业，人才都是十分重要的发展动力。对企业的财务管理而言，领导干部必须具备一定的财务管理素质。要加强对财务管理相关知识的学习，比如税收、金融、财务等法律法规，同时领导要重视财务管理，积极参与财务管理活动。而财务部也要及时参与企业的经营管理和重大决策，不断学习财务管理理论知识，树立终身学习的理念。

二、现代财务管理的价值基础

财务管理价值基础包括利率、资金时间价值观念和风险与报酬。下面我们对这三点进行详细的分析。

（一）财务管理的利率

利率是指借款、存入或借入金额（称为本金总额）中每个期间到期的利息金额与票面价值的比率。在财务管理的价值管理过程中，利率是十分重要的因素。从广义的角度来说，利率并不局限于银行利息本身，还包括债券市场，甚至还可以纳入股票分红，作为股息的另一种表达方式。

影响利率高低的因素主要包括与资本的边际生产力或资本的供求关系，以及承诺交付货币的时间长短以及所承担风险的程度。在我国社会主义市场经济中，由于利息是平均利润的一部分，因此利息率也由平均利润率决定，即利率的高低首先取决于社会平均利润率的高低。现阶段，我国利率的总水平与大多数企业的负担能力是相适应的。

1. 利率的类型

利率可以按照不同的标准进行分类。

（1）根据与通货膨胀的关系

根据与通货膨胀的关系，利率可分为名义利率和实际利率。名义利率是指以名义货币表示的利息与本金之比，该种利率是没有剔除通货膨胀因素的利率，也就是借款合同或单据上标明的利率。实际利率是指在物价水平不变，从而货币购买力不变条件下的利息率，该种利率是已经剔除通货膨胀因素后的利率。

资金提供者或使用者现金收取或支付的利率一般为名义利率，如银行存款的年利率为 3.5%，这个利率就是名义利率，但在通货膨胀环境下，储户或投资者收到的利息回报就会被通胀侵蚀。比如，在银行存款的例子中，如果同期的通货膨胀率为 5%，则储户存入资金的实际购买力在贬值。因此，扣除通胀成分后的实际利率才更具有实际意义。

名义利率与实际利率之间存在如下的计算关系：

$$1+ 名义利率 ＝（1+ 实际利率）×（1+ 通货膨胀率）$$

一般可近似简化为：

$$名义利率 ＝ 实际利率 + 通货膨胀率$$

（2）根据利率形成机制不同

根据利率形成机制不同，利率可分为法定利率和市场利率。法定利率是指由一国政府金融管理部门或者中央银行确定的利率，它是由政府根据货币政策的需要和市场利率的变化趋势加以制定的。法定利率体现了政府调节经济的意向。市场利率是指根据市场资金供求关系通过竞争形成的利率，它会随着资金的供求状况变化而变化。

（3）根据利率之间的变动关系

根据利率之间的变动关系，利率可分为基准利率和套算利率。基准利率是指金融市场上具有普遍参照作用的利率，是其他利率或金融资产价格定价的基础，基准利率变动，其他利率也随之变动。套算利率是指在基准利率确定之后，各金融机构根据基准利率和借贷款项的特点而换算出的利率。例如，某金融机构规定，AAA 级、AA 级和 A 级企业的贷款利率应分别在基准利率的基础上加 0.5%、1.0% 和 1.5%，基准利率加上调整利率就是套算利率。

（4）根据货币资金借贷关系持续期间内利率水平是否变动来划分

根据货币资金借贷关系持续期间内利率水平是否变动来划分，利率可分为固定利率与浮动利率。固定利率是指在整个借贷期限内，利率不随物价或其他因素的变化而调整的利率。固定利率在稳定的物价背景下便于借贷双方进行经济核算，能为微观经济主体提供较为确定的融资成本预期，但若存在严重的通货膨胀，固定利率有利于借款人而不利于贷款人。浮动利率是指在借贷期限内利率随物价或其他因素变化相应调整的利率。借贷双方可以在签订借款协议时就规定利率可以随物价或其他市场利率等因素进行调整。浮动利率的变动可以灵敏地反映金融市场上资金的供求状况，资金借贷双方可以及时根据市场利率的变动情况调整其资产负债规模，降低借贷双方所承担的利率变动风险，但不便于计算与预测收益和成本。

2. 利率的构成

利率通常由纯利率、通货膨胀补偿率和风险收益率三部分构成。利率的一般计算公式可表示如下：

$$利率 = 纯利率 + 通货膨胀补偿率 + 风险收益率$$
$$= 无风险收益率 + 风险收益率$$

（1）纯利率

纯利率是指在没有风险和通货膨胀情况下的社会平均资金利润率，通常把无通货膨胀情况下的国库券利率视为纯利率。纯利率的高低受平均利润率、资金供求关系和国家调节的影响。纯利率会随着社会平均利润率的提高而提高。在平均利润率不变的情况下，纯利率的大小由资金的供求状况决定，在资金供不应求时，利率上升；在资金供大于求时，利率下降。政府为了防止经济过热或经济不景气，会调节货币的供应量。例如，为了刺激经济发展，政府会通过中央银行增加货币投放，导致货币供给增加，利率下降；为了抑制经济过热，政府会减少流通中的货币，导致货币供给减少，利率上升。

（2）通货膨胀补偿率

通货膨胀的存在使货币的购买能力下降，从而会使投资者的真实收益率下降。在存在通货膨胀的情况下，资金提供方会要求提高收益率以弥补其购买力方面的损失，这部分提高的利率就是通货膨胀补偿率。在没有风险的情况下，资金提供方要求的收益率就是在纯利率的基础上加上通货膨胀补偿率，称为无风险收益率。政府发行短期国库券的利息率就是由纯利率和通货膨胀补偿率两部分构成的，通常将短期国债利率看作无风险收益率。

（3）风险收益率

风险收益率是指由于投资者承担风险而要求的超过无风险收益率的额外部分，是对承担风险的补偿。风险收益率的高低受到风险大小和风险价格的影响。风险越大，要求的风险收益率越高；风险越小，要求的风险收益率越低。风险价格的高低取决于投资者对风险的偏好程度。风险偏好是指为了实现目标，企业或个体投资者在承担风险的种类、大小等方面的基本态度。投资者偏好风险，对风险的容忍度高，对承担风险要求的补偿就低；投资者厌恶风险，对承担风险要求的补偿就高。风险收益率包括违约风险收益率、流动性风险收益率和期限风险收益率。

违约风险收益率是指为了弥补因债务人无法按时还本付息而带来的风险，由债权人要求提高的利率。违约风险的大小与债务人的信用等级有关，信用等级越高，债务人违约的可能性越小，违约风险越低，违约风险收益率就越低；反之亦然。国库券、地方政府债券由政府发行，可以看作是没有违约风险，利率一般比较低。企业债券的违约风险则要根据企业的信用程度来定，信用等级越高，违约风险越低，利率水平越低；信誉不好，违约风险高，利率水平自然也高。

流动性风险收益率是指为了弥补因债务人流动性差而带来的风险，由债权人要求提高的利率。流动性是指某项资产迅速转化为现金的可能性，一般用变现时间的长短表示。不同金融资产的变现能力不同。国库券、政府债券和上市公司的股票及公司债可以迅速变现，投资者的接受度高、流动性好，持有这些有价证券，投资者的投资风险比较低，所以其风险补偿收益率也比较低。对那些无法公开交易或只能在地方性产权市场进行交易的有价证券，因为缺乏必要的流动性，其持有者承担更大的风险，因此要求提高收益率。

期限风险补偿率是指为了弥补因偿债期长而带来的风险，由债权人要求提高的利率。一般而言，因为期限风险的存在，长期债券利率会高于短期债券利率，但有时也会出现相反情况。这是因为受到再投资风险的影响。再投资风险是指购买短期债券的投资者在债券到期时，由于利率下降，而找不到获利较大的投资机会，导致收益率降低。当预计市场利率有下降的趋势时，再投资风险会大于期限风险，就可能出现短期债券利率高于长期债券利率的情况。

3.利率的影响因素

（1）利润率水平

利率的高低首先取决于社会平均利润率的高低，与大多数企业的负担能力相匹配。在社会主义市场经济中，利息作为平均利润的一部分，利率水平不能高于多数企业的承受能力，也不能过低，从而影响杠杆效应的发挥。

（2）资金供求关系

在我国市场经济条件下，利率作为金融市场商品的"价格"，与其他商品一样会受到供求关系的影响。在借贷资本供不应求的前提下，借贷双方的竞争结果将促进利率上升；相反，借贷资本供过于求时，竞争会导致利率下降。因此，资金的供求关系对利率的高低有着决定作用。

（3）物价变动幅度

利率水平变化趋势一般与物价水平同步发展。从事经营货币资金的银行为了更多地吸收存款以及获得更多的投资收益，会根据物价上涨的幅度来调节吸收存款的名义利率和贷款的名义利率。所以，物价变动幅度制约着名义利率水平的高低。

（4）国际经济环境

随着全球化进程的不断推进，中国与世界其他各国的经济联系日益紧密。利率也不可避免地会受到国际经济环境因素的影响，如通过国际资金流动，改变中国资金供给量来影响中国的利率水平；通过国际商品竞争来影响中国的利率水平；通过国家的外汇储备量和外资政策来影响中国的利率水平。

（5）政策性因素

我国的利率基本属于管制利率，即由国务院统一制定，中国人民银行统一管理。我国长期实行低利率政策，以稳定物价，维稳市场。利率在一定程度上体现政策性的引导。在中国特色社会主义市场经济体系下，利率受国家的控制，以满足国家调节经济的需要。

4. 基准利率及特征

基准利率是中国人民银行公布的商业银行存款、贷款、贴现等业务的指导性利率，是利率的核心。它在整个金融市场和利率体系中处于关键地位，起决定作用，具有普遍的参照作用，其他利率水平或金融资产价格均可根据这一基准利率水平来确定。

在中国，以中国人民银行对国家专业银行和其他金融机构规定的存贷款利率为基准利率。具体而言，一般普通民众把银行一年定期存款利率作为市场基准利率指标，银行则是把隔夜拆借利率作为市场基准利率。

基准利率具有市场化、基础性和传递性三大特征。

（1）市场化

基准利率由市场供求关系决定，不仅反映实际市场供求状况，还要反映市场对未来的预期。同时，基准利率也是利率市场化的重要前提之一。

（2）基础性

在利率体系与金融产品价格体系中，基准利率处于基础性地位，它与其他金融机构的利率或金融资产的价格具有较强的关联性。各金融机构的存款利率目前可以在基准利率基础上下浮动 10%，贷款利率可以在基准利率基础上下浮动20%。

（3）传递性

基准利率所反映的市场信号，或者中央银行通过基准利率所发出的调控信号，能够有效地传递到其他金融市场和金融产品的价格上。

基准利率是中国中央银行实现货币政策目标的重要手段之一，制定基准利率的依据是货币政策目标。当政策目标重点发生变化时，利率作为政策工具也应随之变化。不同的利率水平体现不同的政策要求，当政策重点放在稳定货币时，中国中央银行贷款利率就应该适时调高，以抑制中国人民银行过热的需求；相反，则应该适时调低。

5. 利率的期限结构

利率的期限结构是指在某个时点上，不同期限资金的收益率与到期期限之间的关系。它能够在一定程度上反映不同期限的资金供求关系，揭示市场利率的总体水平和变化方向，为投资者从事债券投资和政府有关部门加强债券管理提供可参考的依据。

由于零息债券的到期收益率等于相同期限的市场即期利率，从对应关系上来说，任何时刻的利率期限结构是利率水平和期限相联系的函数。因此，利率的期限结构，即零息债券的到期收益率与期限的关系可以用一条曲线来表示，如水平线、向上倾斜和向下倾斜的曲线，甚至还可能出现更复杂的收益率曲线，即债券收益率曲线是上述部分或全部收益率曲线的组合。收益率曲线的变化本质上体现了债券的到期收益率与期限之间的关系，即债券的短期利率和长期利率表现的差异性。

（二）资金时间价值观念

1. 资金时间价值的概念

资金时间价值也称货币时间价值，是指随着时间的推移，货币发生的增值。

或者说，在不考虑风险和通货膨胀因素影响下，资金由于时间因素而形成的差额价值。这一概念体现了同等数额的资金因为具有增值特性，因此在不同的时间点上价值也不同。

资金的时间价值有两种表现形式，一种是相对数形式，即时间价值率（或称利率），通常是指不考虑风险和通货膨胀因素的社会平均资金利润率；另一种是绝对数形式，即时间价值额（或称利息额），它反映了资金与利率的乘积，是资金真实的增值额。

2. 资金时间价值的计算

（1）资金时间价值的计算对象

当人们在衡量现金流量的真实价值时，并不是简单地将不同时间点的现金流量累加，而是考虑到资金时间价值的作用，对于现金流量的终值和现值进行计算。

终值是指资金投入后在一段时间后的未来值，是本金与资金增值额的合计，俗称本利和。

现值是指投入时的资金价值，俗称本金；或指未来一定时间的特定资金按一定利率折算到现在的价值。

（2）一次性收付款项的终值和现值

一次性收付款项是指在某一特定时点上一次性收取或支付的款项。它可以计算该种类型款项的终值与现值。资金时间价值的计算有两种制度：单利制和复利制。

单利制是指当期产生的利息不进入下一期计息本金，利息计算基础不变，每一期利息额相等。

复利制也称利滚利，是指每一期产生的利息要滚动计入下一期的计息本金中，同时利息金额也会产生利息，每期计息递增。

（3）等额系列收付款项中复利年金终值与复利年金现值

年金是指等额且定期的系列收支，在现实经济生活中，如分期付款赊购、分期偿还贷款、发放养老金、分期支付工程款等都属于年金收付形式。按照收付时点和方式的不同，可将年金分为普通年金、预付年金、递延年金和永续年金四种。年金的现值或终值的计算都是以复利为计算基础来进行的。

（三）风险与报酬

1. 风险的含义

风险从财务的角度来看，是指特定状态下和特定时间内可能发生的结果的变动。针对可能出现的多种可能以及每种可能带来的结果进行事先预测，但是最终的结果如何却是人们不能预知的，这就是风险。就如同我们投掷一枚硬币，硬币落地后会出现正面朝上和反面朝上两种结果，若实验次数足够多，我们则能发现这两种结果出现的概率各为 50%，但是任何人都无法在硬币落地前知道结果。

一般我们所谈论的风险具有以下三个特点：①两面性。即风险的发生可能给企业带来意外的损失，但也可能带来意料之外的收益。从财务管理角度来看，人们通常将风险视为企业实际收益与预期收益发生偏离而遭受损失的可能性。②客观性。无论投资者对于风险的偏好如何，风险都普遍存在于每项决策中，是无法回避或消除的。③相对性。风险产生的主要原因是信息的不充分，因此风险程度的大小取决于风险事件本身所处的时间和环境，如科技的发展程度、经济体制与经济结构等，同时也取决于从事风险活动的人的自身条件、能力和态度。

风险的概念作为非常重要的理论贯穿于财务管理全过程，从企业角度划分，风险可以分为经营风险和财务风险；从个体投资者角度划分，风险又可以分为市场风险和企业特有风险。在风险客观且普遍存在的前提下，风险和报酬是如影随形的，若投资者希望得到报酬，则意味着在一定程度上要承受相应的风险。通常情况下，所冒风险越大，要求获得的期望报酬也会越高。因此，在做财务决策时，若风险已确定，则应选择报酬率较高的方案；若报酬率已经确定，则应选择风险较小的方案，从而降低损失，提高收益；在出现了多个备选方案的情况下，则需要衡量各个方案的风险和收益之后择优选择。

2. 单项投资的风险与报酬

在投资的过程中，风险较大的项目可能会带来较大的损失，也可能会带来较高的报酬。因此，通过选择具有一定风险的项目投资来获得的报酬会超过货币的时间价值，我们称之为投资的风险报酬。单项投资的风险通常利用概率统计学中标准差、标准离差率等离散指标进行定量评估。

（1）概率

在一定条件下，某件可能发生也可能不发生的事件通常称为随机事件。在财务管理中，投资净生产力、现金流量等都是随机发生的事件。概率即用来反映随机事件发生的可能性的大小。

（2）期望值

期望值是一个概率分布中的所有可能结果，以各自相应的概率为权数计算的加权平均值。

（3）标准差

标准差可以用来衡量在概率分布中各种可能值与期望值的偏离程度，偏离程度越大，则意味着不确定性越大，风险越大；偏离程度越小，不确定性越小，风险则越小。

（4）标准离差率

单项投资风险中的标准差为绝对值，在一定程度上体现了方案的可能结果与期望值的偏离程度，但只适用于期望值相同条件下风险程度的比较。对于不同规模大小的项目之间风险比较，标准差则不适用，因此需要引入标准离差率的概念。标准离差率是标注差与期望值之间的比值。由此可见，标准离差率是相对数，标准离差率越大，则表示可能的结果与期望值偏离程度越大，不确定性越大，风险就会越大；标准离差率越小，则表示可能的结果与期望值偏离程度越小，不确定性越小，风险就会越小。

（5）单个投资方案的风险报酬率

标准离差率虽然可以用来评价投资项目的风险程度，但是却无法表达风险报酬之间的关系，需借助于风险报酬系数，将风险程度转换为风险报酬率。

其中，风险报酬系数可以根据同类项目的历史数据来确定，或由相关企业内和行业内的专家确定。而无风险报酬率则是指评估基准相对无风险证券的当期投资收益。在现实经济活动中并不存在无风险的证券，因为所有投资都存在一定的通货膨胀风险和违约风险。在我国，与无风险证券最为接近且普遍公认相对安全的证券是国库券。因此，一般会将国库券报酬率视为无风险报酬率。

第三节　财务管理模式概述

一、财务管理模式

根据财权分层治理理论和组织发展理论，财务管理模式是指存在于企业整体管理框架内，为实现企业总体财务目标而设计的管理机构、组织分工及财务管理运营过程等要素的有机结合。

财务管理层级的划分、财务管理权限的分配、财务控制体系的建立是建立财务管理模式必须解决的问题，这三个问题所对应的内容构成了财务管理模式最基本的内容。财务管理模式具体包括各层级财务机构的设置与职能的定位、财务决策和财务控制制度以及激励、约束制度等。从宏观层面讲，一个企业的财务管理模式构建必须解决好四个方面的问题：组织管理模式的选择、组织内部治理结构的协调、财务权责关系的协调和财务综合评价体系的建立。

（一）组织管理模式的选择

企业财务管理模式的构建首先应该根据自己的规模、产业状况、组织成熟度选择适合自己运营的组织管理模式。

（二）组织内部治理结构的协调

集团财务管理组织治理结构是指企业财务管理层级、各个层级之间以及每个层级的财务组织架构的搭建，是财务模式构建的基础和依据。

（三）财务权责关系的协调

财务权责关系的协调是企业财务管理模式构建最主要的内容，是企业根据自身的情况在运营中对各种管理权限的分配和协调，确保自己所有资源配置质量和效率达到最优。

（四）财务综合评价体系的建立

财务综合评价体系可以及时反映子公司和分公司经营成果，也可以传递企业的战略目标与具体任务，将集团公司利益、下属公司和个人利益相结合的重要体现，是充分调动经营者和员工积极性的主要激励手段，也是提高自己的竞争力、促进自己长期稳定发展的重要保障。

二、构建财务管理模式的原则

构建企业财务管理模式应遵循以下四个原则。

（一）与战略目标一致原则

战略目标是进行经营活动的引航标。企业在设计财务管理模式时必须参照自己的总体战略目标，从设计理念上保持二者的一致性，这样才能最大限度地节约资源，降低经营成本。

（二）相关权力不交叠原则

只有科学、合理地决策，才能保证企业后续运行的持久性。企业管理者需客观公正地看待企业的经营条件、市场环境，确保所做出的决策不受个人主观臆断的影响。除此之外，必须避免决策权、执行权与监督权之间的权力交叠，保证彼此之间的独立性。这一原则的意义在于能够强化企业决策的科学性，保证决策执行的有效性和监督的独立性，从而使企业财务管理活动形成良性循环。

（三）与企业组织结构相适应原则

只有与企业组织结构相匹配，企业财务管理模式才能最大化地发挥作用。企业财务管理模式要伴随甚至先于组织结构做出调整，这样才能使企业形成一个牢固的整体，使企业的发展运行有规律可循。

（四）超前服务原则

企业财务管理模式不但要适应现阶段企业发展的需要，还要超前于企业的发展。只有这样，企业财务管理模式才能起到先锋带头作用，从而促进企业更好地发展。

三、企业的财务管理环境

任何事物总是与一定的环境相联系而产生、存在和发展的，财务管理模式当然也不例外。企业在财务管理环境中，就如同生物在自然界，必须随着环境的改变而变化，正所谓适者生存，企业面对环境的变化也需要及时做出调整或改变。财务管理环境按其所包括的范围，可以分为宏观环境和微观环境。由于企业的财务管理环境对财务管理的影响巨大，因此笔者在这里从宏观环境和微观环境两个方面入手，进行详细的阐述。

（一）财务管理的宏观环境

宏观经济是企业赖以生存和发展的重要条件，对企业的经营和理财活动产生重要影响。企业无法控制和改变宏观环境，只能受其制约并与之相适应。宏观环境是影响财务管理系统的不可控因素。宏观环境内容复杂，范围广泛。政治法律、社会文化等均属于宏观环境，但其中对企业财务管理活动影响最大的是经济环境、法律环境和金融市场环境。

1. 经济环境

经济环境是指对财务管理产生重要影响的一系列经济因素，包括经济周期、经济体制、经济政策、经济增长与经济发展水平、通货膨胀水平等。

2. 法律环境

财务管理的法律环境是指企业组织财务活动、处理财务关系所必须遵守的各种法律、法规和制度。市场经济是法治经济，法律环境一方面为企业的经营活动确定了界限，另一方面也为企业各项经营活动提供法律上和制度上的保护。企业的各项理财活动，无论是资金的筹集，还是资金的投放与使用，都受到法律规范的约束，都必须遵守有关法律规定，否则就会受到法律的制裁，危及企业的生存和发展。

对企业财务管理活动有影响的法律规范很多，主要包括企业组织法规、税收法规、金融证券法规、财务法规和企业终止清算的法律法规。

3. 金融市场环境

企业的筹资与投资活动离不开金融市场，金融政策的变化对企业的财务活动会产生较大影响。金融市场环境是企业财务管理最为重要的环境之一，对企业财务管理目标的实现具有重要作用。

（二）财务管理的微观环境

微观财务管理环境，又称企业内部财务管理环境，是指存在于企业内部的影响企业财务管理活动的条件和因素，包括企业组织体制、市场环境、企业生产状况和经营管理状况。

1. 企业组织体制

企业组织体制包括企业的所有制形式、企业类型、企业的经济责任制和企业内部组织形式等。国有、集体、个体、私营等不同的所有制形式的企业财务管理的原则、方法、目标等有所不同，因而财务管理活动也不一样；公司、工厂、集团等企业类型的不同，财务管理的程序、财务管理的组织等也会不一样；承包、租赁、股份制等企业内部责任制和经营体制的不同，对财务管理的目标、资金的分配等方面会产生不同的影响；企业内部组织形式的不同，会影响财务管理的计划制订、财务管理措施的实施等。

2. 市场环境

市场环境包括产品的销售环境和采购环境两个方面。

（1）销售环境

销售环境主要是反映企业商品在销售市场上的竞争程度。影响企业商品在市场上竞争程度的因素有两个：一是参加交易的生产者和消费者的数量，生产厂家越多，或者需要此种商品的消费客户越多，则竞争程度越大；二是参加交易的商品的差异程度，同类商品的品种、规格多，质量档次差异大，则竞争的程度相对要大些。

销售环境对企业财务管理具有重要的影响，其主要表现在因价格和销售量波动而影响资金的收回、商业信用的运用、借贷的风险等方面。一般来说，竞争性强的企业风险大，利用债务资金要慎重；竞争性一般的企业，产品销售一般不成问题，价格波动也不大，利润稳定，风险较小，资金占用量相对较少，可较多地利用债务资金。

（2）采购环境

采购环境又称物资供应环境，是指企业在市场采购物资时涉及采购数量和采购价格的有关因素。

企业进行采购面临的环境，按物资供应是否充裕，可分为稳定的采购环境和波动的采购环境。在稳定的采购环境下，商品资源相对比较充足，运输条件比较正常，能保证正常生产经营的需要，企业可以少储备物资，不用过多的资金。在波动的采购环境中，商品资源相对比较紧缺，运输很不正常，有时不能如期供货。为此企业要设置物资的保险储备，占用较多资金。对价格看涨的物资，企业通常要提前进货，投放较多资金，而对价格看跌的物资，在保证生产需要的情况下推迟采购，节约资金。

3. 企业生产状况

企业生产状况主要是指由生产能力、厂房设备、生产组织、劳动生产率、人力资源、物质资源、技术资源所构成的生产条件和企业产品的寿命周期。就生产条件而言，企业可分为劳动密集型、技术密集型和资源开发型的企业。劳动密集型企业所需资金费用较多，长期资金的占用则较少；技术密集型企业需要使用较多的先进设备，而所用人力较少，企业需要筹集较多的长期资金；至于资源开发型企业则需投入大量资金用于勘探、开采，资金回收期较长。因此，企业的生产状况会影响企业资金的流动、流向和分配。另外，在企业产品的寿命周期（投入期—成长期—成熟期—衰退期）的不同阶段，资金需要量的企业财务管理的策略也有所不同。

4. 经营管理状况

经营管理状况是指企业的经营管理水平，包括物资采购、物资供应及物资销售能力等。企业经营管理状况对企业财务管理有重大影响。企业的经营管理状况好，水平高，会形成一个良好的财务管理环境；否则，会阻碍财务管理工作的顺利开展。

财务管理环境对企业的财务活动有重大影响，企业应适应财务管理环境的状况及其变化，要及时了解宏观财务管理环境的变化和要求，加强财务管理，通过财务管理的应变能力，并努力改造宏观环境的反作用，使企业的财务活动朝着实现财务管理目标的方向顺利进行。

四、基于责任中心制的企业财务管理模式设定

从资源配置和财务管理的视角看，在企业集团内部，对于各个子（分）公司的责任中心定位不同。各子（分）公司若要保证自身目标的实现，需设定权责分明的责任权限，因此责任中心对企业集团财务管理模式的选择也具有重要影响。企业集团通过对责任中心进行其职能权限的描述，能清晰地说明集团母公司在管理上是做什么的、有什么权限、子公司权限边界和责任何在，如此可以更好地界定出集团应采取的集权分权程度，更有利于集团及集团内各子（分）公司的协同发展。

（一）责任中心

责任中心是指承担一定经济责任，并享有一定权利的企业内部责任单位。在

企业集团中，责任中心划分是将企业集团内各成员企业根据其综合实力、经营范围等因素，将其划分为不同的绩效责任单位后，将母公司的各项权利下放给各责任中心，然后根据其绩效考评结果，实施奖惩的一种管理制度。

责任中心一般可分为投资中心、利润中心、成本中心三个方面。

1. 投资中心

投资中心是最高层次的责任中心，其对成本和利润负责的同时也要对投资效果负责。同时由于投资的目的是获得利润，因而投资中心也是一个利润中心。企业集团投资中心的目标是追求集团资本的保值和持续增值，它具有利润中心、成本中心所描述的全部职责，具有最大的独立决策权，如投资决策权、筹资决策权，当然权利越大，所承担的责任也就越大。

企业集团的投资中心的职能包括：集团的投资管理、筹资管理、资金的全面管理、利润分配等，同时投资中心还兼具着企业集团各项财务管理总纲领的制定，与对下属责任中心各项财务工作开展的监控责任。其中，资金管理贯穿了投资中心业务的全过程。投资中心是整个企业集团的资金管理中心，控制着全集团资金的使用，一般投资中心为有效控制资金控制会建立企业集团的结算中心或内部银行等形式，并具有以下义务：①为各子（分）公司办理资金结算和融通；②监督和控制企业的资金收支，降低资金成本，提高资金的使用收益；③资金结算包括现金结算和转账结算；④资金融通包含以企业整体的名义进行的外部融资和在成员企业之间的内部资金融通。同时，其也兼具着结算服务职能、监督控制职能、投资管理职能和信息反馈职能等。

2. 利润中心

利润中心指拥有产品或劳务的生产经营决策权，是既对成本负责又对收入和利润负责的责任中心。利润中心分为自然利润中心和人为利润中心，企业集团中的利润中心大多是自然利润中心，它是根据各子（分）公司所拥有的独立法人资格或独立生产经营决策权所自然划分而成的。

利润中心的权利与责任大小介于成本中心和投资中心之间，它并不具有投资决策权和筹资决策权等集团高层次的决策权力。企业集团根据各利润中心不同的经营责任与经营目标，赋予其相应的管理权限，各项经营活动均要在母公司的战略规划、财务政策、投资方针的限制下开展。一般企业集团赋予利润中心的财务权限仅限于资金使用、内部投资筹资活动的执行等。同时，企业集团运用全面预算管理制度对利润中心进行全过程可量化的动态控制，全面预算管理重在战略规划的年度分解和具体落实、战略行动计划的资源支持，实现经营预算、资本支出预算与财务预算的有机结合。

企业集团利润中心的建立能够更清楚地表明母子公司、事业部或分公司之间的产权关系、业务关系和管理关系，可以很好地界定出传统的由产权关系所带来的多级独立法人和多层公司治理，这种传统的由产权关系形成的治理层级会削弱集团母公司对不同子公司的战略控制力，也无法厘清不同子公司在集团战略布局和管控系统中的真正定位。利润中心制度能够实现资源配置权与资源使用权的分离和对接，优化资源配置，通过实施利润中心，可以更准确地监控到各利润中心的表现，评价并比较各利润中心对集团总体利润的贡献大小，从而指导、修正公司的资源配置方案；利润中心制度能够实现公司内部战略制定和战略实施的有序分离，提高整体经营效率。在财务管理方面，利润中心并不具有对外投资融资权力，它是根据集团的投资融资战略来进行自身的经营活动；在资金管理方面，一般企业集团会使用全面预算管理来对利润中心的资金进行监管。与投资中心相比，受权利所限，利润中心更易实现企业集团整体性共同发展的要求，同时利润中心比成本中心拥有更多的自主权，对子公司更有激励效果。

综上所述，企业集团内部对利润中心可以是分权的，但这种分权绝不是下放母公司的所有权利，这种分权是有限的。母公司过度分权，将使利润中心与投资中心权责界定不清，失去了利润中心本身与集团整体战略吻合度高的优点；相反，若利润中心权利不够，将使其无法发挥正常效用，不能完成自主经营和应尽的职责。因此，确定一种权责利分明，各项控制、监督考评制度完善的利润中心制度，对一个企业集团的财务管理模式的选择也有着至关重要的影响。

3. 成本中心

成本中心是指能够对成本、费用负责的责任中心。成本中心是最基本、最广泛的责任单位，相较于投资中心与利润中心来说也是权力最小的责任中心，企业内部凡是有成本、费用发生并能够对成本费用的发生实施控制的任何一级责任单位都是成本中心，如分厂、部门、车间、班组甚至个人，都可以划分为成本中心。由此可以看出，成本中心所具有的权力非常有限，相当于企业集团财务管理中的一层执行机构，仅对成本负责，相应地被赋予的权利也很少。

对于投资中心与利润中心于三种不同财务管理模式下在财务管理的投资管理、筹资管理、资金管理、利润分配等方面有着不同的权责分配，因成本中心本身特点，权利分配占比较小，这里不进行列示。

（二）集权型财务管理模式

投资中心：①根据集团战略，统一汇编对外投资决策方案，高度集中投资管理权；②根据集团发展需求，制定筹资方案，高度集中筹资管理权；③通过结算中心或内部银行集中统一管理整个集团的资金，无论数额大小；④各项经营活动的预算审批与决算权；⑤统一支配、调度可分配利润；⑥信息中心。

利润中心：①根据集团决策，结合自身经营活动情况，上报各项经营财务活动的预算进行审批；②无投资、筹资决策权，可提出可行方案，向上级部门申请审批；③主要负责资金的日常收支核算；④信息收集反馈。

（三）分权型财务管理模式

投资中心：①制定企业集团总战略发展目标和规定，作为下级各项决策的总方向；②对下级的经营结果进行考评；③对各项经营活动负有监督责任。

利润中心：①在集团总目标的要求下，利用信息优势，结合自身经营情况享有投资、筹资决策权；②根据投资、筹资和经营情况做好各项资金使用计划及控制。

（四）混合型财务管理模式

投资中心：①设定对外投资限额，具有投资最终决策权；②享有超过资产负债、租赁融资、发行债券、发行股票的融资权；③设置子公司所享决策权的资金限额，限额以上的决策均须审批；④利润分配权集中，但给下级一定比例的利润留成；⑤掌握实际发生值与预算控制计划之间差异的管理权限。

利润中心：①享有内部投资决策权，超过限额的投资项目必须由上级审批；②享有在资产负债率安全线内的限额举债，与自行决策的投资相配合的融资；③拥有资产的日常管理权，但限额以上的资产等重要事项的处置则必须经母公司审批；④享有限额以内的资金自主管控权；⑤享有一定比例的利润留成；⑥在权限范围内，预算内的资金可自由使用。

五、不同组织结构影响财务管理模式选择

不同的组织结构有着不同的特点，因此企业在进行财务管理模式选择时，常常会受到组织结构的影响。因此，在讨论不同组织结构影响财务管理模式选择时，

应当对各种类型的组织结构有一个系统的了解，通过不同组织结构的特点来进行选择。

（一）U 型组织结构

U 型组织结构也称"一元结构"或"职能部制结构"，其典型特征是管理权力的高度集中，所以是采用集权型财务管理模式的企业集团常使用的组织结构。这种结构由企业集团最高领导层，直接指挥各职能部门，但各职能部门仅作为决策的执行机构，并没有决策权，董事会拥有企业集团的所有决策权。这种组织结构更适合企业集团成立初期或者本身规模较小时采用，这种组织结构权力集中统一，管理层级单一，能高效、准确地完成最高决策者的目标任务，易于做好对成员企业的控制，能很好地保证企业集团的整体利益。但是随着企业集团的不断发展，经营规模的不断扩大，企业集团管理幅度增大，使需要各职能部室协调、评估和政策制定等工作量逐渐增大，出现管理控制失效，管理成本上升，负责各职能部门的高层管理者行政负担过重，分身乏术，疲于应对各类烦琐的管理实务，也没有精力考虑企业集团的长远发展规划。

（二）H 型组织结构

H 型组织结构与 U 型组织结构不同，其不再将母公司作为整个企业集团生产经营和财务决策的中心，而是将每一个子公司都作为一个独立的单元，自主进行生产经营与财务管理，母公司仅作为各子公司的控股或持股股东或者契约协议的合作者。

H 型组织结构使子公司在生产经营与财务管理上拥有了一定的自主权，在提高子公司经营的积极性、创造性的同时，分散了由母公司作为核心在投资、经营、管理等方面的风险。但是，由于 H 型组织结构的管理运作主要是依据资产作为纽带，过度的分权可能会导致企业结构过分松散，在管理上缺乏统一的领导力量，企业集团整体发展规划和目标很难渗透进子公司，无法发挥企业集团优化资源配置、企业成员共享资源的优势，这与成立企业集团的初衷背道而驰，因此 H 型组织结构在我国和国际上被企业集团使用的范围很小，并不是企业集团所采用的主流组织结构。

（三）M 型组织结构

M 型组织结构也常被称作"事业部制结构"，这种组织结构将企业集团分为了三个层次：第一层次是整个企业集团的最高领导层；第二层次是中间管理层，即由最高领导层直管的按照地区、产品或技术等设立的一层管理机构，又称为事业部；第三层次是由事业部负责管理的各子（分）公司层。在这样的分层下，各层级所具有的权利也各不相同。企业集团总部的最高领导层为投资中心，事业部为一级利润中心，事业部所管理的各子（分）公司为次级利润中心和成本中心。其中，第二层事业部制的设置是 M 型组织结构的最大特点，事业部相对企业集团最高领导层来说是分权的体现，但同时事业部与其下属的各子公司又形成了"子集团"，而事业部又是"子集团"的决策中心，所体现出的又是集权。这正是 M 型组织结构所具有的特性，因此该组织结构下的企业集团最适合采用混合型财务管理模式。

第二章　财务管理的组成

第一节　精细化财务管理

经济的发展为世界各国之间的消息交流架起了一座桥梁。随着交流的日渐深入，跨国公司、外贸交流应运而生。在我国企业与国外企业合作的过程中，我国企业一直保持着大国的风范。该风范主要包括和平相处、不窃取他国的机密等。同时我国也面临一项巨大的挑战，那就是科技的创新。该挑战对于我国企业来说是一个转变的机会，也是我国企业内部管理制度逐渐加强的见证者。本节主要讲的是企业如何细化内部的管理制度，核心目标是提高我国企业在国际上的影响力。

一、企业精细化财务管理的基本内涵

从世界财务发展的经验来看，企业将财务管理计划落实到各个方面是必要的。那么何为落实到各个方面呢？具体是指既和财务有关的人员，又和财务有关的制度。那么该怎样落实到各个方面呢？就是对财务相关人员要进行积极的培训，保证财务人员熟练地掌握财务法律。对于财务相关制度的建立，企业要保证其内容符合如今不断更新的思想要求。那么落实的意义体现在哪里呢？该计划的落实既有利于提高企业的财务管理能力，有利于提高企业财务水平的国际影响力，也有利于促进企业内部人员对财务的归属感与认同感。

二、当前时期下企业精细化财务管理工作中存在的问题分析

现今我国许多企业内部的财务制度都存在一些问题。这些问题的产生有很多种原因，具体包括以下几个方面。

（一）精细化财务管理意识淡薄

在世界发展的进程中，发展的基础是意识的自主性。同时意识的产生是世界变革的必然结果。如果一个人他自身没有强烈的成功意识，那么他一辈子都不会成功。企业的经营管理也是如此道理。所以对于企业来说，它既要提高自身的社会地位，又要提高自身的内部管理思想。综上所述，该思想的有效落实可以提高企业的存续年限。

（二）精细化财务管理相关资料及数据真实度不足

从国家财务发展的基础来看，科学的数据与真实的信息是不容忽视的条件。企业如果想要有成为其他公司财务管理制度的榜样，那么就要从以上两个方面提升公司的财务能力。同时财务活动进行的基础是财务预算，因此企业还需要提高自身的预算能力。综上所述，企业财务管理进步的基础是有可靠的信息来源以及真实的数据支持，同时这些都是企业同行业中独特发展的基础。

（三）未构建完善和健全的财务预算管理体系

从各个国家财务监视发展的角度来看，规整有序的财务系统需要具有完整的监视机制。该机制不止体现在国家财务上，也体现在企业的财务上。因此，我们可以看出来对于该制度建立的重要性。同时，财务预算的准确性高低影响企业对未来投资的方向。该制度的建立有利于提高预算的准确性，也就在间接上提高了企业财务体系的发展。综上所述，企业引进与建立的监视制度是财务能力发展的里程碑。

（四）财务管理监督机制意识不强

从企业财务监管的角度来看，我国企业的监督意识不强。我国企业该如何建立财务监管制度？企业要建立独特的监管制度，只有这样才能成为发展的"领头羊"。首先，要从自身的内部出发，企业要寻找到自身存在的缺点，从根部解决问题。其次，要发挥集体的作用，企业要发挥各个部门员工的作用，监管财务人员的行为准则并且建立相应的奖惩制度。最后，要发挥国家监管的作用，企业要有谦虚意识，正确地看待国家的相关法律制度，并为内部的财务人员进行法律监管培训。

（五）财务管理在企业各项管理中的平衡地位被完全打破

从企业各个部门的角度出发，企业逐步认识到了财务部门的重要性。从之前许多年的企业管理案例来看，企业失败的原因大多都在于没有理解到财务的根基内涵。他们都只看到了最浅显的财务意义，也都是着力于建设最浅显的发展计划。但是，随着社会的发展，企业的财务弊端都显露了出来，并且给企业带来了致命的打击。综上所述，深入了解财务管理的具体内涵是企业管理制度发展的前提条件。

企业要在如今的发展中正确思考如何长久生存。那么该问题的解决方案是什么呢？从近年来的实际情况可以看出，解决最有效的方法是建立完整的财务管理体系。综上所述，该体系的建立是企业屹立于世界同行业中不倒的关键。

三、精细化财务管理的特色

财务管理制度的完善或散乱都决定了企业的发展前景。因此，对于企业管理者来说，他们需要聆听各种不同的声音，并且将这些声音进行整合，提炼珍贵信息，从而完善财务管理制度。该制度建立的特点是精细化。企业管理者对企业相关的财务制度要面面俱到，并将它作为终身的工作目标。

（一）制度精细化

从财务管理的整体结构来说，财务管理制度的精细化是企业发展的必然要求。同时，制度精细化具体指的是企业经营者所制定的财务策略。从工资的角度出发，企业应制定完善的底薪与奖惩制度，从而为工资的核算提供条件；从财务人员管理的角度出发，企业要加强对相关财务人员的技能培训；从公司现金支出的角度出发，企业要建立相应的制度严格控制现金的支出。综上所述，企业内部财务管理制度的精细化在于对所有与财务有关的人和事进行精细化管理，该精细化的发展有利于提高企业的社会影响力。

（二）流程精细化

从企业财务发展的一般程序来看，企业要根据自身的实际情况对每一场程序都做出相应的要求与规划。该要求和规划的产生与发展有利于提高员工对财务数据的重视。企业的财务发展程序有哪些？首先，企业要进行发展预测，企业要为自己的发展从财务的角度制定相应的策略。其次，企业要进行财务预算，企业要明确自身的经济实力，要知道自身能否做下一个项目，要具有居安思危的意识。最后，企业要加强人员对财务数据的分析能力。因为该资料对于企业来说是无可替代的，它决定了企业的生存与灭亡。综上所述，财务流程的精细化对企业的后续发展起到了决定性的作用。

（三）质量精细化

从企业管理的角度出发，企业要结合不同企业的管理制度来完善自身的管理结构。企业分成两种形式，成功的企业和失败的企业。对于成功的企业来说，其自身的内部财务制度是有参考价值的，对企业的发展有激励的作用。对于失败的企业来说，其失败的原因对企业具有警示的作用。综上所述，企业内部综合管理能力的提升有赖于正确的财务管理制度。

（四）服务精细化

从企业产生的角度出发，企业的产生与发展都离不开内部财务人员的支持。企业内部像一张巨大的"蜘蛛网"，各个部门都是该网上的节点，"蜘蛛"是企业的管理者。由此可以看出企业内部人员的思想建设是非常重要的。综上所述，服务精细化的贯彻与落实与人员的可持续发展有关。

四、精细化财务管理的实施

（一）企业内部实施成本预算管理

成本预算管理的准确实施具有以下几种意义。首先在成本上，企业通过对该预算的合理利用从而能够减低企业的各项成本。其次在发展地位上，企业内部建立完整的成本预算管理是企业成功的标志，也是企业提高社会地位的关键因素。最后在财务数据的记录上，企业要善于利用成本核算的方式，从而提高企业财务数据的科学性。综上所述，成本预算的合理建设与发展可以在整体上降低企业财务的错误率。

（二）精细化管理认真落实

从企业长远发展的目标来看，精细化管理的落实既符合企业的终身发展要求，也是企业适应国家政策的必然要求。如果该计划没有得到落实，那么对于企业来说就会产生很大的影响。其一，在财产保密性上，人员可能会对公司的财产机密进行泄露，从而使企业丧失竞争优势，也有可能会造成企业破产清算的现象。其二，在公司内部的管理上，该计划的缺失会导致企业内部的管理紊乱，人员之间相处环境不友好，可能会造成员工大部分离职的现象。其三，在公司利润方面，该计划的缺失会造成公司净利润的亏损，导致公司因为无法盈利而灭亡的现象。其四，在薪酬核算上，该计划的缺失会造成员工薪酬核算不正确的现象，从而对公司的名声与信誉造成不可挽回的影响。其五，在企业的资金分配上，该计划的缺失可能会造成企业资金分配不合理的现象，该现象的产生可能会对高新科技的产品造成无法估计的影响。其六，在企业成本控制上，该计划的缺失会增加企业的成本，成本的上升代表了收益的减少，不利于企业的经济化进步。其七，在企业的投资风险上，该计划的缺失会加大企业的投资风险，造成收不回本金从而亏损的现象。其八，在企业的制度建立上，该计划的缺失会影响人们的思维判断，进而无法使企业建立完整的财务制度。

从上述的论述中我们可以看出，精细化管理的落实与发展对企业变革与革命的重要性。同时该计划是企业提高工作效率、提高收益、人员可持续发展的重要手段。

第二节　财务管理中的内控管理

一个企业成功的秘诀在于它具有良好的内部环境。内部环境具体是指分工明确、人员关系和谐、企业发展目标明确。但是该环境并不是每个企业都能拥有的，拥有它的基础条件是该企业需要具备完整的内部管理体系。综上所述，完整的管理体系有利于公司内部的和谐发展。

一、内控管理对财务管理的作用

公司的发展受两方面的影响，一方面是外部的市场环境，另一方面是内部的管理制度。对于公司来说，外部的市场环境是无法控制的，但是内部的政策是可以调整和改变的。我们可以试想一下，如果公司内部没有完整的管理方法，那么它将会面对什么样的情况？整个公司的气氛肯定会是混乱的、消极的、沮丧的。在如此糟糕的气氛下生存的公司其根部会是腐烂的。由此可见，完整的内部管理制度对公司发展的重要作用。

（一）有利于保护公司资产

从公司员工的角度出发，内部管理制度的建立提升了员工的职业素质。该职业素质的内容具体是指那些？首先在道德上，它能够规范员工的道德感，帮助员工树立正确的三观（世界观、人生观、价值观）。其次在技能上，它能为员工提供学习的理论基础，帮助员工提高技能水平。最后在保守秘密上，它能提高员工对公司的归属感，从而增强员工对于公司秘密的保守意识。综上所述，内部制度的建立有利于提升员工对公司财产的认同感。

（二）提高财务信息真实性

从企业财务信息的角度出发，内部管理制度的产生与发展为财务信息的科学性提供了强大制度支持。如果企业内部财务数据的科学性是有待考量的，那么对于企业来说这将是一个致命的打击。同时对于企业来说财务数据是命脉，也是一切活动进行的根基。由此可见，内部管理制度的重要性。综上所述，企业要发展就要具有科学的财务数据，科学财务数据的来源是完善的内部管理制度。

（三）公司经济效益得以提高

从公司收入的角度来看，内控管理制度的建立是必不可少的要素。成功的企业其内部管理一定会有先进的财务管理制度，同时也是符合国家发展要求的。因此，那些想要成功的企业就必须学习成功企业内部的管理制度，从而不断加快自己资金回流的速度。综上所述，该制度的建立有利于企业成本的降低，净收入的增加。

我国很早就已经实行了内部管理控制制度，并且它已经渗透到了我国各个中小企业中。从我国企业取得的成果来看，内部管理制度的意义主要体现在哪里？首先，在收入上。它可以从根本上提高企业对资金的利用效率。其次，在管理上。它完善了企业原本的管理制度，提高了企业财务管理效率。最后，在损失上。它减少了企业不必要的费用支出，为企业省下了一大笔的发展资金。综上所述，国家贯彻的内部管理制度全面提高了企业的能力。企业在发展期间建立内部控制制度的必要性主要体现在国家层面和企业层面，国家对内部控制实行了相关规定，企业发展期间也需要内部控制制度的规范，企业不断完善自身内部控制可以在很大程度上提高企业的效益和工作效率，能够有效避免企业在经营期间出现管理风险以及舞弊行为等。同时企业的经营者要根据企业发展的历史全面贯彻和落实国家的内部管理制度，从而改变企业原有的制度，最终提升企业的社会影响力。

二、内部控制在财务管理当中的作用

从企业内层发展的角度来看，何为财务管理的内部控制制度？该制度的核心思想在于联系，即加强各部门之间的联系，同时也加强各部门工作人员之间的联系，从而共同促进财务体系的完善。从一些企业经营失败的原因来看，它们在日常经营活动中大部分都没有该控制的建立。如果没有建立该控制，那么它们会面临什么样的结果？首先，在工作效率上，财务资金分配的效率会下降，从而降低企业的发展效率。其次，在竞争力上，企业将丧失财务管理创新竞争力，从而降低企业在社会中的地位。最后，在经营成本上，企业会增加经营成本减少净收入，长此以往企业的资金会断流，不利于企业的后续发展。综上所述，该制度的建立对企业的发展产生不可抗力的作用。

（一）内部控制是控制机制的重要组成部分

从企业内层结构管理的角度出发，内部控制是必不可缺的要素。那么如果企业没有建立内部控制体系，那么该企业会面临哪些问题？首先，在内部资金的结构上，资金的支出与收回没有明确的记录和完善的保障，会造成企业经营者与投资者之间的矛盾。其次，在企业信誉度上，在社会中该企业的工作者代表的是企业的形象，然而企业内部工作者的人文素质没有得到培养与发展，因此这就可能会给企业造成名誉的损失。最后，在公司的财务制度上，会给财务工作造成很大的困难，因为财务工作者没有可以依据的政策，无法判断自身行为的利与弊，最终造成财务工作效率低的现象。

（二）内部控制保障资金安全

从企业财产的角度出发，内部控制为财产的存续与升值提供了天然的屏障。那么该屏障主要体现在哪些方面？其一，主要体现在财产流方面，企业内部控制的建立可以减少企业财产不必要的支出，从而促进企业财产的再利用增加企业的财产流。其二，主要体现在对未来财务规划方面，每个企业都会根据自身以往的财务数据对企业未来财务状况的发展做出详细的规划，因此内部控制的建立为该规划提供了真实有效的数据。综上所述，内部控制有利于企业资产的升值。

（三）内部控制降低企业经营风险

从企业经营的角度来说，企业损失的多少是企业发展速度快慢的基础条件。

从历年来存续的企业来看，它们发展速度迅速是因为它们没有增加不必要的损失支出。同时企业这种情况的产生有赖于内部控制的建立。该制度的建立可以为企业提供有效的财务发展数据，从根本上减少企业的财务损失，从而加快企业的发展速度。

（四）内部控制是企业发展的必然要求

从市场环境多变的角度出发，企业只有建立完整的内控制度，才能在该环境中发展，否则可能会被市场"淘汰"。那么内部控制的建立对市场环境的适应性主要体现在哪里？其一，在发展数据上，市场变幻莫测的环境可以为建立内部控制的企业提供真实的数据。其二，在自身水平上，企业在市场经济的竞争中可以正确地认识到自身的实际发展情况。综上所述，内部控制的建立为企业的发展提供了良好的平台。

（五）提升企业财政管理的水平，适应财政改革的发展

从国家发展的角度来讲，国家对于企业的财政改革政策越来越完善。但是正所谓"物极必反"，那么国家财政政策的"反"体现在哪里？首先，企业政策调整不及时，企业没有跟上国家的财政步伐，从而导致内部政策落实的不扎实不利于未来的发展。其次，在财政政策本身上，一些财政政策缺乏实践的检验，它们可能没有经历过具体的落实，会出现企业政策与国家财政政策不适应的情况。最后，在企业与国家政策融合的过程中，该融合过程可能进行得不是很顺利，因为每个政策都会有它的适应性，每个企业的经营性质都不同。同时过多的财政政策可能会给企业造成"眼花缭乱"的现象，从而不利于企业自身的财政发展。综上所述，国家对该政策的建立要符合实际的要求，同时政策的具体内容与作用要经历实践的检验才可以落实到不同的企业中。

三、财务管理过程中内控管理的措施

在自然发展的过程中，树木的腐败往往来自其根部。从我国企业发展的角度来说，企业根基的稳固与不稳固是非常重要的。同时企业稳固的根基需要具有严格的内层管理制度，该管理制度的建设与发展可以滋养企业这棵发展大树的根须。

（一）建立完善的财务管理内控制度

从企业内层发展的角度来看，财务管理完整的内控制度是企业财务发展必不

可少的条件。那么该如何建设该制度呢？首先，在监管上，企业在建立人人监管制度的基础上要辅以严明的奖惩制度，从而提高人们的参与度。其次，在制衡上，企业要建立相互制衡的部门，以确保不能出现一家独大的现象；同时要充分发挥每个部门的作用，共同促进企业内层的发展。

（二）提高公司财务人员的职业规范，完善内控管理

对于企业内层的发展除了相应的制度之外，还要对其相关的工作者进行约束。该约束主要体现在思想上、技能上、行为上。在思想上，相关的工作者要具有保守企业秘密的意识，要尊重企业的发展成果。在技能上，相关的工作者要通过不同的手段提高自身的能力，例如，考取证书。在行为上，相关的工作者要按照国家的法律规范约束自己，从而提升自己的人格魅力。

（三）加强内部审计监督

内部审计监督是公司财务管理控制的重要组成部分，有着不可动摇的地位，是内部监督的主要监管方法，尤其是在当代公司管理中，内部审计人员将面临新的职责。公司应建立完善的审计机构，充分发挥审计人员的作用，为公司内部管理营造一个良好的环境。

（四）加强社会舆论的监督

如今社会的经济发展速度非常迅猛，人们已经实现了随时随地交流与沟通的梦想。同时该梦想的实现也为人们带来了良多的益处，人们可以对任何事发挥自己的看法。所以这为财务管理政策的加强提供了优良的条件。综上所述，汇集大多数意见的财务管理政策是最有利于企业发展的政策，也可以推进企业内部政策的调整与完善。

（五）重视资金管理

资金管理是公司财务管理中最重要的内容，财务管理人员需对资金使用情况进行严格审批管理，使资金管理更具有合法性。例如固定资产管理，财务部门可派专门人员对其进行单独的管理，对某一项目资产管理时，公司应对其预算有严格的审批，只有标准的额定费用使用机制，公司资金才能发挥最大的作用，才能保障周转速度一切正常。

由此可以看出，企业发展的基础是对财务资产有效利用政策的制定。该政策的制定可以加大企业对资产的掌控力度，从而在激烈的市场环境中脱颖而出。同

时该政策也可以通过财务资产的增值提高企业的竞争力与社会地位，从而增强企业财务的国际影响力。

第三节　PPP 项目的财务管理

社会各项因素的发展对国家的建设提出了更高的要求。该要求预示着公私合营模式（PPP）的产生与发展。该模式符合国家基本设施的建设，也符合国家对未来发展模式的盼望。不过目前由于应用时间不长，所以它并没有完整的实施措施与实施策略。这就需要国家发挥其对企业的领导职能，加快该模式相关策略的建设。

一、PPP 项目模式的定义

公私合营模式的产生与发展打破了我们原有的发展观念。我们原有的发展观念在于独立发展，但是由于独立发展的资金、设施、科技等因素的有限，所以很难建设大项目。同时国家的发展都是从大项目开始的，独立的主体很难完成这件事，因而产生了该模式。综上所述，该模式的内涵主要在于因为国家建设的需要所以产生的类似于"共生"的一种模式。

二、PPP 项目的特点

公私合营模式的发展是社会发展的必然要求，该模式的主体由政府和企业组成。该模式的核心发展要求是加强各个主体之间的联系，拉近主体之前的距离。因为只有将发展放在同等地位进行才可能有效地发挥该模式的作用。同时该模式的特点是具有时代性、公平性、进步性。从时代性的角度出发，二者之间的合作是时代发展的产物，并随着时代的变迁而改变。从公平性的角度出发，二者之间在合作的时候资源是共享的，不存在你多我少的不公平现象。同时国家也会建立相应的保护措施，提高企业与政府之间的信任感。从进步性的角度出发，政府的进步性体现在相关社会资源的进步，而企业的进步性主要体现在制度上，它的制度会经过国家制度的洗礼而提升。由此可以看出，该模式的特点主要是由它们彼此之间的融合而产生的。综上所述，国家对大项目的建设离不开该模式的发展，因此国家要提倡该模式的建立，要提高社会企业对国有企业的归属感和认同感，要形成政府与企业共同发展与共同更新的现象。

三、PPP 项目中财务管理问题

（一）项目中的资金管理问题

在社会发展的进程中，公私合营模式主要面对的问题是对于日常经营活动资金的有效利用与合理分配没有完整的体系。这就要求企业按照国家的标准改善自身存在的问题，从而促进该模式对资金体系的完善。

（二）财务预算过程中执行不到位

公私合营模式要求企业根据国家的预算模式标准进行预算体系更新。该体系的更新有利于充分发挥企业与国家相结合的作用。同时对于企业来说，该预算体系的更新可以提高企业各部门对资金的使用效率，从而提高企业经济活动的质量。由于国家处于不断发展的过程中，因此对于预算的体系也是不断更新的。所以对于企业来说，它们要时刻保持清醒的状态，及时跟上国家预算的脚步。

（三）财务内部控制缺失的问题

公私合营模式并不是完美的模式，它也会存在一些问题。该问题主要表现在国家对企业发展的规划问题。因为在该模式中国家始终处于主导地位，企业受到国家的引领从而得到发展。因此，国家充分发挥该模式作用的基础在于对企业的监管制度的建立。监管制度主要体现在企业内部财务人员、企业相关财务政策、企业财务成本等。项目企业在正常管理中方式较为粗放，内部控制制度没有得到足够的重视，这些也是较为普遍的问题。企业发展的基础是内部监管制度的建立与发展。但是有些企业将监管部制度的内涵进行了曲解，以至于约束了企业财务体系完善的速度，这种做法是不可取的。因此企业必须充分认识到监管制度的含义，建立正确的监管制度。

（四）融资投资管理问题

公私合营模式，国家的财政投入会比较少，因为国家的资金可能在其他的大项目上，因此这就需要企业具有"国家强，企业强"的意识，充分发挥其促进国家建设的作用并为此投入更多的可使用资金。这也就间接地要求国家要建立相应的对企业资金保护的政策，为企业资金的收回提供政策支持。

（五）风险管理问题

在市场经济中，个别企业存在为了追求眼前的利益而损害长远利益的做法。同时这也是市场经济发展下的特点。因此公私合营模式对于企业的该做法是不适应的。因为公私合营模式追求的是长远发展的利益，也追求的是合作共赢的目标。综上所述，该模式应该避免企业不正确的发展目标。

四、PPP 模式下的项目管理财务管理策略

（一）建立完善的风险识别与控制体系

随着社会的发展与进步，公私合营模式已经成了发展的必然要求。该要求需要企业与政府之间相互作用共同促进社会的发展。同时该模式的核心思想是合作共赢。那么这两个主体在发展中该如何体现这一核心思想呢？双方对同一项目的发展要制定多种不同的战略。不同战略建立的原因是在市场的环境中可能存在许多我们未知的因素与挑战，因此双方都需要做好万全的准备以便应对突如其来的状况。综上所述，公私合营模式顺利开展的原因在于双方的责任要对等，双方的发展意识要具有新意。

（二）努力加强预算管理与资金控制

公私合营模式要求企业与政府双方具有先进的资金配置思想。首先，在日常经营活动之前，双方要估计该活动所需的资金，从而做好资金的统筹规划与收集。其次，在日常经营活动中，双方要根据活动的实际情况对资金进行分配，如科技投入高的企业要多分配一些资金。最后，在日常活动结束之后，双方要积极总结资金分配的经验，要知道哪些资金可以省下来，哪些资金需要多投入一些。

（三）加强成本控制

公私合营模式具体是指企业与政府合作共赢的一种新型发展模式，并且对该如何充分发挥这个模式的作用呢？首先，要控制双方的财务支出。双方对财务支出的有效控制在很大程度上为基础设施的建设节约了资金。其次，要建立正确的设备折损措施。设备折损现象是发展过程中必须会经历的，因此这就需要双方建

立正确的应对措施。最后，要正确理解财务指标代表的含义。因为财务指标的变动是财务信息的传递过程，因此双方要抓住这个机会尽最大的可能掌握财务信息。

（四）加强财务分析，完善定价制度

公私合营模式有效开展的关键是双方发展的目标要具有一致性。主要体现为资金投入目标的一致性、相关战略目标的一致性等方面。同时该目标一致性的建立有利于将公私合营模式的作用发挥到最大，也有利于提高双方财务分析的水平。对于定价制度的产生与发展，双方要分别根据自身的财务经验展开交流与讨论，最终确定出有利于双方共同发展的定价制度。综上所述，该模式的发展与完善对国家的基础建设具有真切的促进作用，它从根本上改变了有些企业独立国家发展的状况，同时也拉近了企业与国家之间财务发展的距离。

公私合营模式是企业与国家合作的里程碑。在该模式下，企业的财务管理结构受到了国家的积极影响。这些在提高项目财务管理效率的同时，使企业的决策更加科学。该模式的产生与发展在一定程度上提高了国家对企业的认可度，并且为企业的发展提供了精神支持与法律依据。同时这种模式也是国家未来建设发展的必然要求。

第四节　跨境电商的财务管理

伴随着互联网技术的飞速发展和经济发展的全球化，我国的跨境电商产业迅速崛起，截至 2016 年年底，中国跨境电商产业规模已经超过 6 万亿元，年均复合增长率超过 30%。跨境电商产业在传统外贸整体不景气的经济环境下依旧强势增长，本节在此背景下，阐述财务管理对跨境电商运营的重要意义，并分析跨境电商企业在财务管理方面面临的问题，如会计核算工作不规范、缺少成熟的跨境电商财务 ERP 系统以及跨境电商税务问题等，针对跨境电商财务管理面临的问题提出相应的财务管理提升方案，从而促进跨境电商企业财务管理的不断完善。

一、财务管理对跨境电商运营的重要意义

从我国在世界上的影响力角度出发，我国财务制度的发展速度是非常快的。

这种高速度的发展让我们产生了新的行业，即跨境电商。如果一个企业已经是跨境的电商了，但是它没有完整的财务管理体制，那么它将面临哪些困难呢？首先是人员不足问题。人员是一个企业发展的根基，如果企业缺乏对应的人员，那么这个企业将不复存在。其次是企业发展规模问题。企业发展规模将不会扩大，同时企业进步的脚步也会停滞不前。最后是解决问题的能力，企业将不会拥有克服问题的能力，它们会变得"胆小"并且遇事便会退缩。综上所述，完整的财务管理体系对跨境电商的发展具有不可替代的促进作用。

二、跨境电商在财务管理上存在的问题

（一）会计核算工作缺乏规范性

从各类行业发展的经验来看，企业在进行一项财务活动后需要进行经验的总结，无论是失败的经验，还是成功的经验。同时，企业要明白财务发展的基础是有价值的财务核算。但是有一些跨境电商的企业并没有意识到问题的严重性。那么对于跨境电商来说，该核算的合理运用有哪些意义呢？首先，在管理模式上，跨境电商对于我国的企业来说它的根基没有很深，我国企业对它的经验摸索只是停留在浅层上。但是跨境电商对该核算的正确运用可以提高管理模式的创新，稳固该电商的社会地位。其次，在跨境电商的账务管理上，该核算的充分落实与运用可以提高企业账务的精细度，具体体现在每一笔支出与收入上。最后，在社会责任感上，该核算的制定可以提高企业的承受能力，推动跨境电商的财务管理从稚嫩走向成熟。综上所述，跨境电商由于产生较晚，它的财务管理状况相对于其他的行业较弱。但是这只是暂时的，它们需要时间的磨炼与经验的积累，而该核算为它们的财务进步提供了很好的交流平台。

如今国家对综合人才的培养是极为重视的。因为未来国际的竞争是人才能力的竞争，这就间接向我们证明了跨境电商的财务发展关键在于人才的培养。那么综合人才分为哪些？综合人才代表的是除了要拥有强大的财务理论知识外，还要拥有高尚的人格与正确的道德观，同时该人才也不能触犯国家财务的法律法规。综上所述，国家要加大对各行各业人才的培养力度，要充分发挥他们的作用，为该电商内部财务管理体系的完善奠定基础。

（二）缺乏成熟的跨境电商财务软件

国家要针对跨境电商行业的发展制定相应的财务软件。从财务发展的角度来看，财务软件的产生大大提高了企业财务记录的效率，也大大减少了企业出现账务错误的结果。由此可见，财务软件的建立对企业内部账务的重要性。如果跨境电商没有相关财务软件的支持，那么它将会面临许多难题，会让它本就不完善的财务体系雪上加霜。那么常见的财务软件有哪些？例如，金蝶、用友等。在我国的企业中用量最大的是用友。因此，国家要发挥其职能为该电商配备此财务软件。

（三）跨境电商税务问题

从科技发展的角度来看，跨境电子商务的特点是创新性、流动性、宽松性。创新性主要体现在以前的企业发展没有出现过这种形式的商务模式。流动性体现在该电子商务的企业与企业内部的人员流动性比较强，员工缺乏对企业的归属感。宽松性具体是指该电子商务的经营环境是比较宽松的，该环境包括国家法律环境与社会发展环境。但是，对于国家来说，该商务的税务征收问题比其他的企业要多，主要的原因在于该商务本身的性质，它是科技发展下的产物。因此国家要加强相关的税务征收法律，同时国家要严格规范商务发展过程中日常业务的手续，要为国家的税务征收提供证据。综上所述，该商务的发展既为国家带来积极的意义，也为国家的税务征收带来了问题，但是它的总体发展对国家的促进作用是极大的。

三、基于跨境电商下网络财务管理发展建议

（一）风险意识的树立是网络财务管理优化的重要前提

从国家发展环境的角度出发，跨境电子商务要树立对财务发展的忧患意识。该意识的树立有利于跨境电子商务减少不必要的人力与物力的损失。那么对于跨境电子商务来说，该如何树立该风险意识呢？这就要求该商务建立完整的应对突然风险的解决措施，同时在日常的经营活动中，该商务也要建立两种发展措施，一种是主要的措施，另一种是应对突发事件的措施。综上所述，正确的忧患意识能够提升跨境电子商务的发展地位。

（二）政府扶持力度的提升是网络财务管理优化的手段

从国家的角度来看，如果国家没有大力推广与发展跨境电商，那么它的发展将会是落后的。为什么这么说？因为从财务整体的发展角度来说，该电商的发展是必要的，它有利于促进财务体系的完善。因此，国家要提高重视力度，并且要制定相应的发展政策。但是该政策需要遵循财务发展的规律，还要符合现实生活的需要。综上所述，该电商的产生与发展在一定程度上提高了企业财务的社会影响力，也为企业财务的后续发展奠定了基础。

（三）网络财务管理系统的构建是财务管理优化的根本

从企业发展失败的例子来看，它们都没有充分发挥网络对财务管理的升级作用。企业财务制度的完整度与清晰度都来自强大的互联网体系，但也为企业的后续发展埋下了隐患。因此在如今的社会发展中，企业要善于利于互联网技术，将企业内部的财务事项通过表格的形式进行记录，如此一来可以减少企业财务数据丢失的现象，也可以减少不必要错误的发生。

（四）高素质专业化人才的培养是财务管理优化的必需

从成功企业发展的角度来看，它们成功的因素既不是高端的科技，也不是雄厚的资金支持，而是拥有一支高素质的工作人员，这是企业进步与发展的基础。那么要如何培养对企业发展有促进作用的高素质人员呢？从国家的角度出发，国家要加强对财务教育政策的建立与落实，要为人员的培养提供理论支持。从企业的角度出发，企业要定期组织相关财务人员的培训，提高人员的财务素质。从人员自身的角度出发，他们要树立正确的财务发展意识，树立正确的道德观与人生观，将企业与国家的发展视为己任。综上所述，企业与国家的财务发展需要具有道德高尚、技能超群的工作人员。

随着社会科技的不断发展，网络已经成为人们进行商品交易和知识交易的平台。这个交易平台被人们称为跨境电子交易。该交易的产生与发展预示着它们的发展道路不会一帆风顺，它们即将会面临一场"风雨"的洗礼。为什么会面临一场"风雨"的洗礼呢？因为对于该交易来说，它既没有传统交易模式的完整体系，也没有传统交易模式的发展资源。所以它需要经历各种财务风险的挑战才能成长与完善。综上所述，该交易的发展需要得到世界各方的帮助，同时也需要高素质人才的推进。

第五节 资本运作中的财务管理

在如今社会发展的大背景下，我国对企业的财务发展提出了更高的要求。该要求具体指的是什么呢？在企业的结构上，它主要指的是企业内部的资本运作结构。在企业内部的管理上，它主要指的是对相关财务工作者的道德素质管理。在企业的发展上，它主要是指企业对未来财务的规划以及企业对未来投资的计划。那么该要求具有哪些意义呢？它可以提高企业内部对资金的使用效率，同时也有利于资本运作体系的完善。资本运作体系是在如今企业发展条件下的必然产物，它与企业的财务管理目标是相互作用的，二者既相互联系，又相互区别。综上所述，无论企业的规模如何，它们都应该在财务管理的过程中进行资本运作，从而提高企业资产的升级。

一、企业资本运营的特点分析

（一）价值性

资本运作的核心体现是对资金的再升值。资金的再升值主要体现的不是"钱生钱"，而是其中蕴含的做事能力。资金是日常活动的基础，因此资金是否充足决定了企业活动的规模，也就决定了在该规模下产生的社会效益。所以企业要充分认知到资金升值的内涵，从而提升企业的社会责任感，最终提升企业的社会价值。综上所述，企业的社会性发展需要充分发挥资本运作的作用。

（二）市场性

从古至今，市场一直是人们进行交易的活动场所。它能准确无误地反映出人们的需要情况，也能为企业提供真实可靠的商业信息。在如今的社会中，资本运作的发展基础是稳定的市场环境。而稳定的市场环境又可以给资本运作带来准确的数据，以便于提高资本运作的准确性。综上所述，资本运作的市场性主要在于它能够通过市场的活动带来有效的信息，最终提高该运作的科学性。

（三）流动性

资本运作的流动性对企业的主要意义体现在哪里？首先，它可以加快企业资金的回流速度。其次，它可以提高企业资金运用的价值，促进更多的社会效益。最后，它可以提高企业的净收益，提高企业在资本运作中的社会地位。综上所述，流动性是企业资本运作发挥到一定程度而产生的特点。同时该特点的产生也预示了资本运作在管理中的崇高地位。

二、强化财务管理，优化资本运作

从企业历史发展的角度来看，资本运作是企业实现最终目的的主要方式。同时在企业的各项政策中，各类管理政策处于核心地位。因此，我们必须充分发挥财务管理的积极作用，推动企业资本运作的优化、升级，从而推动企业健康发展。

（一）强化会计核算工作，完善财务管理

从微宏观角度分析，企业财务管理是企业资本运作中的重要组成部分，因此，实现资本运作会计核算，就是将企业资本投入生产经营活动中，从而在生产经营中实现会计核算，加强生产的成本的控制。同时资本的运作也对企业的发展方式提出了新的要求。该要求主要是指企业要重视自身对资金的运用，不能出现"乱用""混用"的现象。还要求企业的经营者在进行合并、融资的过程中时刻保持警惕，不能将自身的资产与其他尚未入账的资产混淆。如果企业没有按照资本运作的新要求去发展企业，那么企业会面临许多关于资金的问题，从而大大降低企业的生产效率，也会给企业内部的工作人员带来压抑的情绪。综上所述，建立正确的资本运作方式可以降低企业的破产率。

（二）完善企业财务管理

在如今各项经济指标都得到提升的前提下，企业该如何提高自身的财务管理能力？首先，在思想意识上，企业要时刻保持自身的警惕性，因为处在社会中的各类企业之间的竞争是非常激烈的，稍有不顺就会被"吞没"。其次，在行为能力上，企业要说到做到。对于相应的财务发展策略要真正落实，同时在落实的过程中要时刻关注反映出的情况，以便及时调整。最后，在资本运作上，企业要把握好资本运作的特点。综上所述，企业要将资本运作的特点与财务管理的作用相结合，最终推进企业向世界产业的发展之林前进。

（三）完善资本运作中财务管理制度

资本运作良好效果最关键的因素是财务数据的真实性。而财务数据真实性的来源需要企业建立完整的管理制度。企业该如何建立这个管理制度呢？从整体上出发，要明确自身的实际发展状况，同时要求企业管理者明白自身与其他同行业企业之间存在的差距以及产生该差距的原因。从部分的角度出发，企业要明确分配好各部分的职责。例如：财务部门要及时对财务数据进行盘点；财务人员要不断地学习国家新制定的财务规则；其他人员要协助财务人员办事，未经允许不得私自翻找财务档案。综上所述，良好的企业管理会给资本运作带来完美的效果。因此，企业要在复杂的环境中取得一席之地，就需要付出相应的"代价"。该代价具体指的是企业要脚踏实地地研究管理制度的知识。

企业多年的发展规律和实践可以证明资本运作的有效利用是企业制度发展的里程碑。资本运作在企业彼此之间进行的社会地位比拼上发挥着独特的作用。同时拥有强大资本运作体系是企业比拼中最浓烈的色彩，也为该企业的未来发展提供了基础性的条件。

第六节　国有投资公司财务管理

在我国市场中，投资公司处于发展阶段，由于投资公司能够在降低投资风险的基础上，推动其他相关行业的发展，所以这一行业的出现也标志着我国金融服务行业的快速发展。那么投资公司该如何提高自身的能力从而生存在该环境中？其一，投资公司需要在该环境中正确认识自身的发展地位。其二，投资公司要明确自身的优势与弊端。其三，投资公司要时刻做好应急措施。

一、国有投资公司财务管理基本内容概述

无论是哪种性质的企业，其发展的基础都需要完整的财务管理体制。那么对于国有投资公司来说，如果没有建立完整的财务管理体制的话会出现哪些问题？首先，在企业经营者的判断上，不完整的财务管理体制会给企业造成误判的情况。因为财务体系的不完整所以其带来的数据也是不准确的，这给企业的经营者对未

来的发展判断造成了很大的误区。其次，在资金的二次利用上，不完整的财务管理体制无法对企业的资金进行二次利用，因为在该体制下企业内部的资金管理是混乱的，毫无规律可言的。因此企业无法识别出哪些是可用资金，哪些是不可用资金。最后，在企业的发展意识上，在不完整的财务管理体制下生存的企业不会具有具体的发展意识。对企业的发展认识主要停留在经济层面，而非社会层面。综上所述，我们可以看出来，如果一个企业不具有完整的财务管理体制，那么它将不会得到永恒的发展。

二、国有投资公司的性质与目的

从历史发展的角度来看，国有投资公司发展的时间较为充足。从字面的意思我们可以看出，它是由国家主导的企业，该企业的特点是国有性。同时从国家人民群众的角度来说，它是实现人们资产升值的保障。它建立的核心要求是一切为了人民的利益。因此对于国有投资公司来说，它的出现就决定了它为人们服务的终极性质。但是它的作用不只体现在这里，还体现在保障人民利益的基础上，促进国家公共设施的建立。综上所述，国有投资公司是国家间接促进人民经济水平提升的一种手段，也是调整国家基础经济结构的重要方式。

三、国有投资公司的财务管理模式

（一）集权制管理模式

集权制度管理模式的建立既可以促进企业的发展，也可以阻碍企业的发展。因为该模式的建立在一定程度上体现了集权的思想，集权思想具有双面的影响。集权思想的意义在于它可以集中力量办一件单独无法完成的项目，但是它的不足之处在于高度的集权会导致企业之间发展的不平衡以及内部人员对公司归属感的崩塌。因此在企业发展的过程中，该模式的建立与发展要根据企业自身的实际情况做出底线控制，而不是盲目地效仿其他公司的集权模式。综上所述，该模式整体上的作用是有利的，但是也要根据自身企业的实践状况进行有针对性的选择。只有这样做，企业的管理者才能做出正确的企业规划，从而推进企业迈向新的征程。

（二）集权与分权结合的财务管理模式

企业过多的集权会导致企业内部力量的失衡，但是企业分权会导致内部力量的不集中。因此，这就需要企业经营者发挥其作用将二者进行有机的结合。这种有机结合并不是意味着你抄袭我、我抄袭你，而是二者相互补充从而产生新的思想。同时该思想对于企业的各项发展来说都是极为有利的。综上所述，二者之间的结合发展可以提高企业内部管理质量，也可以促进企业内部和谐氛围的形成。

对于企业经营者来说，过度的集权是企业分崩离析的导火索，过度的分权是企业散漫发展的根本原因。因此这就需要公司经营者准确把握二者发展的尺度，在保证公司整体利益的基础上进行二者的结合实验，只有经历过真正实践的制度，才会对真实的企业具有促进作用。综上所述，企业成功的原因在于对不同道路的探索以及建立的集权与分权二者相结合的发展战略。

四、国有控股企业财务管理模式的优化策略

（一）加强国有控股企业的财务管理

在企业发展的过程中，失败是难以避免的。但是只要充分了解失败的原因就可以减少失败的发生，企业经营失败的部分原因在于财务管理制度的不完善。因此这就需要加强国有控股企业的财务管理，从根本上减少失败的发生频率。

（1）实行全面预算的管理

该管理的核心在于对财务数据的及时把握。因此这就需要企业建立完整的财务数据审核体系，并将该体系真正运用到企业的日常经营会计核算中。对于在企业会计预算中产生的各类财务数据要通过该体系进行严格的审查。要确定传输到国家的财务数据是准确的、真实的、科学的。因为只有高质量财务数据的产生与提供，才能为我国的企业发展提供可靠的依据。

（2）建立"松紧"相结合的管理体系

该管理体系的建立是企业财务发展的里程碑。何为松紧相结合的体系？该体系是在公司经营者意识活动的基础上产生的，并且该体系的核心思想在于管理的底线与原则。因此企业财务管理的有效发展得益于在企业内该体系的建设。

（3）加快企业内部咨询制度的建立

该制度的建立在一定基础上反映了企业的内部综合实力。同时，该制度的建

立也可以提高国有投资企业的社会地位与国际影响力。因为咨询制度的建立需要企业具有一定的技能知识与良好的信誉度。因此对于企业来说，建立内部咨询制度是很有必要的。

（4）完善控股项目单位经营者的激励约束体制

从委托至代理角度进行考虑，基于内在矛盾诸如信息不对称、契约不完备和责任不对等，可能会产生代理人"道德风险"和"逆向选择"。所以，需要建立激励约束经营者的管理机制，以促使经营者为股东出谋划策，用制衡机制来对抗存在的滥用权力现象。

（二）加强对参股公司的财务管理

首先，国家要从实际国情出发建立相关的法规文件。该文件的建立为国有资金的有效利用与升值提供了文件支持，同时也会减少国有企业的财务问题，因为法规的建立在一定程度上可以约束相关人员的操作方式，从而减少对企业资金的滥用。

其次，要建立稳定的盘点制度。对于企业来说，库存盘点是在发展过程中格外注意的问题。该问题的严重性可能直接影响到企业的成本支出与资金收益，也可能会造成企业内部瓦解的现象。因此不论是国有企业还是一般企业都需要建立完整的盘点制度，以确保企业库房内原材料的准确性。

最后，要建立平等的买卖制度。对于国有企业来说，它的所有权归属国家。如果人们没有取得国家的同意而按自己的意愿对国有企业的所有权进行买卖，那么国家是要追究其法律责任的。对于一般的企业来说，它们之间的所有权转让只需要转让双方知情就可以进行正常的交易。综上所述，平等的买卖制度贯穿于所有企业的所有权转让中。

企业的财务政策需要根据国家财务政策的发展变化而更新。企业是世界发展进程的标志，因此各国都要加强企业的发展。同时企业发展的基础是具有完整的财务管理体系，所以各国都要不断地更新财政思想提高企业的财务管理水平，在该水平提高的基础上增强企业的竞争能力。

第七节　公共组织财务管理

随着社会的不断发展，公共组织财务管理的强化已然成为人们共同的追求。在过去的时光中，美国的相关学者对公共财务管理组织进行了检查，检查的结果是他们发现许多财务问题，并且这些财务问题关乎到人民的发展与国家的发展。因此他们立即做出了相应的措施，该措施包括国家制定的相关性法律文件，这些法律文件对财务错误的产生速度具有约束力，并且在后续的发展中财务错误明显下降。近年来，我国的财政措施也存在一些不足，各企业或公职人员欺瞒国家私吞公共财务的案例屡见不鲜，这就间接向人们证明了建立完整财务政策的重要性。综上所述，如果想要财政恢复"平静"的生活，那么国家就必须建立严格的财政政策，约束人们的经济行为。

在以上的案例中，各国相关的学者对公共组织财务管理的作用进行了深刻的讨论。从我国两位学者的角度出发，他们分别论述了公共组织财务管理的内涵、意义，并且都提出了相关的建议与意见，他们的意见相同之处都是在于国家要加大公共财务的干预力度，充分发挥国家的主体地位。与此同时，其他国家的学者也提出了对该问题的讨论。相对于其他国家而言，我国对该问题的分析针对我国国情来说是相当深刻的、丰富的，同时也有利于提高我国财务公平分配的效率。综上所述，我国学者提出的关于公共组织财务管理的建设既是促进人民财务意识增强的建设，也是促进国家加强对财务方面研究的建设。它的充分贯彻与落实可以增进国家与人民之间的财务信誉度。基于此，本节在吸收前人研究成果的基础上尝试对公共组织财务管理的含义、特点、目标及内容进行探讨。

一、公共组织财务管理的含义和特点

公共组织财务管理也称为公共组织财务管理或公共财务管理，是指公共组织（或部门）组织本单位的财务活动处理财务关系的一项经济管理活动。

（一）公共组织

从组织发展的过程来看，组织可以按照其自身的性质分为不同的种类。社会组织按组织目标可分为两类：一类是以为组织成员及利益相关者谋取经济利益为目的的营利性组织，一般称为私人组织，包括私人、家庭、企业及其他经营机构等；另一类是以提供公共产品和公共服务，维护和实现社会公共利益为目的的非营利组织，一般称为公共组织，包括政府组织和非营利组织。

从我国企业的性质看，国有企业不包括在公共组织中。因为国有企业是国家领导的企业，同时该企业的利得与损失国家具有有限的支配权，只是国家的发展都是从人民发展的角度进行的，因此国有企业最终的目的也是为了人民。

公共组织存在的特点是社会性、公益性。公共组织的社会性主要体现在它是社会发展而产生的，不是为了某个私人目的产生的，而是为了公共的利益产生的。公共组织的公益性主要体现在它是社会公众的组织，不是赚钱的工具。

（二）公共组织财务的特点

从不同的角度出发，公共组织具有不同的内涵。但是其内涵的核心内容都离不开两方面。一是对社会财务做出的详细记录，二是对社会公共资源的有效使用。公共组织财务具有四个特点，主要内容如下。

1. 财政性

为什么说公共组织的资金具有财政性？原因在于公共组织的最终领导主体是国家，因此公共组织的资金来源渠道是国家的财政收入。那么公共组织资金财政性的意义体现在哪些方面？首先，它可以帮助公共组织避免资金链断掉现象的发生。其次，它提高了公共组织在其他行业中的发展地位。最后，它证实了公共组织是国家领导的社会性组织。

2. 限制性

限制性主要体现在国家对公共组织资源利用方面的限制。因为从各国企业发展的角度来看，企业权力越大越会发生滥用的现象，从而造成企业内部根基的"腐烂"，最终造成企业经营失败的结果。同理公共组织是属于国家领导，同时也是对社会资源具有很大的使用能力的组织，因此国家为了将资源用在真正需要发展的地方，所以就需要对公共组织建立相应的限制制度。综上所述，该制度的建立在一定程度上可以避免权力滥用现象的产生。

3. 财务监督弱化

对于公共组织来说，财务监督弱化主要体现在公共组织的所有者以及社会公众的监督弱化上。那么它们的弱化具体表现在哪些方面？①资金提供者监督弱化。

对于企业资金的提供者来说，他们没有经济收入，但是他们可以提高自身的社会道德感从而提升自己的价值。针对这种情况，该提供者没有利益的驱使，会减少对这项投入资金的关注度，有的人甚至已经忘了这项投资，因此这必然就造成了提供者对财务监督和管理效率低下的现象。②市场监督弱化。该监督弱化主要是公共产品区别于市场产品不同的本质。在该不同的本质下公共组织也会产生错误的判断，例如无法将公共发展能源合理地分配给每一个发展项目，但是这都只是暂时的，随着时间的变化公共组织的监督效率会提升。

4. 财务关系复杂

从不同的发展角度来说，公共组织财务关系主要体现在不同的地方。但是从总体上来说，公共组织财务关系的核心思想是要有利于社会的发展。①利益相关者众多。同时利益相关者众多的意义在于可以提高公共组织的资金利用效率，也可以加快公共组织对社会基础设施的建设速度。②存在国家性。这主要体现在它与国家社会发展的目标具有一致性。综上所述，公共组织财务关系的特点是多样性与国家性，同时这也是公共组织财务关系与企业财务管理不同的地方。

（三）公共组织财务管理的特点

1. 以预算管理为中心

公共组织与企业最大的区别在于它不是以营利为目的的组织。这也就间接造成了它既没有完整的运行体系也没有明确的数据展示结果的现象。该现象的产生可能会导致社会公众与公共组织之间的"误会"，从而降低公共组织的办事效率。因此针对这一现象，公共组织提出了相应的解决措施。该措施的核心在于对国家制定的有关预算管理思想的运用与分析。至此之后，公共组织资金的入账与出账都有了明确的参考文件。这也在很大程度上丰富了公共组织财务管理的具体内容。综上所述，公共组织核心思想的产生与发展是公共组织与国家财政相连接的平衡点，有利于促进公共组织财务管理政策的更新与改革。

2. 兼顾效率和公平

无论是企业还是公共组织其办事能力的程度永远是它们实力的标志。办事能力的强弱决定了它们的效率快慢与对国家事业建设产生的意义。同时公共组织是以社会利益为己任的组织，所以它的建立要求与目的都应该和社会的发展相关，这就间接要求了它们彼此之间不能发生不必要的冲突，要有先后的发展顺序同时也要体现出平等的发展地位。综上所述，公共组织办事能力的提升有利于帮助社会公众建立美好的家园，也有利于帮助国家建立稳固的基础设施。

3. 微观性

公共组织的微观性主要体现在对国家公共事业的建设上。从公共组织财产性质的角度来看，该性质主要体现在公共财务上，因为该财务的本质在于帮助基层人民群众的发展。与之相同但是主体相反的是公共财政，该财政的主体不是公共组织，但是二者的目的都在于促进国家的发展与社会人民生活水平的提高。

4. 手段的多样性

公共组织由于其本身性质，它可以通过不同的方式实现财务管理的目标，并且不同手段实现的财务管理目标其意义也是不同的，但是其最终的意义在于完善其内部的管理措施。同时这也是公共组织与企业之间的又一区别。

三、公共组织财务管理的目标

从社会进步的角度来看，我国为了社会公众的利益发展从而产生了新的组织形式，即公共组织。该组织的核心思想是提高社会大众的利益，最大限度地发挥自己的价值。该组织是在我国总体领导下进行发展的组织。因此，该组织的财务管理目标符合国家发展的相关管理目标。那么该组织的财务管理目标需要从哪几个方面来实现？其一，社会公众的力量。其二，网络提供的财务数据。其三，对于社会资源的合理利用。综上所述，该组织的产生是社会发展的必然要求，因此该组织的财务管理目标的最终目的是促进社会的发展，具体做法主要包括以下三个方面。

（一）保障公共资源的安全完整

从社会发展能源的整体性出发，这是公共组织财务发展的前提条件。同时公共组织要善于抓住能源整体性的特点，从而制定有效的利用措施。但是由于公共组织工作人员的原因，导致公共组织对财务的长远发展目标不明确。因此公共组织财务发展的前提条件是建立该目标，同时建立该目标的基础是需要公共组织掌握社会能源的整体状况。该目标的建立有利于公共组织更好地利用能源减少浪费的现象，有利于最大限度地保证社会能源的完整性。综上所述，公共组织财务目标发展的基础是确保社会能源能够得到合理的分配。

（二）提高资源使用效率

从社会发展能源的使用能力出发，这是公共组织财务发展的关键条件。该使用能力如何才能得到有效的发展，这是公共组织需要着重考虑的因素。同时它们给出的具体做法是需要加大对管理制度建立以及对人们节约意识的发展力度，从而提高对能源的使用能力。

（三）实现效率与公平的统一

该统一的实现是公共组织的终极追求。公共组织存在的意义在于展示速度与平等之间的关系。同时它们也强调价值的意义在于对社会的贡献度。因此企业要向公共组织学习它们的发展意识，提高自身的社会建设参与度。

四、公共组织财务管理的内容

从企业自身的角度出发，它们认为财务活动都是与金钱有关的日常活动，包括企业的融资、破产、收入等。因此财务管理的具体内容就是它们这些要素的具体内容。但是对于公共组织来说，以上的管理内涵过于"狭隘"，因为它们的管理内涵包括许多社会层面的意义，主要内容如下。

（一）预算管理

从会计相关制度发展的角度来看，公共组织的财务发展需要建立完整的预算管理制度。建立该预算管理制度的意义主要体现在哪里？首先，在过去的发展中，公共组织可以通过对财务预算管理制度的学习总结出公共组织发展经验与发展规律。其次，在现在的发展中，公共组织建立完整的预算管理有利于提高部门的知名度和信誉度，从而提升部门的财务管理质量。最后，在未来的发展中，财务预算可以帮助公共组织进行未来资金发展的统筹规划，从而提高公共组织的资金利用率。

1.公共组织预算与公共预算的关系

政府预算的特点是平等性，其核心内容是指对国家整个年度财政收入的记录，其主体是国家，目的是促进社会的整体进步以及人民生活水平的提高。但是公共组织预算与政府预算存在很大的差别，原因是双方服务的主体不同。公共组织服务的主体是社会公众，而政府预算服务的主体是国家。

从国家的角度出发，政府预算为公共组织预算提供基础的数据支持。因为相对于公共组织预算而言，政府预算的规模更大、资源更丰富，并且它也掌握着国家最新的财务数据。

2. 公共组织预算管理的内容

从预算管理的流程来看，公共组织预算管理主要包括：①预算基础信息管理。公共组织预算是在充分分析组织相关信息，如人员数量、各级别人员工资福利标准、工作职能、业务量、业务物耗标准等基础上编制的，基础信息的全面、准确是预算编制科学性的重要保障。在相关信息中定员定额信息是最重要的基础信息，定员定额是确定公共组织人员编制额度和计算经费预算中有关费用额度标准的合称，是公共组织预算编制的依据和财务管理的基础，也是最主要的单位管理规范。受我国政府机构改革的影响，近年来，政府机构撤销、增设、合并频繁，政府部门原有的定员定额标准已不符合实际情况，迫切需要重新制定科学合理的定员定额标准。另外，还应建立相关的统计分析和预测模型，对组织收支进行科学的预测，提高预算与实际的符合度，便于预算的执行和考核。②预算编制。预算编制管理的核心是预算编制、审批程序的设计和预算编制方法的选择。③预算执行。预算执行环节的管理主要是加强预算执行的严肃性，规范预算调整行为，加强预算执行过程中的控制。④预算绩效考核。将预算执行结果与业绩评价结合起来。

（二）收入与支出管理

从公共组织发展的角度来说，该组织的资金无论是支出还是收回都不是走个人的账户，它们走的都是公账。这体现出公共组织的性质具有无偿性和社会性特征。

从国家各类企业发展的角度来看，企业收益与企业成本的产生是企业进行日常活动的基础。同时这两种因素也间接反映了企业的发展能力，主要是从两个方面进行的。一方面是低收益、高成本，这是典型的没有发展能力的企业；另一方面是高收益、低成本，这是发展能力强的代表企业。以上都是对社会企业进行的讨论，但是公共组织与社会企业的性质不同，所以以上的结果并不能真实地反映出公共组织的发展能力。公共组织的发展能力主要是对于费用的讨论，虽然它不以赚钱为目的，但是需要考虑费用的支出。因此对于公共组织来说，要合理地控制费用的支出，并建立相应的措施从而提高该组织在社会中的发展能力。

公共组织收支财务管理制度一般有如下三点内容。

1. 内部控制制度

严格的内部控制管理的意义主要体现在以下几个方面。其一，可以拉近各部门之间的距离从而提高生产效率。其二，有利于在工作人员中形成良好的竞争氛围从而提高工作者的工作效率。其三，有利于减少贪污腐败现象的发生从而为组织的发展提供良好的环境。

2. 财务收支审批制度

该制度的建立有利于组织管理者查找每一笔资金的具体去处，从而大大提高财务的工作效率。

3. 内部稽核制度

该制度的建立有利于减少组织内部不必要的问题，同时该问题的减少也为组织的发展减少了负担。

（三）成本管理

从国家发展的角度来看，国家对公共组织的收益格外重视。该重视程度的加深也会产生一些问题，该问题具体是指在收益增长的同时费用也在增长。该问题的产生预示着国家要在重视收益的基础上通过合理的手段控制费用的支出。

在公共组织费用控制方面，国外显然比我国做得好一些。因此我国要吸收国外优秀的控制经验，并且结合自身组织的实际情况进行落实与调整，从而减少该组织的费用支出。

公共组织成本管理应包括以下三点内容。

1. 综合成本计算

综合成本计算的意义主要体现在以下几个方面：有利于完善组织内部的财务结构；有利于企业内部之间奖惩制度的建立；有利于加强各部门之间已有的联系，通过不断的交流与沟通可以找到减少成本的方法。

2. 活动分析和成本趋势分析

对政府项目和流程进行分析，寻找较低成本的项目和能减少执行特定任务的成本途径。

3. 目标成本管理

目标成本管理即恰当地制定和公正地实施支出上限，合理控制业务成本。可以将成本同绩效管理目标联系起来，从而实施绩效预算和业绩计量。

（四）投资管理

公共组织投资主要指由政府或其他公共组织投资形成资本的活动。公共组织投资包括政府组织投资和非营利组织投资。其中政府的投资项目往往集中在为社会公众服务，非营利的公益性项目如公共基础设施建设等，具有投资金额高、风险大、影响广等特点，非营利组织投资主要指非营利组织的对外投资。

公共组织投资活动的财务管理主要侧重于：

①对投资项目进行成本效益分析和风险分析，为公共组织科学决策提供依据。政府投资项目的成本效益分析要综合考虑项目的经济效益和社会效益。

②健全相关制度，提高投资金使用效率。如采用招投标和政府集中采购制度，提高资金使用效率。

③建立科学的核算制度，提供清晰完整的投资项目及其收益的财务信息。

（五）债务管理

公共组织债务是指以公共组织为主体所承担的需要以公共资源偿还的债务。目前，在我国比较突出的公共组织债务是高校在扩建中大量银行贷款所形成的债务。

有些学者将政府债务管理纳入公共组织财务管理中，笔者认为是不妥的。因为大部分的政府债务如债券、借款等是由政府承担的并未具体到某个行政单位，行政单位的债务主要是一些往来业务形成的且一般数量并不大，所以政府债务应属于财政管理的范畴，行政单位的债务管理属于公共组织财务管理的范畴。

从财务管理角度实施公共组织债务管理的主要内容有：

①建立财务风险评估体系，合理控制负债规模，降低债务风险。公共组织为解决资金短缺或扩大业务规模，可以选择适度举债。但由于公共组织不以营利为目的，偿债能力有限。因此，在建立财务风险评估体系，根据组织的偿债能力，合理控制负债规模，降低债务风险。

②建立偿债准备金制度，避免债务危机。

③建立科学的核算制度，全面系统地反映公共组织债务状况。

（六）资产管理

公共组织资产是公共组织提供公共产品和服务的基本物质保障，然而由于公共组织资产的取得和使用主要靠行政手段，随意性较大，目前我国公共组织间资产配置不合理、资产使用效率低、资产处置不规范等现象较多。

从财务管理角度实施公共组织资产管理的主要内容有：

①编制资产预算表。公共组织在编制预算的同时应编制资产预算表，说明组织资产存量及使用状况，新增资产的用途、预期效果等，便于预算审核部门全面

了解公共组织资产状况，对资产配置做出科学决策。

②建立健全资产登记、验收、保管、领用、维护、处置等规章制度，以防资产流失。

③建立公共资产共享制度，提高公共资产利用效果。

④完善资产核算和信息披露，全面反映公共组织资产信息。

（七）绩效管理

建立高效政府、强化公共组织绩效管理是各国公共管理的目标。绩效管理重视公共资金使用效率，将公共资金投入与办事效果相比较，促进公共组织讲究效率。绩效管理是实现公共组织的社会目标、建设廉洁高效公共组织的必要条件。

从公共组织财务管理的角度来看，主要是把绩效管理同预算管理、公共支出管理等内容结合起来。

①建立以绩效为基础的预算制度，将绩效与预算拨款挂钩。

②建立公共支出绩效评价制度。

③在会计报告中增加年度绩效报告。

④开展绩效审计，对企业进行有效监督。

第三章　现代财务管理的新理念

第一节　绿色财务管理

一、传统财务管理的弊端及引入绿色财务管理的必要性

当今社会是一个高速发展的社会，可持续发展理念已深入人心，因此，企业在开展自身的财务管理以及制定企业发展战略的时候，必须要考虑到多方面的因素，如包括多种资源的自然环境和许多危机的社会环境。如果处于恶性循环状态，会使得整个社会、整个国家、整个世界为其短浅的目光付出严峻的代价。因而，我们必须走绿色财务管理之路，相对于绿色财务管理，传统的财务管理有以下不足。

①传统模式下的企业财务管理，不能够准确地核算企业的经营成果，只能够单纯的计算企业中的货币计量的经济效益，而无法将会计核算体系纳入企业管理中，无法将货币计量的环境资源优势转化为企业中的管理优势。

②传统模式下的财务管理，不利于企业对环境造成的污染及财务风险进行分析，传统的企业财务管理，没有办法准确核算企业经营环境，没有办法避免自然资源的匮乏造成的后果，没有办法改善生态环境的恶化模式，没有办法减缓竞争的加剧，没有办法遏制环境污染的发展，从而加快了企业生存及经营的不确定性，使得企业自身的财务管理出现体制上的差错。

③传统模式下的财务管理，不利于进行有效的财务决策，企业在进行经营的时候，大多是将资金投入到高回报、重污染的重化工企业，不考虑对环境的污染，不顾环境破坏，因此这种模式下的企业管理，只会使得经济的宏观恶性循环，将严重破坏环境，而这也将会使企业面临倒闭、被取缔等停产风险。

传统的财务管理在这几方面的弊端，充分说明了进行新的财务管理理念的重要性，也就是说，企业要改变，就有必要走绿色财务管理之路。

二、绿色财务管理的概念及主要内容

绿色财务管理，是指充分利用有限的资源来进行最大效益的社会效益化、环境保护化、企业盈利化，而绿色财务管理的目的，是为了在保持和改善生态环镜的同时实现企业的价值最大化，使得企业能够与社会和谐相处。绿色财务管理就是在传统财务管理的基础上考虑到环境保护这一层因素，主要有以下几个方面。

（一）绿色投资

由于企业的各种因素，所以需要引进绿色投资，而绿色投资，也需要我们在所需要投资的项目以及外在压力进行简单的调查研究，而这几点则是研究的方向：第一，企业在对环境的保护上有没有切实按照国家制定的标准来进行，需要保证所投资的项目之中不能有与环境保护相违背的内容，这也正是绿色投资的前提。第二，提前考虑因环保措施而造成的费用支出。第三，提前考虑项目能否与国家政策响应而获得的优惠。第四，考虑能否投资相关联的项目机会成本。第五，考虑项目结束后是否拥有因环境问题而造成的环境影响的成本回收。第六，考虑因实施环保措施后对废弃物回收而节省的资金。

（二）绿色分配

绿色财务管理在股利上面继承了传统财务管理理论的内容，同时又有着它的独特性存在。在支付股利时，需要先按一定比例来支付绿色资金不足的绿色公益金以及绿色股股利。绿色公益金的提取，相当于从内部筹集绿色支出不足部分的资金，而这一过程与企业进行公益金提取的过程相似，但却区分不同企业规模，绿色公益金的提取，不仅需要企业处于盈利状态，还需要确保企业的资金有一定的余额，而且不得随意挪用，绿色公益金只能做绿色资金不足部分的支出。绿色股股利的支付与普通股一致，但不同的是，如果企业无盈利且盈余公积金弥补亏损后仍无法支付股利，就可以用绿色公益金支付一定数量的绿色股股利，但却不能支付普通股股利，而这一方式也是为了维护企业在资源环境方面的声望。

三、绿色财务管理理念的理论基础

（一）绿色管理理论起源与发展

发达国家于 20 世纪 50 年代左右提出绿色思想，生态农业由此兴起，而随着时代的推移，战争的干扰，经济的全球化，发达国家环境的污染也日渐严重，这使得人们对绿色思想越来越重视，20 世纪 90 年代，全球兴起了一股绿色思潮，绿色管理理论也由此出现。

（二）绿色会计理论

近年来，自然社会的急剧变化，使得人们将目光逐渐聚焦于环境与可持续发展中。会计领域的人们也积极探索会计与环境相结合，提出了绿色会计理论。在这一领域的很多会计师也对绿色会计理论提出了许多新的观点，在各个方面都提出了大量有益的探索，从而使得绿色会计的研究越来越深，越来越具有操作性。对绿色会计活动中的确认、计量、披露，给信息使用者进行服务的，尤其是在为企业的决策者提供信息方面有着大量会计领域的专业人员对绿色会计进行研究，也就导致了满足绿色会计这一理论的企业能够进行正确的筹资、投资以及决策，也就使得绿色财务管理出现。

四、绿色财务管理在应用中的注意事项

绿色财务管理理论是适应人类社会资源环境保护的理论，是对传统财务管理理论的挑战，而绿色财务管理理论要想应用到企业中，就需要做到以下几点。

（一）企业要兼顾资源环境与生态环境的平衡

当今社会随着绿色消费的出现，消费者的绿色消费观也在逐渐增强，而企业要想在这个社会中立足，就需要将资源环境问题引入企业管理中，以绿色财务管理理论作为指导依据，尽量开展绿色经营模式，以此提高企业的经济效益与社会效益。

（二）增强员工素质

企业员工的素质也是影响绿色财务管理能否正常实施的一大因素，因此，企业员工，特别是财务人员，应当利用社会生态资源和生态环境，通过资源整合来提高资源环保意识，加快传统模式下的财务管理理论向绿色财务管理理论的转变，通过提高员工素质以增强财务管理工作。

（三）使得会计领域与绿色财务管理理论相适应

想要做到这点，需要我们增设会计科目，如绿色成本、绿色公益金等绿色概念，从而使得绿色财务管理得到完美的应用；需要我们对会计报表进行改革，增设在企业对环境保护及改善等方面设定指标，从而使企业能够清楚自己在哪方面如何做可以提高对环境的优化。

综上所述，我国的绿色财务管理理论还处于一个新理论的萌芽阶段，但却可以随着世界环保呼声的增强而不断得以完善，不断得以进步，从而在指导企业经营、提升企业经济效益及社会效益中发挥更大的作用。

第二节　财务管理与人工智能

与企业资本有关的管理活动——财务管理成为企业家最关心的问题。财务管理就是通过处理可靠的财务数据信息为企业制定发展战略提供依据，但是当今时代信息爆炸，财务数据规模庞大繁杂，为了简化流程、降低成本，20世纪中期兴起的人工智能技术极大地提高了管理效率。然而，人工智能技术在处理财务信息的过程中利用固定的模型与公式，但处于多变环境中的企业经常遇到常规难以处理的数据信息，这种情况下人工智能的弊端逐渐地显露出来。如何处理财务管理与人工智能的关系成为管理界的一个新课题。本节就财务管理和人工智能的基本理论做相关介绍，并探讨财务管理与人工智能的关系，最后提出处理财务管理与人工智能二者关系的相应措施。

一个企业经营得是否长久、赚取的利润是否丰厚，主要在于企业的战略制定和决策预测。制定合适的战略，企业也就抓住了全局和方向，然后再通过战术或者经营决策进行当下的日常经营。根据战略制定的步骤，我们知道，要想制定出适合企业发展的战略，最关键的一步就是找出拟定方案的依据，所谓的拟定方案的依据具体通过企业的财务管理提供。财务管理的主要职能就是分析企业的财务报表和相关数据，为企业的筹资、投资和资金营运提供决策。在财务管理活动中，需要运用很多公式进行运算，甚至某一个特定的常见情况也具备了固定的计算模型。企业的规模不断增大，来自企业营运活动和会计方面的信息越来越多，20世纪中叶，计算机技术正在蓬勃发展，企业的管理者为了减轻财务管理方面的负担，降低成本，提高财务信息处理的准确性，开始尝试着将人工智能技术引入企业的财务管理领域，这一创举在人工智能技术的引入初期的确给企业带来了极大的便利，增加了利润，提高了财务管理的效率。但随着社会的发展，尤其是我国在加入世界贸易组织后，国内企业面临的经济环境瞬息万变，不但需要处理的财务信息进一步增多，而且还出现了很多常规方法难以分析出合理结果的情况。

一、财务管理的理论基础

简单来说，财务管理就是企业运用相关的财务理论知识处理和分析财务报表以及其他的财务信息，最终得出企业经营状况的管理活动。关于企业资本的营运和投资正是财务管理的重要内容，企业在进行筹资决策、投资决策以及营运资本和股利分配决策时，所依据的重要信息就是通过财务管理人员的计算与分析得出的。财务管理的发展也一直在与时俱进，共经历了三个阶段，即企业利润最大化阶段、每股收益最大化阶段和股东财富最大化阶段，每个财务管理的目标都符合时代的发展需要，也适应了企业经营者的经营目标。财务管理最早出现的时候，企业经营的目的就是赚取丰厚的利润，为了适应企业的发展需要，也为了发挥出财务管理的作用，就把企业的利润最大化作为目标。随着时代的发展，企业的规模越来越大，出现了上市公司，在上市公司内部，对于经营至关重要的是筹集足够的资金，即能够满足股东的需要，很多的小股民只关心自己在企业投资的收益，至于企业每年的利润以及经营情况则是无关紧要的。为了满足股民的心理需要和现实需要，筹集到资金，企业就想方设法地提高股民的收益，财务管理的目标也就变为每股收益最大化。大多数的企业满足不了短时间内股民的巨大收益，对此，企业的经营可能不惜牺牲经营时间来换取股民收益，但在实务中，一年赚取一定数额的收益和两年赚取相同数额的收益显然是不一样的。

因为货币包含时间价值，所以，企业财务管理的目标发展到目前的阶段，即股东的财富最大化。财务管理的最终目的就是通过分析数据得出恰当的决策，再通过合理的决策，最大化地增加企业价值。

二、人工智能相关介绍

人工智能技术的概念最早在 20 世纪中叶提出，20 世纪末至今是人工智能技术应用的时期。人工智能技术指的是在计算机技术的基础之上，通过模拟人类某个领域专家进行解题的方式，使企业的经营决策智能化，实质就是模拟人类的思维活动。企业的财务管理是分析财务报表、得出有效信息、进行决策的过程，企业的财务人员在分析财务信息时，总会借助固定的财务公式，使用固定的财务模式解决日常经营的难题，基于这样的现实情况，具有计算机技术和财务管理专业知识的研究人员为了降低成本、提高效率，尝试着将财务管理的某些模式与公式存储在计算机系统中，这样就可以把财务报表的信息输入计算机，通过之前存储在内部的计算模式进行报表信息的运算，从而得出相应的结果，这就是专家系统。与传统的财务管理相比，人工智能技术的引入解决了某些财务上的复杂运算以及数据分析的过程。人工智能技术在财务管理上的作用不仅仅是收集和整理数据，更重要的是通过学习新的专业知识，并将知识运用到实际运算中，得出合理的结果，做出客观的判断。人工智能技术包含了很多复杂的计算程序，凡是输入的数据，在进行程序后就可以得出与实际手工运算一样准确的结果，所以，在人工智能技术下，财务人员的工作由原来的大量计算转变为数据的输入和结果的记录与汇报。传统的信息系统只能将数据输入，并运行非常简单的分类和加总程序生成财务报表，而当今的人工智能可以运行复杂程序并得出客观的结果，甚至可以分析数据之间的相关与回归关系。

三、财务管理与人工智能的关系

当今已经进入了大数据时代，传统的手工计算分析已经跟不上时代的潮流，企业的财务管理不能闭门造车，需要应用人工智能技术提高工作效率，帮助企业提供决策依据，发现事物和现象之间的内在联系，人工智能技术同样需要与时俱进，根据企业的需要和管理的发展，不断补充新的程序，继续开发新的技术。总之，二者是相辅相成、互相完善的关系。财务管理使用人工智能是为了更加方便快捷，人工智能也需要通过服务财务管理找出不足，通过逐渐地完善达到节省成本的目的。

四、处理财务管理与人工智能关系的措施

前面提到了财务管理与人工智能的关系，企业的发展离不开人工智能，但是企业的财务管理又不能完全依赖人工智能技术。处理财务管理与人工智能关系的措施如下。

（一）提高财务管理人员的专业素养和水平

财务管理人员是财务管理工作的执行者，也是整个财务工作的推进者，财务管理人员的综合素质关系到整个财务管理工作的效率和质量。只有提高财务人员的专业素质，才有助于识别财务工作中的重点问题和复杂问题，有能力判断哪些问题需要慎重对待，哪些问题需要借助人工智能技术解决等。

（二）与时俱进地引入人工智能技术

人工智能是基于计算机技术发展而来的，人工智能技术的发展将会非常迅速，企业应该及时关注人工智能技术的更新换代，及时更新财务管理部门的相关技术，保证财务管理活动始终在最前沿的人工智能技术下进行，这样才有助于企业整个财务管理活动的与时俱进。企业通过人工智能技术的更新推动整个财务管理工作的进程。

（三）成立专门的人工智能与手工操作分工小组

财务管理工作复杂繁多，如前所述，人工智能技术不能承担企业所有的财务管理活动，只能有选择性地辅助财务人员进行决策与分析。对于复杂的财务工作，到底哪些工作需要由财务人员手工完成，哪些工作需要借助人工智能技术来解决，这需要进行合理的分配。对此，企业可以成立专门的分工小组对财务管理中的工作进行适当的识别与分配，保证财务管理有序进行。

人工智能技术是信息技术的重要方面，也是时代发展的标志。它的出现解决了财务管理很多烦琐的问题，企业的财务工作应该运用人工智能技术，提高企业的管理效率，为企业的持续发展提供更加准确的策略，从而实现财务管理的目标。

第三节　财务管理的权变思考

权变是权宜机变，机变是因时、因地、因人、因势变通之法。"权变"一词最早出于《史记》，其中记载了古代纵横家、商家的权变思维。最早运用权变思想研究管理问题的是英国学者伯恩斯和斯托克。权变理论认为，环境条件、管理对象和管理目标三者中任何一个发生变化，管理手段和方式都应随之发生变化。权变理论的特点是：开放系统的观念、实践研究导向、多变量的方法。

一、财务管理的权变分析

理财活动作为一种实践与人类生产活动同样有着悠久的历史，但现代意义上的财务管理作为一门独立学科只有近百年的历史。财务活动能否成功，在很大程度上取决于对人们环境认识的深度和广度。下面从权变的角度分析各时期财务管理的特点。

（一）筹资管理理财时期

20世纪初，西方一些国家经济持续繁荣，股份公司迅速发展，许多公司都面临着为扩大企业生产经营规模和加速企业发展筹措所需资金的问题。在此阶段，财务环境、理财对象影响着财务管理活动，财务管理主要是预测公司资金的需要和筹集公司所需要的资金。

（二）破产清偿理财时期

20世纪30年代，西方发生了经济危机，经济大萧条，许多企业纷纷破产倒闭，众多小公司被大公司兼并。这一阶段中，受外界环境影响，财务管理重点发生转移，主要问题是企业破产、清偿和合并及对公司偿债能力的管理。

（三）资产管理理财时期

第二次世界大战以后，世界各国经济进入相对稳定时期，各国都致力于与发展本国经济。随着科学技术迅速发展、市场竞争日益激烈，企业要维持生存和发展必须注重资金的日常周转和企业内部的控制管理。在这时期，计算机技术首次应用于财务分析和规划，计量模型也被逐渐应用于存货、应收账款等项目管理中，财务分析、财务计划、财务控制等也得到了广泛的应用。在这一阶段中，很显然财务管理的重点受经济发展的影响又一次发生改变，且财务研究方法、手段的改进加速了财务理论的发展。

（四）资本结构、投资组合理财时期

到了 20 世纪六七十年代，随着经济的发展，公司规模的扩大，公司组织形式及运作方式也发生变化，资本结构和投资组合的优化成为这一时期财务管理的核心问题。此时，统计学和运筹学优化理论等数学方法引入财务理论研究中，丰富了财务理论研究的方法。这一时期形成的"资产组合理论""资本资产定价模型"和"期权定价理论"等理论形成了近代财务管理学的主要理论框架。

综上所述，可以得出以下结论：①随着财务环境的变化，财务管理的重心都会有所变化；②研究方法的改进也会促进财务管理的发展，特别实际是信息技术、数学、运筹学、统计学等在财务上的应用，使财务管理研究从定性发展到定量化，更具操作性；③随着经济的发展，传统的财务管理对象不断补充着新的内容，从开始的股票、债券到金融工具及其衍生品等，都随着知识经济的发展而发生变化。

二、权变中的财务管理

随着时代的变迁，财务管理不断丰富发展。财务管理目标的实现是许多因素综合作用并相互影响的结果，通过上面的分析，笔者用下面的函数式表达出财务环境、财务目标、财务对象及财务方法、手段间的关系。

$$财务管理目标 = \sum f（财务环境、财务对象、财务方法及手段）$$

通常情况下，财务目标不会发生太大的变化，现在普遍接受的财务目标是企业价值最大化。一旦财务目标发生变化，则财务环境、财务对象、财务方法及手段三者中至少有一个变量发生变化。在财务目标一定的情况下，通过公式可得出以下结论：

①在财务目标一定、财务管理对象不变的情况下，一旦财务环境发生变化，原来条件下的财务管理方式手段不能适应新的环境条件，因而财务管理的手段和方式应发生变化。从各时期发展财务管理的发展可以看出，随着历史的发展、环境的改变，财务管理的重心也在不断发生变化。我们通过前面所描述通货膨胀时期的财务管理可以明显地看出，在通货膨胀时，原来的方法是无法解决通货膨胀

所带来的问题，所以必须改变管理方法及手段以适应管理需要，达到企业理财的目标。

②在财务目标一定、财务环境一定的情况下，当财务对象发生新的变化时管理方式和手段应随对象的变化而变化。如网上银行和"电子货币"的盛行，使资本流动更快捷，资本决策可以瞬间完成，企业势必改变传统的财务管理方法以适应经济的快速发展。

③在财务目标一定、财务环境不变的情况下，财务管理方法手段的变化会引起财务管理对象的变化。由于数学、计算机的应用使财务管理手段更加先进，才能出现众多的理论模型，比如资本资产定价模型、投资组合模型。

以上分析推断可表明，财务管理活动本身是权变的过程。

三、对策

权变理论认为：在企业管理中应依据不同的环境和管理对象而相应地选择不同的管理手段和方式，在管理中不存在适用于一切组织的管理模式。企业财务管理面临权变境地，应因权而变，要提高整个企业的财务管理水平，需从多方面综合分析入手。

（一）加强财务管理的中心地位

加强企业财务管理，提高财务管理水平，对增强企业核心竞争力具有十分重要的作用。企业必须以财务管理为中心，其他各项管理都要服从于财务管理目标，不能各自为政。企业在进行财务决策时要识别各种风险，采用一定的方法，权衡得失，选择最佳方案；必要时企业要聘请财务专家为企业自身定做财务预测、财务计划、财务预算等工作。只有知变、通变、掌握变化之道，才能使各个环节渠道畅通，提高财务管理效率，才能提高企业整体管理水平，才有可能在激烈的国际竞争中生存并发展下去。

（二）政府转变角色，改善理财环境

为适应经济发展，政府应转变角色，从领导者角色转向服务者角色，为企业的发展创造良好的政治、经济、政策、法律等宏观环境。

（三）大力发展财务管理教育与研究，提高企业财务管理水平

加快高校财务管理专业的改革及发展，培养大批高素质财务管理专业人才。同时加强对财务人员的继续教育，提升财务人员的整体素质。借鉴国际先进管理经验，结合实际加快财务管理理论研究，坚持理论与实践的结合，推进财务管理理论建设，为企业进行财务管理改革提供更多的科学的理论依据，从而提高我国企业财务管理的整体水平。

第四节　基于企业税收筹划的财务管理

随着我国经济的不断深化发展，企业面临着越来越多来自国内外的挑战，必须不断地通过各种途径来提高自身竞争能力。企业进行税收筹划活动对提高财务管理水平、提高市场竞争力具有现实的意义。税收筹划是一种理财行为，属于纳税人的财务管理活动，又为财务管理赋予了新的内容；税收筹划是一种前期策划行为；税收筹划是一种合法行为。纳税人在实施税收筹划时，应注意以下几个问题：企业利益最优化；税收筹划的不确定性；税收筹划的联动性和经济性。

一、税收筹划的定义及特征

税收筹划是指纳税人在符合国家法律及税收法规的前提下，按照税收政策法规的导向，事前选择税收利益最大化的纳税方案处理自己的生产、经营和投资、理财活动的一种企业筹划行为。税收筹划具有以下特征。

（一）税收筹划是一种理财行为，为企业财务管理赋予了新的内容

传统的财务管理研究中，注重分析所得税对现金流量的影响。如纳税人进行项目投资时，投资收益要在税后的基础上衡量，在项目研究和开发时，考虑相关的税收减免，这将减少研究和开发项目上的税收支出，而这些增量现金流量可能会使原本不赢利的项目变得有利可图。在现实的经济生活中，企业的经营活动会

涉及多个税种，所得税仅为其中的一个。税收筹划正是以企业的涉税活动为研究对象，研究范围涉及企业生产经营、财务管理和税收缴纳等各方面，与财务预测、财务决策、财务预算和财务分析等环节密切相关，这就要求企业充分考虑纳税的影响，根据自身的实际经营情况，对经营活动和财务活动统筹安排，以获得财务收益。

（二）税收筹划是一种前期策划行为

现实经济生活中，政府通过税种的设置、课税对象的选择、税目和税率的确定以及课税环节的规定来体现其宏观经济政策，同时通过税收优惠政策，引导投资者或消费者采取符合政策导向的行为，税收的政策导向使纳税人在不同行业、不同纳税期间和不同地区之间存在税负差别。由于企业投资、经营、核算活动是多方面的，纳税人和纳税对象性质的不同，其涉及的税收待遇也不同，这为纳税人对其经营、投资和理财活动等纳税事项进行前期策划提供了现实基础。税收筹划促使企业根据实际生产经营活动情况权衡选择，将税负控制在合理水平。若企业的涉税活动已经发生，纳税义务也就随之确定，企业必须依法纳税，即纳税具有相对的滞后性，这样税收筹划便无从谈起，从这个意义上讲，税收筹划是以经济预测为基础，对企业决策项目的不同涉税方案进行分析和决策，为企业的决策项目提供决策依据的经济行为。

（三）税收筹划是一种合法行为

合法性是进行税收筹划的前提，在此应注意避税和税收筹划的区别。单从经济结果看，两者都对企业有利，都是在不违反税收法规的前提下采取的目标明确的经济行为，都能为企业带来一定的财务利益。但它们策划的方式和侧重点却存在本质的差别：税收筹划是纳税人以税法为导向，对生产经营活动和财务活动进行筹划，侧重于挖掘企业自身的因素而对经营活动和财务活动进行的筹划活动。避税是一种短期行为，只注重企业当期的经济利益，随着税收制度的完善和征管手段的提高，将会被限制在很小的范围内；而税收筹划则是企业的一种中长期决策，兼顾当期利益和长期利益，符合企业发展的长期利益，具有更加积极的因素。从这方面看，税收筹划是一种积极的理财行为。

企业作为市场竞争的主体，具有独立的经济利益，在顺应国家产业政策引导和依法经营的前提下，应从维护自身整体经济利益出发，谋求长远发展。税收作为国家参与经济分配的重要形式，其实质是对纳税人经营成果的无偿征收。对企业而言，缴纳税金表现为企业资金的流出，抵减了企业的经济利益。税收筹划决定了企业纳税时可以采用合法方式，通过挖掘自身的因素实现更高的经济效益。这样企业在竞争中进行税收筹划活动便显得极为必要。

二、企业财务管理活动中进行税收筹划得以实现的前提条件

税收政策税收法律法规的许多优惠政策为企业进行税收筹划提供了可能，但是，税收政策的轻微变化肯定会影响税收筹划的成功与否。目前，在经济全球一体化的大背景下，各国为了吸引资本和技术的流入，都在利用税收对经济的杠杆作用，不断调整税收政策，即税收筹划方案不是一成不变的，它会随着影响因素的变化而变化，所以在进行税收筹划时应不断地了解税收方面的最新动态，不断完善筹划方案，使筹划方案更适合企业的需要。目前，我国实施了《中华人民共和国行政许可法》，使得税务部门对纳税人有关涉税事项由事前审批变为事后检查，为企业在会计政策的选择上争取到了更多的权利，为税收筹划创造了更大的空间。

企业的发展战略。企业在制定发展战略时，必然会考虑宏观的环境和自身经营情况，宏观的环境包括各地区的税收政策，但税收政策并不总是有利于企业的经营战略，所以，企业在权衡利弊以后制定出的发展战略则更需要通过税收筹划来减少各种不利的影响。

三、应注意的几个问题

税收筹划作为一种财务管理活动，在对企业的经济行为加以规范的基础上，经过精心的策划，使整个企业的经营、投资行为合理合法，财务活动健康有序。由于经济活动的多样性和复杂性，企业应立足于企业内部和外部的现实情况，策划适合自己的筹划方案。

（一）企业的利益最优化

税收筹划是为了获得相关的财务利益，在使企业的经济利益最优化。从结果看，一般表现为降低了企业的税负或减少了税款交纳额。因而很多人认为税收筹划就是为了少交税或降低税负。笔者认为，这些都是对税收筹划认识的"误区"。应当注意的是，税负高低只是一项财务指标，是税收筹划中考虑的重要内容，税

收筹划作为一项中长期的财务决策，制定时要做到兼顾当期利益和长期利益，在某一经营期间内，交税最少、税负最低的业务组合不一定对企业发展最有利。税收筹划必须充分考虑现实的财务环境和企业的发展目标及发展策略，运用各种财务模型对各种纳税事项进行选择和组合，有效配置企业的资金和资源，最终获取税负与财务收益的最优化配比。

（二）税收筹划的不确定性

企业的税收筹划是一项复杂的前期策划和财务测算活动。要求企业根据自身的实际情况，对经营、投资、理财活动进行事先安排和策划，进而对一些经济活动进行合理的控制，但这些活动有的还未实际发生。企业主要依靠以往的统计资料作为预测和策划的基础和依据，建立相关的财务模型，在建立模型时一般也只能考虑一些主要因素，而对其他因素采用简化的原则或是忽略不计，筹划结果往往是一个估算的范围，而经济环境和其他因素的变化，也使得税收筹划具有一些不确定因素。因此，企业在进行税收筹划时，应注重收集相关的信息，减少不确定因素的影响，据此编制可行的纳税方案，选择其中最合理的方案加以实施，并对实施过程中出现的各种情况进行相应的分析，使税收筹划的方案更加科学和完善。

（三）税收筹划的联动性和经济性

在财务管理中，企业的项目决策可能会与几个税种相关联，各税种对财务的影响彼此相关，不能只注重某一纳税环节中个别税种的税负高低，要着眼于整体税负的轻重，针对各税种和企业的现实情况综合考虑，对涉及的各税种进行相关的统筹，力争取得最佳的财务收益。但这并不意味着企业不考虑理财成本，对经营期间内涉及的所有税种不分主次，统统都详细的分析和筹划。一般而言，对企业财务活动有较大影响且可筹划性较高的税种如流转税类、所得税类和关税等；而对于其他税种，如房产税、车船使用税、契税等财产和行为税类，筹划效果可能并不明显。但从事不同行业的企业，所涉及的税种对财务的影响也不尽相同，企业进行税收筹划时，要根据实际的经营状况和项目决策的性质，对企业财务状况有较大影响的税种可考虑其关联性，进行精心筹划，其他税种只需正确计算缴纳即可，使税收筹划符合经济性原则。

随着市场经济体制的不断完善，企业必须提高竞争能力以迎接来自国内、国际市场两方面的挑战。财务管理活动作为现代企业制度重要构成部分，在企业的生存、发展和获利的方面将发挥越来越重要的作用。税收筹划树立了一种积极的理财意识，对于一个有发展前景和潜力的企业，这种积极的理财意识无疑更符合企业的长期利益。

第五节　区块链技术与财务审计

传统会计的工作方式和会计概念体系由于区块链的应用可将每一笔交易创建成为一个分布式数据库。在这一分布式账簿体系中，所有交易的参与者都能将交易数据存储一份相同的文件，可以对其进行实时访问和查看。对于资金支付业务来说，这种做法影响巨大，可以在确保安全性和时效性的基础上分享信息。区块链的概念对财务和审计有着深远影响。随着财务会计的产生和发展，企业财务关系日益复杂化，特别是工业革命兴起，手工作坊被工厂代替，日益需要核算成本并进行成本分析，财务管理目标从利润最大化发展到股东权益最大化。进入信息时代以来，互联网技术日益发展，企业交易不断网络化，产生大量共享数据，研究人员开发了企业资源计划的会计电算化软件和基于客户关系的会计软件。传统企业进行业务交易，为了保证客观可信，通过各种纸质会计凭证反映企业间经济关系真实性。在互联网时代，企业进行业务往来可以通过区块链系统实现两个节点数据共享，以云计算、大数据为代表的互联网前沿技术日益成熟，传统财务管理以成本、利润中心分析模式被基于区块链无中心财务分析替代。由此可见，区块链技术的应用对财务、审计发展的影响是极为深远的。

一、区块链的概念与特征

所谓区块链就是一个基于网络的分布处理数据库，企业交易数据是分散存储于全球各地，如何才能实现数据相互链接，这就需要相互访问的信任作为基础，区块链通过基于物理的数据链路将分散在不同地方的数据联合起来，各区块数据相互调用其他区块数据并不需要一个作为中心的数据处理系统，它们可通过链路实现数据互链，削减现有信任成本、提高数据访问速率，区块链是互联网时代的一种分布式记账方式，其主要特征有以下几点。

（一）区块链数据管理中心

区块链能将储存在全球范围内各个节点的数据通过数据链路互联，每个节点交易数据能遵循链路规则实现访问，该规则基于密码算法而不是管理中心发放访问信用，每笔交易数据由网络内用户互相审批，所以不需要第三方中介机构进行信任背书。任意一个节点受到攻击，其他链路不受影响。而在传统的中心化网络中，对一个中心节点实行有效攻击即可破坏整个系统。

（二）无须中心认证

区块链通过链路规则，运用哈希算法，不需要传统权威机构的认证。每笔交易数据由网络内用户相互给予信用，随着网络节点数增加，系统受攻击的可能性呈几何级数下降。在区块链网络中，随着节点增加，系统的安全性反而增加。

（三）无法确定重点攻击目标

由于区块链采取单向哈希算法，且网络节点众多，又没中心，很难找到攻击靶子，不能入侵篡改区块链内数据信息，一旦入侵篡改区块链内数据信息，该节点就被其他节点排斥，从而保证数据安全，由于攻击节点太多，所以无从确定攻击目标。

（四）无须第三方支付

区块链技术产生后，各交易对象之间在交易后，进行货款支付更安全，无须第三方支付就可实现交易。从而解决由第三方支付带来的双向支付成本，进而降低交易双方成本。

二、区块链对审计理论、实践产生的影响

（一）区块链技术对审计理论体系影响

1. 审计证据变化

区块链技术的出现，使传统的审计证据发生改变。审计证据包括会计业务文档，如会计凭证。由于区块链技术的出现，企业间交易在网上进行，相互间经济运行证据变成非纸质数据，审计对证据核对变成由两个区块间通过数据链路实现数据跟踪。

2. 审计程序发生变化

传统审计程序从确定审计目标开始，通过制订计划、执行审计到发表审计意见结束。计算机互联网审计要求采用白箱法和黑箱法对计算机程序进行审计，以检验其运行可靠性。在执行审计阶段主要通过逆查法，从报表数据通过区块链技术跟踪到会计凭证，实现数据客观性、准确性审计。

（二）区块链技术对审计实践影响

1. 提高审计工作效率，降低审计成本

计算机审计比传统手工审计效率高，区块链技术产生后，对计算机审计客观性、完整性、永久性和不可更改性提供保证，保证审计具体目标实现，区块链技术产生后，人们利用互联网大数据实施审计工作，大大提高审计效率。解决了传统审计证据不能及时证实，不能满足公众对审计证据真实、准确的要求。也满足了治理层了解真实可靠会计信息，实现对管理层的有效监管。在传统审计下，需要通过专门审计人员运用询问法对公司相关会计信息发询证函进行函证，但这需要很长时间才能证实，无论是审计时效性，还是审计耗费上都不节约，而计算机审计，尤其是区块链技术产生后，审计进入网络大数据时代，分布式数据技术能实现各区块间数据共享追踪，区块链技术保证这种共享的安全性，其安全维护成本低，由于区块链没有管理数据中心，具有不可逆性和时间戳功能，审计人员和治理层、政府、行业监管机构可以通过区块链及时追踪公司账套数据，从而保证审计结论正确性，计算机自动汇总计算，也保证审计工作底稿等汇总数据快速高效。

2. 改变审计重要性认定

审计重要性是审计学中重要概念，传统审计工作通过在审计计划中确定审计重要性指标作为评价依据，审计人员通过对财务据表数据进行计算，确定各项财务指标，计算重要性比率和金额，通过手工审计发现会计业务中的错报，评价错报金额是否超过重要性金额，从而决定是否进一步审计程序。而在计算机审计条件下，审计工作可实现以账项为基础详细审计，很少需要以重要性判断为基础的分析性审计技术。

3. 内部控制的内容与方法也不同

传统审计由于更多采用以制度基础审计，更多运用概率统计技术进行抽样审计，从而解决审计效率与效益相矛盾的问题。区块链技术产生后，审计的效率与

效果都将得到提高。虽然区块链技术提高计算机审计安全性，但计算机审计风险仍存在，传统内部控制在计算机审计下仍然有必要，但其内容发生变化，人们更重视计算机及网络安全维护，重视计算机操作人员岗位职责及岗位分工管理与监督。内部控制评估方法也更多从事后调查评估内部控制环境，到过程中运用视频监控设备进行实时监控。

三、区块链技术对财务活动影响

基于互联网的商品或劳务交易，其支付手段形式更多表现为数字化、虚拟化，网上商品信息传播公开、透明、无边界无死角。传统商品经济条件下信息不对称没有了，商品价格更透明了。财务管理中运用的价格、利率等分析因素不同以前；边际贡献、成本习性也不同。

（一）财务关系发生变化

所谓财务关系就是企业资金运动过程中所表现的企业与企业经济关系，区块链运用现代分布数据库技术、现代密码学技术、将企业与企业以及企业内部各部门联系起来，通过大协作，从而形成比以往更复杂的财务关系。企业之间资金运动不再需要以货币为媒介，传统企业支付是以货币形式进行，而现代企业支付采用的是电子货币，财务关系表现为大数据之间关系，也可以说是区块链关系。这种关系减少了一定的地方财务关系。

（二）提高了财务工作的效率

1. 直接投资与融资更方便

传统财务中，筹资成本高，需中间人参与，如银行等。区块链技术产生后，互联网金融得到很大发展，在互联网初期，网上支付主要通过银行这个第三方进行，区块链能够实现新形式的点对点融资，人们可通过互联网，下载一个区块链网络的客户端就能实现交易结算，投资理财、企业资金融通等服务，并且使交易结算、投资、融资的时间从几天、几周变为几分几秒，能及时反馈投资红利的记录与支付效率，使这些环节更加透明、安全。

2. 提高交易磋商的效率

传统商务磋商通过人员现场交流沟通，对商品交易价格、交易时间、交货方式等进行磋商，最后形成书面合同。而在互联网下，由于区块链技术保证网上沟通的真实、安全有效，通过网上实时视频磋商、网络传送合同、区块链技术验证合同的有效性，大大提高了财务业务的执行效率。

（三）财务的成本影响

1.减少了交易环节，节省交易成本

由于使用区块链技术，电子商务交易实现点对点交易结算，交易数据同 ERP 财务软件协同工作，能实现电子商务交易数据和财务数据及时更新，资金转移支付不需通过银行等中介，解决双向付费问题，尤其在跨境等业务中，少付许多佣金和手续费用。

2.降低了信息获取成本

互联网出现后，人们运用网络从事商务活动，开创商业新模式，商家通过网络很容易获得商品信息，通过区块链技术，在大量网络数据中，运用区块链跟踪网络节点，可以监控一个个独立的微商业务活动，找到投资商，完成企业重组计划，也可通过区块链技术为企业资金找到出路，获得更多投资收益。可见，区块链能够降低财务信息获取成本。

3.降低了信用维护成本

无数企业间财务数据在网络上运行，需要大量维护成本，因此如何减少协调成本和建立信任的成本，成为人们关注的问题。而应用区块链技术建立不基于中心的信用追踪机制，人们能通过区块链网络检查企业交易记录、声誉得分以及其他社会经济因素可信性，交易方能够通过在线数据库查看企业的财务数据，来验证任意对手的身份，从而降低了信用维护成本。

4.降低了财务工作的工序作业成本

企业财务核算与监督有许多工序，每一工序都要花费一定成本。要做好企业财务工作，保证财务信息真实性，必须运用区块链技术，由于其无中心性，能减少财务作业的工序数量，既能够节省时间，又能够在安全、透明环境下保证各项财务工作优质高效完成，从而在总体上节约工序作业成本。

第四章　财务审计基础知识

第一节　财务审计概述

一、财务审计的定义

财务审计是指由国家审计机关、社会审计组织和内部审计机构及其专职审计人员，依照审计准则和相关法律、法规，并采用现代审计技术依法独立地对企业的资产、负债、所有者权益和损益等会计信息的真实性，财务收支业务和相关经济活动的合法性、合理性、效益性，以及对企业的经营管理者应承担的经济责任进行审查、监督、鉴证与评价，借以揭示错弊，维护财经法纪，提高企业经济效益并促进宏观调控的审查监督体系。

需要指出的是，财务审计是现代企业环境和现代审计环境相结合的产物，明确地将其范围界定在国有企业及国有控股企业和其他企业的财务审计范畴之中，不是泛指对社会所有财务活动的审计，即不包括对社会捐赠资金、社会保障资金、境外援助资金、境外贷款资金和国家对基本建设项目的固定资产投资等方面的审计。

二、财务审计的内容

财务审计是对被审计单位的会计资料及其所反映的财政收支、财务收支活动的真实性、正确性、公允性、合法性和合规性所进行的审计，又称传统审计或常规审计。根据被审计单位的不同，财务审计的范围主要包括对实行预算管理的行政事业单位财务收支的审计、基本建设项目的财务收支情况审计，以及对实行营利管理的财务收支的审计等。就财务审计而言，财务审计的对象主要包括以下两个方面：一是被审计单位的财务收支及其有关的经济活动；二是记载和反映这些经济活动的会计报表及相关资料。将财务审计对象的内容具体化，就构成了财务审计的内容。一般而言，财务审计的内容主要包括以下七项。

（一）财务报表审计

财务报表审计是对企业的资产负债表、利润表、现金流量表、所有者权益变动表、财务报表附注，以及相关的会计账簿和会计凭证的真实性、合法性进行审计。

（二）资产审计

资产审计是对企业的各项资产进行审计，包括对流动资产、长期股权投资、持有到期投资、固定资产及其累计折旧、在建工程、无形资产和其他资产的安全完整、保值增值所进行的审计。

（三）负债审计

负债审计是对企业的各项负债进行审计，包括对流动负债和长期负债的情况进行审计。具体包括短期借款、应付票据、应付账款、预收账款、其他应付款、应付职工薪酬、应交税费、应付利润、长期借款、应付债券、长期应付款等项目的审计。

（四）所有者权益审计

所有者权益审计是对企业的各项所有者权益进行审计，包括对实收资本、资本公积、盈余公积和未分配利润的真实性、合法性进行审计。

（五）收入审计

收入审计是对企业的营业收入进行审计，包括通过对销货与收款循环的内部控制制度测试，营业收入的实质性测试，从而对营业收入真实性、合法性进行审计。

（六）费用审计

费用审计是对企业的成本费用进行审计，包括产品成本的审计、营业成本的审计、营业税金及附加的审计和期间费用的审计。

（七）利润审计

利润审计是对企业的利润形成及其分配项目进行审计，包括营业利润、利润总额、所得税费用的审计，以及对利润分配的情况进行审计。

三、财务审计的目标

审计目标是指人们在特定的社会历史环境中，期望通过审计实践活动达到的最终结果，或者是指审计活动的目的与要求。无论是国家审计、内部审计还是注册会计师审计，审计目标都必须满足其服务领域的特殊需要，从而表现出各自的特点，但从本质上看，审计目标都是审查评价受托经济责任的履行情况。下面以注册会计师审计为例，具体分析审计内容。

（一）审计总体目标的演变

第一阶段：详细审计阶段，审计总体目标是查错防弊，保护资产的安全与完整。

第二阶段：资产负债表审计阶段，审计总体目标是判断被审计单位的财务状况和偿债能力。

第三阶段：财务报表审计阶段，审计总体目标是对被审计单位财务报表的合法性和公允性发表审计意见。

（二）财务报表审计的总目标

根据《中国注册会计师审计准则第 1101 号——注册会计师的总体目标和审计工作的基本要求》，在执行财务报表审计工作时，注册会计师的总体目标包括两个方面：一是对财务报表整体是否存在由于舞弊或错误导致的重大错报获取合理保证，使得注册会计师能够对财务报表是否在所有重大方面按照适用的财务报告编制基础编制发表审计意见（就大多数通用目的财务报告框架而言，注册会计师针对财务报表是否在所有重大方面按照财务报告编制基础编制并实现公允反映发表审计意见）；二是按照审计准则的规定，根据审计结果对财务报表出具审计报告，并与管理层和治理层沟通。财务报表审计的总体目标对注册会计师的审计工作发挥着导向作用，它界定了注册会计师的责任范围，直接影响注册会计师计划和实施审计程序的性质、时间安排和范围，决定了注册会计师如何发表审计意见。

（三）认定与具体审计目标

认定是指被审计单位管理层对财务报表组成要素的确认、计量、列报做出的明确或者隐含的表达。认定与审计目标密切相关，审计人员的基本职责就是确定被审计单位管理层对其财务报表的认定是否恰当。审计人员了解认定，就很容易确定每个项目的具体审计目标，并以此作为评估重大错报风险以及设计和实施进一步审计程序的基础。

1. 与各类交易和事项相关的审计目标

与各类交易和事项相关的审计目标主要包括以下五个方面：

（1）发生

由发生认定推导的审计目标是已记录的交易是真实的。例如，如果没有发生销售交易，但在销售日记账中记录了一笔销售，则违反了该目标。发生认定所要解决的问题是管理层是否把那些不曾发生的项目记入财务报表，它主要与财务报表组成要素的高估有关。

（2）完整性

由完整性认定推导的审计目标是已发生的交易确实已经记录。例如，如果发生了销售交易，但没有在销售日记账和总账中记录，则违反了该目标。发生和完整性两者强调的是相反的关注点。发生目标针对潜在的高估，而完整性目标则针对漏记交易（低估）。

（3）准确性

由准确性认定推导出的审计目标是已记录的交易按正确金额反映的。例如，如果在销售交易中，发出商品的数量与账单上的数量不符，或是开账单时使用了错误的销售价格，或是账单中的乘积或加总有误，或是在销售日记账中记录了错误的金额，则违反了该目标。准确性与发生、完整性之间存在区别。例如，若已记录的销售交易是不应当记录的（如发出的商品是寄销商品），则即使发票金额是准确计算的，仍违反了发生目标。再如，若已入账的销售交易是对正确发出商品的记录，但金额计算错误，则违反了准确性目标，但没有违反发生目标。在完整性与准确性之间也存在同样的关系。

（4）截止

由截止认定推导出的审计目标是接近于资产负债表日的交易记录于恰当的期间。例如，如果本期交易推到下期，或下期交易提到本期，均违反了截止目标。

（5）分类

由分类认定推导出的审计目标是被审计单位记录的交易经过适当分类。例如，如果将现销记录为赊销，将出售经营性固定资产所得的收入记录为营业收入，则导致交易分类的错误，则违反了分类的目标。

2. 与期末账户余额相关的审计目标

与期末账户余额相关的审计目标，主要包括以下四个方面：

（1）存在

由存在认定推导的审计目标是记录的金额确实存在。例如，如果不存在某顾客的应收账款，在应收账款试算平衡表中却列入了对该顾客的应收账款，则违反了存在性目标。

（2）权利和义务

由权利和义务认定推导的审计目标是资产归属于被审计单位，负债属于被审计单位的义务。例如，将他人寄售商品记入被审计单位的存货中，违反了权利的目标；将不属于被审计单位的债务记入账内，违反了义务目标。

（3）完整性

由完整性认定推导的审计目标是已存在的金额均已记录。例如，如果存在某顾客的应收账款，在应收账款试算平衡表中却没有列入对该顾客的应收账款，则违反了完整性目标。

（4）计价和分摊

资产、负债和所有者权益以恰当的金额包括在财务报表中，与之相关的计价或分摊调整已恰当记录。

3. 与列报相关的审计目标

各类交易和账户余额的认定正确只是为列报正确打下了必要的基础，财务报表还可能因被审计单位误解有关列报的规定或舞弊等而产生错报。另外，还可能因被审计单位没有遵守一些专门的披露要求而导致财务报表错报。因此，即使审计人员审计了各类交易和账户余额的认定，实现了各类交易和账户余额的具体审计目标，也并不意味着获取了足以对财务报表发表审计意见的充分、适当的审计证据。审计人员还应当对各类交易、账户余额及相关事项在财务报表中列报的正确性实施审计。

发生及权利和义务。将没有发生的交易、事项，或与被审计单位无关的交易和事项包括在财务报表中，则违反该目标。例如，复核董事会会议记录中是否记载了固定资产抵押等事项，询问管理层固定资产是否被抵押，即对列报的权利认定的运用。如果抵押固定资产则需要在财务报表中列报，说明其权利受到限制。

完整性。如果应当披露的事项没有包括在财务报表中，则违反该目标。例如，检查关联方和关联交易，以验证其在财务报表中是否得到充分披露，即对列报的完整性认定的运用。

分类和可理解性。财务信息已被恰当地列报和描述，且披露内容表述清楚。例如，检查存货的主要类别是否已披露，是否将一年内到期的长期负债列为流动负债，即对列报的分类和可理解性认定的运用。

准确性和计价。财务信息和其他信息已公允披露，且金额恰当。例如，检查财务报表附注是否分别对原材料、在产品和产成品等存货成本核算方法做了恰当说明，即对列报的准确性和计价认定的运用。

第二节　审计证据与审计工作底稿

一、审计证据

（一）审计证据的定义

审计证据是指审计人员为了得出审计结论，形成审计意见而使用的所有信息，包括财务报表依据的会计记录中含有的信息和其他信息。

财务报表依据的会计记录，一般包括对初始分录的记录和支持性记录，如支票、电子资金转账记录、发票、合同、总账、明细账、记账凭证和未在记账凭证中反映的对财务报表的其他调整，以及支持成本分配、计算、调节和披露的手工计算表和电子数据表。

可用做审计证据的其他信息，主要包括审计人员从被审计单位内部或外部获取的会计记录以外的信息，如被审计单位会议记录、内部控制手册、询证函的回函、分析师的报告、与竞争者的比较数据等；通过询问、观察和检查等审计程序获取的信息，如通过检查存货获取存货存在性的证据等；以及自身编制或获取的可以通过合理推断得出结论的信息，如审计人员编制的各种计算表、分析表等。

财务报表依据的会计记录中包含的信息和其他信息共同构成了审计证据，二者缺一不可。只有将二者结合在一起，才能将审计风险降至可接受的低水平，为审计人员发表审计意见提供合理基础。

（二）审计证据的类型

1. 按审计证据的来源分类

按审计证据的来源，审计证据可分为内部证据、内外证据、外内证据、外部证据。其中：①内部证据是指由被审计单位产生和处理的审计证据。例如，会计账簿、产量记录都属于内部证据，因为它是由被审计单位制作、处理和保存的。这种证据证明力较低。②内外证据是指由被审计单位产生，但通过外部实体的活动加以处理。例如，企业签发的支票，必须由银行进行处理。③外内证据是指证据产生于外部，但由被审计单位进行处理或保存。例如，接受货物或劳务而得到的发票就是外内证据。④外部证据是指那些源自外部实体，并且不经过被审计单位的经营系统就直接被审计人员获取的证据，这类证据的证明力最强。例如，向客户索取的询证函回函。

2. 按审计证据的形式分类

按照审计证据的形式，审计证据可分为实物证据、书面证据、口头证据和环境证据。其中：①实物证据是指表现为实物形式，审计人员可以通过观察和清点得到的证据，如现金、固定资产和存货等。②书面证据又称为文件证据，是表明被审计单位经济活动的各种书面记录，如会计报表、合同协议等。③口头证据是指审计人员通过口头询问或咨询等方式获取的证据。一般来讲，口头证据的证明力较差，它本身并不足以证明事情的真相。④环境证据又称为状况证据，是指对企业产生影响的各种环境事实，如内部控制、企业管理人员的素质等。

3. 按审计证据的相互关系分类

按审计证据的相互关系，审计证据可分为基本证据、佐证证据和矛盾证据。其中：①基本证据，也称为"基础证据"，是指对被审事项具有直接证明力的证据。例如，审查会计报表是否正确时，账簿是基本证据；审查利润分配是否正确时，股东大会决议和本年可分配利润是直接证据。②佐证证据，也称为"确证证据"或"旁证"，是指能支持基本证据证明力的证据。例如，原始凭证可支持记账凭证的正确性，考勤记录可支持应付职工薪酬的正确性。③矛盾证据，是指证明的内容与基本证据不一致或相反的证据。例如，某公司销售情况非常好，但报表上销售收入却不高，这就为审计人员提供了线索。

4. 按审计证据取得的方式分类

按审计证据取得的方式，审计证据可分为现成证据和非现成证据。其中：

①现成证据，是指被审计单位已有的，不需要审计人员加工的证据。例如，会计资料、财产记录、考勤记录等。②非现成证据，是指审计人员工作后所取得的记录。例如，分析性复核记录、应收账款询证函的回函等。

（三）审计证据的特性

审计人员应当获取适当、充分的审计证据，为审计结论提供合理的基础。审计证据的充分性是对证据数量的衡量；审计证据的适当性是对证据质量的衡量。

1. 审计证据的充分性

审计证据的充分性是指审计证据的数量能足以支持审计人员的审计意见，是审计人员为形成审计意见所需审计证据的最低数量要求，但审计证据的数量不是越多越好，只要够用就行。审计人员需要获取的审计证据的数量受错报风险的影响，错报风险越大，需要的审计证据可能就越多。

2. 审计证据的适当性

（1）审计证据的相关性

审计人员只能利用与审计目标相关联的审计证据来证明和否定管理当局所认定的事项。需要指出的是：第一，特定的审计程序可能只为某些认定提供相关的审计证据，而与其他认定无关。例如，检查期后应收账款收回的记录和文件可以提供有关存在和计价的审计证据，但是不一定与期末截止是否适当相关。第二，针对同一项认定可以从不同来源获取审计证据或获取不同性质的审计证据。例如，审计人员可以分析应收账款的账龄和应收账款的期后收款情况，以获取与坏账准备计价有关的审计证据。第三，只与特定认定相关的审计证据并不能替代与其他认定相关的审计证据。例如，有关存货实物存在的审计证据并不能够替代与存货计价相关的审计证据。

（2）审计证据的可靠性

审计证据的可靠性就是我们通常所说的证明力，可靠性受其来源和性质的影响。主要表现在：第一，从外部独立来源获取的审计证据比从其他来源获取的审计证据更可靠；第二，内部控制有效时内部生成的审计证据比内部控制薄弱时内部生成的审计证据更可靠；第三，直接获取的审计证据比间接获取或推论得出的审计证据更可靠；第四，以文件、记录形式（无论是纸质、电子或其他介质）存在的审计证据比口头形式的审计证据更可靠；第五，从原件获取的审计证据比从传真件或复印件获取的审计证据更可靠。

审计人员在按照上述原则评价审计证据的可靠性时，还应当注意可能出现的重要例外情况。例如，审计证据虽是从独立的外部来源获得，但如果该证据是由不知情者或不具备资格者提供，审计证据也可能是不可靠的；同样，如果审计人员不具备评价证据的专业能力，那么即使是直接获取的证据，也可能不可靠。

3. 充分性和适当性之间的关系

充分性和适当性是审计证据的两个重要特征，二者缺一不可。一方面，只有充分且适当的审计证据才是有证明力的。另一方面，审计人员获取的审计证据数量也受审计证据质量的影响，审计证据质量越高，需要的审计证据数量可能越少。也就是说，审计证据的适当性会影响审计证据的充分性。但如果审计证据的质量存在缺陷，仅获取更多的审计证据可能无法弥补其质量上的缺陷。

（四）获取审计证据的方法

审计人员获取证据的方法称为审计取证方法，它是属于狭义的审计方法。一般而言，审计人员可以采取检查、观察、询问、函证、重新计算、重新执行和分析程序等方法获取审计证据。

二、审计工作底稿

（一）审计工作底稿的含义和编制目的

1. 审计工作底稿的含义

审计工作底稿，是指审计人员对制订的审计计划、实施的审计程序、获取的相关审计证据，以及得出的审计结论做出的记录。审计工作底稿是审计证据的载体，是审计人员在审计过程中形成的审计工作记录和获取的资料，它形成于审计过程，也反映整个审计过程。

2. 审计工作底稿编制的目的

审计人员应当及时编制审计工作底稿，以实现下列基本目的：

①提供证据，作为审计人员得出实现总体目标结论的基础；

②提供证据，证明审计人员按照审计准则和相关法律法规的规定计划和执行审计工作。

此外，审计工作底稿还可以实现下列目的：

①有助于项目组计划和执行审计工作；

②有助于项目组成员按照审计准则的规定，履行指导、监督与复核审计工作的责任；

③便于项目组说明其执行审计工作的情况；

④保留对未来审计工作持续产生重大影响事项的记录；

⑤便于会计师事务所按照质量控制准则的规定，实施质量控制复核与检查；

⑥便于监管机构和注册会计师协会根据相关法律法规或其他相关要求，对会计师事务所实施执业质量检查。

审计工作底稿是审计人员形成审计结论、发表审计意见的直接依据；是评价考核审计人员专业胜任能力和工作业绩，并明确其责任的主要依据；便于实施质量控制复核与检查，是审计质量和控制与监督的基础，对未来审计业务具有参考备查作用。

（二）审计工作底稿的编制要求

审计人员编制的审计工作底稿，应当使得未曾接触该项审计工作的有经验的专业人士清楚了解：

①按照审计准则和相关法律法规的规定实施的审计程序的性质、时间安排和范围；

②实施审计程序的结果和获取的审计证据；

③审计中遇到的重大事项和得出的结论，以及在得出结论时做出的重大职业判断。

有经验的专业人士，是指具有审计实务经验，并且对审计过程、审计准则和相关法律的规定、被审计单位所处的经营环境、与被审计单位所处行业相关的会计和审计问题等方面有合理了解的人士。

（三）审计工作底稿的内容与形式

1. 审计工作底稿的内容

审计工作底稿的内容包括总体审计策略、具体审计计划、分析表、问题备忘录、重大事项概要、询证的回函、书面声明、核对表、有关重大事项的往来信件（包括电子邮件）、对被审计单位文件记录的摘要或复印件、审计业务约定书、管理建议书、项目组内部或项目组与被审计单位举行的会议记录、与其他人士（如其他注册会计师、律师、专家等）的沟通文件及错报汇总表等。

2.审计工作底稿的存在形式

审计工作底稿可以以纸质、电子或其他介质形式存在。在审计实务中，为了便于复核，审计人员可以将以电子或其他介质形式存在的审计工作底稿通过打印等方式，转换成纸质形式的审计工作底稿，并与其他纸质形式的审计工作底稿一并归档，同时应当单独保存以电子或其他介质形式存在的审计工作底稿。

（四）审计工作底稿的要素

不同的审计程序会使得审计人员获取不同性质的审计证据，由此审计人员可能会编制不同格式、内容和范围的审计工作底稿。尽管审计工作底稿的具体格式有所不同，但通常，审计工作底稿应包括下列全部或部分要素：

①审计工作底稿的标题（每张底稿应当包括被审计单位的名称、审计项目的名称以及资产负债表日或底稿覆盖的会计期间）；

②审计过程记录（应当特别注意记录具体项目或事项的识别特征、重大事项及相关重大职业判断、针对重大事项如何处理不一致的情况等）；

③审计结论（包含已实施审计程序的结果、是否已实现既定审计目标的结论，以及审计程序识别出的例外情况和重大事项如何得到解决的结论）；

④审计标识及其说明；

⑤索引号及编号（便于相关工作底稿之间保持清晰的钩稽关系）；

⑥编制者姓名及编制日期；

⑦复核者姓名及复核日期；

⑧其他应说明事项。

在注册会计师审计实务中，会计师事务所为了从整体上提高工作（包括复核工作）效率及工作质量，基于审计准则及在实务中的经验等，统一制定某些格式、索引及涵盖内容等方面相对固定的审计工作底稿模板和范例，在此基础上，注册会计师再根据各具体业务的特点加以必要的修改，制定适用于具体审计项目的审计工作底稿。

（五）审计工作底稿的复核

1.审计项目组内部复核

项目组内部复核应当由项目组内经验较多的人员（包括项目合伙人）复核经验较少的人员的工作。项目组内部复核的事项包括：

①审计工作是否已按照法律法规、相关职业道德要求和审计准则的规定执行；

②重大事项是否已提请进一步考虑；

③相关事项是否已进行适当咨询，由此形成的结论是否得到记录和执行；

④是否需要修改已执行审计工作的性质、时间和范围；

⑤已执行的审计工作是否支持形成的结论，并已进行适当记录；

⑥获取的审计证据是在充分、适当，足以支持审计结论；

⑦审计程序的目标是否已经实现。

2. 项目质量控制复核

项目质量控制复核，是指在审计报告日或审计报告日之前，项目质量控制复核人员对项目组做出的重大判断和在编制报告时得出的结论进行客观评价的过程。

项目质量控制复核人员，是指项目组成员以外的，具有足够、适当的经验和权限，对项目组做出的重大判断和在编制报告时得出的结论进行客观评价的合伙人、会计师事务所的其他人员、具有适当资格的外部人员或由这类人员组成的小组。

项目质量控制复核适用于上市实体财务报表审计，以及会计师事务所确定需要实施项目质量控制、复核的其他业务。

（六）审计工作底稿的归档

将审计工作底稿归整为审计档案属于一项事务性工作。审计工作底稿的归档期限为审计报告日（或审计业务中止日）后60天内，在完成最终审计档案的归整工作后，不应在规定的保存期限届满前删除或废弃任何性质的审计工作底稿。

1. 审计档案的分类

在审计实务中，审计档案可以划分为永久性档案和当期档案。

（1）永久性档案

永久性档案是指那些记录内容相对稳定，具有长期使用价值，并对以后审计工作具有重要影响和直接作用的审计档案。永久性档案包括：审计项目管理资料，如审计业务约定书原件；被审计单位背景资料，如被审计单位的组织结构、关联方资料；法律事项资料，如公司章程、批准证书、营业执照、重要资产权证复印件等。

（2）当期档案

当期档案是指那些记录内容经常变化，主要供当期和下期审计使用的审计档案。包括沟通和报告相关工作底稿，如与管理层（治理层）的沟通和报告、审计报告和经审计的财务报表；审计完成阶段工作底稿，如管理层声明书原件、错报汇总表；审计计划阶段工作底稿，如总体审计策略和具体审计计划；进一步审计程序工作底稿，如有关控制测试工作底稿、有关实质性程序工作底稿等。

2. 审计工作底稿的保存期限

审计工作底稿的保存期限为审计报告日（或审计业务中止日）起至少保存10年。会计师事务所应当按照规定的期限保存审计工作底稿，并承担保密的义务，注册会计师及会计师事务所不得违反国家有关规定向境内外机构和个人提供审计工作底稿。

但遇到以下五种情况时可以披露涉密信息：

①法律、法规允许披露，并且取得客户或工作单位的授权；

②根据法律、法规的要求，为法律诉讼、仲裁准备文件或提供证据以及向有关监管机构报告发现的违法行为；

③在法律、法规允许的情况下，在法律诉讼、仲裁中维护自己的合法权益；

④接受注册会计师协会或监管机构的职业检查，答复其询问或调查；

⑤法律、法规、执业准则和职业道德规范规定的其他情形。

第三节　财务审计程序

审计程序分为广义和狭义两种，广义的审计程序是指审计机构和审计人员对审计项目从开始到结束的整个过程采取的系统性工作步骤。狭义的审计程序是指审计人员在实施审计的具体工作中所采取的审计方法。

从广义的含义看，无论是注册会计师审计，还是国家审计或内部审计，审计程序均包括审计计划、审计实施和审计报告三个阶段。但由于不同的审计主体，承担着不同的审计职责和审计任务，因而审计程序有着各自不同的特点。《中华人民共和国审计法》和《中华人民共和国审计法实施条例》对国家审计的审计程序做了明确的规定。内部审计程序的三个阶段，从形式上看，与国家审计程序大体相同，但其工作程序的具体内容主要取决于单位内部管理层根据需要做出的具体规定。

就注册会计师审计而言，审计工作从开始到结束的整个过程中采取的系统性的工作步骤，主要包括以下内容：接受业务委托、计划审计工作、实施风险评估程序、实施控制测试和实质性程序、完成审计工作和编制审计报告。

一、接受业务委托

会计师事务所应当按照执业准则的规定，谨慎决策是否接受或保持某客户关系和具体审计业务。在接受新客户的业务前，或决定是否保持现有业务或考虑接受现有客户的新业务时，会计师事务所应当执行有关客户接受与保持的程序，以获取如下信息：①考虑客户的诚信，没有信息表明客户缺乏诚信；②具有执行业务必要的素质、专业胜任能力、时间和资源；③能够遵守职业道德规范。

会计师事务所执行客户接受与保持程序的目的，旨在识别和评估会计师事务所面临的风险。例如，如果注册会计师发现有客户在之前的业务中做出虚假陈述，那么可以认为接受或保持该客户的风险非常高，甚至是不可接受的。会计师事务所除考虑客户的风险外，还需要考虑自身执行业务的能力，如当工作需要时能否获得合适的具有相应资格的员工；能否获得专业化协助；是否存在任何利益冲突；能否对客户保持独立性等。

在做出接受或保持客户关系及具体审计业务的决策后，注册会计师应当按照《中国注册会计师审计准则第 1111 号——就审计业务约定条款达成一致意见》中的规定，在审计业务开始前，确定审计的前提条件是否存在，确认与被审计单位就审计业务约定条款达成一致意见，签订或修改审计业务约定书，以避免双方对审计业务的理解产生分歧。

（一）审计的前提条件

审计的前提条件，是指管理层在编制财务报表时采用可接受的财务报告编制基础，以及管理层对注册会计师执行审计工作前提的认同。

（1）财务报告的编制基础。注册会计师应当评价被审计单位管理层编制财务报表时采用的财务报告编制基础是否可接受或是否适用。

（2）就管理层的责任达成一致意见。按照审计准则的规定，执行审计工作的前提是管理层已认可并理解其承担的责任。管理层的责任包括以下三个方面：

①按照适用的财务报告编制基础编制财务报表，并使其实现公允反映（如适用）；

②设计、执行和维护必要的内部控制，以使财务报表不存在由于舞弊或错误导致的重大错报；

③向注册会计师提供必要的工作条件，包括允许注册会计师接触与编制财务报表相关的所有信息（如记录、文件和其他事项），向注册会计师提供审计所需要的其他信息，允许注册会计师在获取审计证据时不受限制地接触其认为必要的内部人员和其他相关人员。

（二）审计业务约定书

审计业务约定书，是指会计师事务所与被审计单位签订的，用以记录和确认审计业务的委托与受托关系、审计目标和范围、双方的责任以及报告的格式等事项的书面协议。会计师事务所在接受任何审计业务时，都应当与被审计单位签订审计业务约定书。

审计业务约定书的具体内容和格式可能因被审计单位的不同而不同，但都应当包括以下主要内容：

①财务报表审计的目标与范围；

②注册会计师的责任；

③管理层的责任；

④指出用于编制财务报表所适用的财务报告编制基础；

⑤提及注册会计师拟出具的审计报告的预期形式和内容，以及对在特定情况下出具的审计报告可能不同于预期形式和内容的说明。

二、计划审计工作

计划审计工作对于注册会计师顺利完成审计工作和控制审计风险具有非常重要的意义。计划审计工作有助于注册会计师适当关注重要的审计领域，及时发现和解决潜在的问题及恰当地组织和管理审计工作，使审计工作以有效的方式得到执行。

计划审计工作包括针对审计业务制定总体审计策略和具体审计计划。

（一）总体审计策略

注册会计师应当制定总体审计策略，以确定审计工作的范围、时间安排和方向，并指导具体审计计划的制订。在制定总体审计策略时，应当考虑以下主要事项：

1. 审计范围

注册会计师应当确定审计业务的特征，包括采用的会计准则和相关会计制度、特定行业的报告要求以及被审计单位组成部分的分布等，以确定审计范围。

2. 审计报告目标、时间安排及所需沟通的性质

总体审计策略的制定应当包括明确审计业务的报告目标，以计划审计的时间安排和所需沟通的性质，包括提交审计报告的时间要求，预期与管理层和治理层沟通的重要日期等。

3. 审计方向

总体审计策略的制定应当包括考虑影响审计业务的重要因素，以确定项目组工作方向，包括确定适当的重要性水平，初步识别可能存在较高的重大错报风险的领域，初步识别重要的组成部分账户余额，评价是需要针对内部控制的有效性获取审计证据，识别被审计单位、所处行业、财务报告要求及其他相关方面最近发生的重大变化等。

4. 审计资源

注册会计师应当在总体审计策略中清楚地说明审计资源的规划和调配，包括确定执行审计业务所必需的审计资源的性质、时间安排和范围。

（二）具体审计

计划注册会计师应当为审计工作制订具体审计计划。具体审计计划比总体审计策略更加详细，其内容包括为获取充分、适当的审计证据以将审计风险降至可接受的低水平，项目组成员计划实施的审计程序的性质、时间安排和范围。可以说，为获取充分、适当的审计证据，确定审计程序的性质、时间安排和范围的决策是具体审计计划的核心。具体审计计划应当包括风险评估程序、计划实施的进一步审计程序和其他审计程序。

1. 风险评估程序

具体审计计划应当包括按照《中国注册会计师审计准则第 1211 号——通过了解被审计单位及其环境识别和评价重大错报风险》的规定，为了识别和评估财务报表重大错报风险，注册会计师应计划实施的风险评估程序的性质、时间安排和范围。

2. 计划实施的进一步审计程序

具体审计计划应当包括按照《中国注册会计师审计准则第 1231 号——针对评估的重大错报风险采取的应对措施》的规定，针对评估的认定层次的重大错报风险，注册会计师应计划实施的进一步审计程序的性质、时间安排和范围。

需要强调的是，随着审计工作的推进，对审计程序的计划会一步步深入，并贯穿于整个审计过程。例如，计划风险评估程序通常在审计开始阶段进行，计划进一步审计程序则需要依据风险评估程序的结果进行。因此，为达到编制具体审计计划的要求，注册会计师需要完成风险评估程序，识别和评估重大错报风险，并针对评估的认定层次的重大错报风险，计划实施进一步审计程序的性质、时间安排范围。进一步审计程序包括控制测试和实质性程序。

3. 计划实施的其他审计程序

具体审计计划应当包括根据审计准则的规定和注册会计师针对审计业务需要实施的其他审计程序。计划的其他审计程序可以包括上述进一步程序的计划中没有涵盖的、根据其他审计准则的要求注册会计师应当执行的既定程序。

计划审计工作并非审计业务的一个孤立阶段，而是一个持续的、不断修正的过程，贯穿于整个审计业务的始终。由于未预期事项、条件的变化或在实施审计程序中获取的审计证据等原因，注册会计师应当在审计过程中对总体审计策略和具体审计计划做出必要的更新和修改。通常情况下，这些更新和修改涉及比较重要的事项。例如，对重要性水平的修改，对某类交易、账户余额和列报的重大错报风险的评估和进一步审计程序的更新和修改等。

（三）审计的重要性

通常而言，重要性概念可从以下三个方面理解：

第一，如果合理预期错报（包括漏报）单独或汇总起来可能影响财务报表使用者依据财务报表做出的经济决策，则通常认为错报是重大的。

第二，对重要性的判断是根据具体环境做出的，并受错报的金额或性质的影响，或受两者共同作用的影响。

第三，判断某事项对财务报表使用者是否重大，是在考虑财务报表使用者整体共同的财务信息需求的基础上做出的。由于不同财务报表使用者对财务信息的需求可能差异性很大，因此，不考虑错报对个别财务报表使用者可能产生的影响。

在审计开始时，注册会计师必须对重大错报的规模和性质做出一个判断，包括确定财务报表整体的重要性水平和特定交易类别、账户余额和披露的重要性水平。当错报金额高于整体重要性水平时，就很可能被合理预期，这样将对财务报表使用者根据财务报表做出的经济决策产生影响。

在整个业务过程中，随着审计工作的进展，注册会计师应当根据所获得的新信息更新重要性。在形成审计结论阶段，要使用整体重要性水平和为了特定交易类别、账户余额和披露而确定的较低金额的重要性水平来评价已识别的错报对财务报表的影响和对审计报告中审计意见的影响。

1. 重要性水平的确定

注册会计师在确定计划的重要性水平时，需要考虑对被审计单位及其环境的了解、审计的目标、财务报表各项目的性质及其相互关系、财务报表项目的金额及其波动幅度。同时，还应当从性质和数量两个方面合理确定重要性水平。

（1）从性质方面考虑重要性

在某些情况下，金额相对较少的错报可能会对财务报表产生重大影响。例如，一项不重大的违法支付或没有遵循某项法律规定，但该支付或违法行为可能导致一项重大的负债、重大的资产损失或者收入损失，则认为上述事项是重大的。

（2）从数量方面考虑重要性

注册会计师在确定财务报表整体的重要性水平时，需要运用专业判断，很多注册会计师根据所在会计师事务所的惯例及自己的经验，通常先选定一个基准，再乘以某一百分比作为财务报表整体的重要性。在选择基准时，需要考虑的因素包括以下五个方面：

①财务报表要素（如资产、负债、所有者权益、收入和费用）；

②是否存在特定会计主体的财务报表使用者特别关注的项目（如为了评价财务业绩，使用者可能更关注利润、收入或净资产）；

③被审计单位的性质、所处的生命周期阶段以及所处行业和经济环境；

④被审计单位的所有权结构和融资方式（如被审计单位仅通过债务而非权益进行融资，财务报表使用者可能更关注资产及资产的索偿权，而非被审计单位的收益）；

⑤基准的相对波动性。适当的基准取决于被审计单位的具体情况。

为选定的基准确定百分比需要运用职业判断。百分比选定的基准之间存在一定的联系。例如，以营利为目的的实体，注册会计师的经验百分比是税前利润的5%～10%；而对非营利组织，注册会计师可能认为总收入或费用总额的1%～2%或资产总额的0.5%～1.0%是适当的；以收入为基准的实体，为收入的 1% ~ 2%；以资产总额为基准的实体，通常不超过资产总额的 1%。百分比无论是高一些还是低一些，只要符合具体情况，都是适当的。

（3）特定类别的交易、账户余额或披露的重要性水平

根据被审计单位的特定情况，下列因素可能表明存在一个或多个特定类别的交易、账户余额或披露，其发生的错报金额虽然低于财务报表整体的重要性，但合理预期将影响财务报表使用者依据财务报表做出的经济决策：

①法律、法规或适用的财务报告编制基础是否影响财务报表使用者对特定项目（如关联方交易、管理层和治理层的薪酬）计量或披露的预期；

②与被审计单位所处行业相关的关键性披露（如制药企业的研究与开发成本）。

在根据被审计单位的特定情况考虑是否存在上述交易、账户余额或披露时，了解治理层和管理层的看法和预期通常是有用的。

2. 实际执行的重要性

实际执行的重要性是指注册会计师确定的低于财务报表整体的重要性的一个或多个金额，旨在将未更正和未发现错报的汇总数超过财务报表整体的重要性的可能性降至适当的低水平。如果适用，实际执行的重要性还指注册会计师确定的低于特定类别的交易、账户余额或披露的重要性水平的一个或多个金额。

确定实际执行的重要性并非简单机械的计算，需要注册会计师运用职业判断，并考虑下列因素的影响：①对被审计单位的了解（这些了解在实施风险评估程序的过程中得到更新）；②前期审计工作中识别出的错报的性质和范围；③根据前期识别出的错报对本期错报做出的预期。

通常而言，实际执行的重要性通常为财务报表整体重要性的 50% ~ 75%。

接近财务报表整体重要性 50% 的情况：①非连续审计；②以前年度审计调整较多；③项目总体风险较高（如处于高风险行业经常面临较大的市场压力，首次承接的审计项目或者需要出具特殊目的的报告等）。

接近财务报表整体重要性 75% 的情况：①连续审计，以前年度审计调整较少；②项目总体风险较低（如处于低风险行业，市场压力较小）。

（四）审计风险

审计风险，是指当财务报表存在重大错报时，注册会计师发表不恰当审计意见的可能性。可接受的审计风险的确定，需要考虑会计师事务所对审计风险的态度、审计失败对会计师事务所可能造成损失的大小等因素。但必须注意，审计业

务是一种保证程度高的鉴证业务，可接受的审计风险应当足够低，以使注册会计师能够合理保证所审计财务报表不含有重大错报。审计风险取决于重大错报风险和检查风险。审计风险模型：

$$审计风险＝重大错报风险 × 检查风险$$

1. 重大错报风险

重大错报风险是指财务报表在审计前存在重大错报的可能性。重大错报风险分为财务报表层次的重大错报风险和认定层次的重大错报风险。财务报表层次重大错报风险与财务报表整体存在广泛联系，可能影响多项认定。此类风险通常与控制环境有关，但也有可能与其他因素有关，如经济萧条。认定层次的重大错报风险由固有风险和控制风险两部分组成。固有风险，是指在考虑相关的内部控制之前，某类交易、账户余额或披露的某一认定易于发生错报（该错报单独或连同其他错报可能是重大的）的可能性。控制风险，是指某类交易、账户余额或披露的某一认定发生错报，该错报单独或连同其他错报可能是重大的，但没有被内部控制及时防止或发现并纠正的可能性。控制风险取决于与财务报表编制有关的内部控制的设计和运行的有效性。由于控制的固有局限性，某种程度的控制风险始终存在。

2. 检查风险

检查风险是指如果存在某一错报，该错报单独或连同其他错报可能是重大的，注册会计师为了将审计风险降至可接受的低水平而实施程序后没有发现这种错报的风险。检查风险取决于审计程序设计的合理性和执行的有效性。

重要性与审计风险之间存在反向关系。重要性水平越高，审计风险越低；重要性水平越低，审计风险越高。这里所说的重要性水平高低指的是金额的大小。通常，4 000 元的重要性水平比 2 000 元的重要性水平高。如果重要性水平是 4 000 元，则意味着低于 4 000 元的错报不会影响到财务报表使用者的决策，此时注册会计师需要通过执行有关审计程序合理保证能发现高于 4 000 元的错报。如果重要性水平是 2 000 元，则金额在 2 000 元以上的错报就会影响财务报表使用者的决策，此时注册会计师需要通过执行有关审计程序合理保证能发现金额在 2 000 元以上的错报。显然，重要性水平为 2 000 元时审计风险比重要性水平为 4 000 元时的审计风险高。审计风险越高，越要求注册会计师收集更多更有效的审计证据，从而将审计风险降至可接受的低水平。注册会计师不能通过不合理的人为调高重要性水平来降低审计风险。

三、实施风险评估程序

审计准则规定，注册会计师必须实施风险评估程序，以此作为评估财务报表层次和认定层次重大错报风险的基础。风险评估程序是指注册会计师为了解被审计单位及其环境，以识别和评估财务报表层次和认定层次的重大错报风险而实施的审计程序。风险评估程序是必要程序，了解被审计单位及其环境为注册会计师在许多关键环节做出职业判断提供了重要基础。了解被审计单位及其环境实际上是一个连续和动态地收集、更新与分析信息的过程，贯穿于整个审计过程的始终。

四、实施控制测试和实质性程序

注册会计师实施风险评估程序本身并不足以为发表审计意见提供充分、适当的审计证据，还应当实施进一步审计程序，包括实施控制测试（必要时或决定测试时）和实质性程序。因此，注册会计师在评价财务报表重大错报风险后，应当运用职业判断，针对评估的财务报表层次重大错报风险确定总体应对措施，并针对评估的认定层次重大错报风险设计和实施进一步审计程序，以将审计风险降至可接受的低水平。

五、完成审计工作和编制审计报告

注册会计师在完成进一步审计程序后，还应当按照有关审计准则的规定做好审计完成阶段的工作，并根据所获取的审计证据，合理运用职业判断，形成适当的审计意见。本阶段的主要工作有：考虑持续经营假设、或有事项和期后事项；获取管理层声明；汇总审计差异，提出被审计单位调整或披露；复核审计工作底稿和财务报表；与管理层和治理层沟通；评价审计证据，形成审计意见；编制审计报告等。

第四节　财务审计的方法

一、审计方法的演变

审计方法是指审计人员为了行使审计职能、完成审计任务、达到审计目标所采取的方式、手段和技术的总称。为了实现审计目标，伴随着审计环境的变化，审计人员不断调整着审计方法。审计方法的演变大致分为三个阶段：账项基础审计阶段、制度基础审计阶段和风险导向审计阶段。

（一）账项基础审计

账项基础审计又称详细审计，重点围绕会计凭证、会计账簿和财务报表的编制过程来进行审计。审计人员通常需要花费大量的时间进行检查、核对、加总和重新计算，对账表上的数字进行详细核实，从而判断是否存在舞弊行为和技术上的错误。

随着审计范围的扩展和组织规模的扩大，单纯围绕账表进行的详细审计，无法兼顾审计工作质量和审计工作效率两方面的要求。同时，在审计实践中，审计人员注意到内部控制的可信赖程度对于审计工作具有非常重要的意义。当内部控制设计合理且执行有效时，通常表明财务报表具有较高的可靠性；当内部控制存在缺陷时，财务报表存在重大错报的可能性增加。因此，审计人员开始将审计视角转向企业内部控制，特别是会计信息赖以生成的内部控制，从而将内部控制与抽样审计结合起来。

（二）制度基础审计

以内部控制为基础的审计方法，改变了传统的审计方法，强调对内部控制的测试与评价。如果测试结果表明内部控制运行有效，那么内部控制就值得信赖，审计人员对财务报表相关项目的审计只需抽取少量样本便可以得出审计结论；如果测试结果表明内部控制运行无效，那么内部控制就不值得信赖，审计人员对财务报表相关项目的审计需要视情况扩大审计范围，检查足够数量的样本，才能得出审计结论。制度基础审计的目的是在合理保证审计质量的同时提高审计的效率。

制度基础审计仅以内部控制设计和运行情况决定对财务报表项目的实质性测试范围，没有考虑企业经营环境以及企业面临的经营风险对财务报表带来的错报风险（包括舞弊风险）以及对审计在序的影响。为此，审计人员必须综合考虑企业的环境和面临的经营风险，分析企业经济业务中可能出现的错误和舞弊行为，以此为出发点，制定审计策略，风险导向审计应运而生。

（三）风险导向审计

依据审计风险模型，风险导向审计不仅考虑审计风险受到固有风险因素的影响（如管理人员的品行和能力、行业所处环境、业务性质、容易产生错报的财务报表项目、容易遭受损失或被挪用的资产等导致的风险），同时也受内部控制风险因素的影响（账户或各类交易存在错报而内部控制未能防止、发现或纠正的风险）。此外，还受到审计人员实施审计程序未能发现账户余额或某类交易存在错报的检查风险的影响。风险导向审计的目的是通过对财务报表重大错报风险的评价，并根据评价结果设计和实施恰当的审计程序，合理保证查出财务报表重大错报。

二、审计的一般方法

审计的一般方法是就审计工作的先后顺序和审计工作的范围或详简程度而进行划分的某种方法。前者如顺查法和逆查法；后者如详查法和抽样法。它们与审计取证没有直接联系，因而，不是审计取证的具体方法。

（一）顺序审查法：顺查法与逆查法

审计的一般方法，按照审计工作的顺序和会计业务处理程序的关系，有顺查法和逆查法之分。

1. 顺查法

顺查法又称为正查法，它是按照会计业务处理程序进行分类审查的一种方法。即按照所有原始凭证的发生时间顺序进行检查，逐一核对。首先，检查原始凭证，核对并检查记账凭证，其次，根据凭证对日记账、总分类账、明细分类账进行检查，最后以总账和明细账核对会计报表和进行报表分析，沿着"制证—过账—结账—试算"的账务处理程序，从头到尾进行详细检查。

采用顺查法，由于审计工作细致、全面、完整，一步一个脚印地进行审阅核对，不易发生疏忽、遗漏等弊病。所以，对于内部控制制度不够健全、账目比较混乱、存在问题较多的被审计单位，采用顺查法较为适宜。其缺点是工作量大，费时费力，不利于提高审计工作效率，降低审计成本。

2. 逆查法

逆查法又称为倒查法，它是按照会计业务处理的相反程序，即在检查过程中逆着记账程序进行检查的方法。通常先从记账程序的终端检查，从会计报表或账簿上发现线索、寻找疑点，然后逆着记账程序追根求源进行检查，如从会计报表查到会计账簿，再查到记账凭证，最后查到原始凭证，即从审阅、分析会计报表着手，根据发现的问题和疑点，确定审计重点，再来审查核对有关的账册和凭证，而不必对报表中所有项目，一个一个地进行审查的一种审计方法。

逆查法是一种较为普遍采用的查证方法。采用逆查法易于抓住重点，有目的地进行检查，可以集中精力检查主要问题，在时间上和人力上都较为节省，有利于提高审计工作效率和降低审计成本。但是，要求审计工作人员必须具有一定的分析判断能力和实际工作经验，才能胜任审计工作。如果审计人员分析判断能力较差，经验不丰富，特别是初次从事审计工作的人员，往往在审阅报表过程中发现不了问题，或分析判断不正确，以致影响审计的效果。如果查证人员对检查的重点问题判断失误，就会造成本末倒置。同时，由于采用有重点的检查方法，对于会计凭证和账簿记载的差错和弊端，就不可能全部揭露出来，容易发生疏忽。

必须指出，顺查法和逆查法由于它们各有优劣，因此，在审计实务工作中，应注意将二者结合起来运用。即在顺查过程中可以采用一定的逆查法，在逆查过程中也可以采用一定的顺查法，将两种方法结合使用，可以取长补短，提高审计效果和审计效率。

（二）范围审查法：详查法与抽样法

审计方法按照审查经济业务资料的规模大小和收集审计证据范围的大小不同，又有详查法和抽样法之分。

1. 详查法

详查法又称为详细审计，是指对被审计单位一定时期内的某类经济业务和会计资料的全部内容进行详细的审核检查，以判断评价被审计单位经济活动的合法性、真实性和效益性的一种审计方法。此法的优点是容易查出问题，审计风险较小，审计结果比较正确。缺点是工作量较大，审计成本较高。所以，在实际工作中，只对有严重问题的、非彻底检查不可的专案审计，以及经济活动很少的小型企事业单位采用此法外，一般不常采用。

2. 抽样法

抽样法又称为审计抽样，是指审计人员对具有审计相关性的总体中低于百分之百的项目实施审计程序，使所有抽样单位都有被选取的机会，为审计人员针对整个总体得出结论提供合理基础。审计抽样旨在帮助审计人员确定实施审计程序的范围，以获取充分、适当的审计证据，得出合理的结论，作为形成审计意见的基础。审计抽样能帮助审计人员在合理的时间内以合理的成本完成审计工作，但只要采用抽样就存在抽样风险。

审计抽样并非在所有审计程序中都可使用。风险评估程序通常不涉及审计抽样，而当控制运行留下轨迹时，可以考虑使用审计抽样实施控制测试，对于未留下轨迹的控制，审计人员通常实施询问、观察等审计程序，以获取有关控制运行有效性的审计证据，此时不宜使用审计抽样。实质性程序包括对各类交易、账户余额和披露的细节测试，以及实质性分析程序，在实施细节测试时，可以使用审计抽样获取审计证据；在实施实质性分析程序时，不宜使用审计抽样。

（1）抽样风险和非抽样风险

在使用审计抽样时，审计风险既可能受到抽样风险的影响，又可能受到非抽样风险的影响。抽样风险是指审计人员根据样本得出的结论，可能不同于对总体实施与样本同样的审计程序得出的结论的风险。

控制测试中的抽样风险包括信赖过度风险和信赖不足风险。信赖过度风险是指推断的控制有效性高于其实际有效性的风险。信赖过度风险影响审计的效果，很可能导致发表不恰当的审计意见。信赖不足风险是指推断的控制有效性低于其实际有效性的风险。信赖不足风险影响审计的效率，通常导致审计人员实施额外的工作。

细节测试中的抽样风险包括误受风险和误拒风险。误受风险是指审计人员推断某一重大错报不存在而实际上存在的风险。如果账面金额实际上存在重大错报而审计人员认为其不存在重大错报，审计人员通常会停止对该账面金额继续进行测试，并根据样本结果得出账面金额无重大错报的结论。与信赖过度风险相似，误受风险影响审计效果，容易导致审计人员发表不恰当的审计意见，因而更应予以关注。误拒风险是指审计人员推断某一重大错报存在而实际上不存在的风险。与信赖不足风险类似，误拒风险影响审计效率。如果账面金额不存在重大错报而审计人员认为其存在重大错报，审计人员会扩大细节测试的范围，从而使审计效率降低。

抽样风险与样本规模反方向变动：样本规模越小，抽样风险越大；样本规模越大，抽样风险越小，无论控制测试还是细节测试，审计人员都可以通过扩大样本规模降低抽样风险。如果对总体中的所有项目都实施检查，就不存在抽样风险，此时，审计风险完全由非抽样风险产生。

非抽样风险，是指审计人员由于任何与抽样风险无关的原因而得出错误结论的风险。审计人员即使对某类交易或账户余额的所有项目实施审计程序，也可能仍未能发现重大错报或控制失效。非抽样风险是由人为错误造成的，因而可以通过采用适当的质量控制政策和程序，对审计工作进行适当的指导、监督和复核，以及对审计实务的适当改进，可以将非抽样风险降至可接受的低水平。非抽样风险对审计工作的效率和效果都有一定影响。

（2）审计抽样的基本步骤

在控制测试和细节测试中使用审计抽样方法，主要分为以下三个阶段：

第一阶段是样本设计阶段，旨在根据测试的目标和抽样总体，制订选取样本的计划。

第二阶段是选取样本阶段，旨在按照适当的方法从相应的抽样总体中选取所需的样本，并对其实施检查，以确定是否存在误差。选取样本的基本方法包括使用随机数表或计算机辅助审计技术选样、系统选样（也称等距选样）和随意选样。

第三阶段是评价样本结果阶段，旨在根据对误差的性质和原因的分析，将样本结果推断至总体，形成对总体的结论。

三、审计的技术方法

审计的技术方法是指收集审计证据时应用的技术手段。在审计过程中，审计人员可根据需要单独或综合运用以下方法，以获取充分、适当的审计证据。

（一）检查

检查是指审计人员对被审计单位内部或外部生成的，以纸质、电子或其他介质形式存在的记录和文件进行审查，或对资产进行实物审查。检查记录或文件，可以提供可靠程度不同的审计证据，审计证据的可靠性取决于记录或文件的性质和来源，而在检查内部记录或文件时，其可靠性则取决于生成该记录或文件的内部控制的有效性。检查有形资产可为其存在提供可靠的审计证据，但不一定能够为权利和义务或计价等认定提供可靠的审计证据。

（二）观察

观察是指审计人员查看相关人员正在从事的活动或实施的程序。例如，对被审计单位执行的存货盘点或控制活动进行观察。观察可以提供执行有关过程或程序的审计证据，但观察所提供的审计证据仅限于观察发生的时点，而且被观察人员的行为可能因被观看而受到影响，这也会使观察提供的审计证据受到限制。

（三）询问

询问是指审计人员以书面或口头方式，向被审计单位内部或外部的知情人员获取财务信息和非财务信息，并对答复进行评价的过程。知情人员对询问的答复可能为审计人员提供尚未获悉的信息或佐证证据，也可能提供与审计人员已获取的其他信息存在重大差异的信息。

（四）函证

函证（外部函证），是指审计人员直接从第三方（被询证者）获取书面答复作为审计证据的过程，书面答复可以采用纸质、电子或其他介质等形式。积极式函证，是指要求被询证者直接向审计人员回复，表明是否同意询证函所列示的信息，或填列所要求的信息的一种询证方式。消极式函证，是指要求被询证者只有在不同意询证函所列示的信息时才直接向审计人员回复的一种询证方式。被询证者对积极式询证函未回函的情况下，审计人员应当实施替代审计程序以获取相关、可靠的审计证据。如果存在对询证函回函的可靠性产生疑虑的因素，审计人员应当进一步获取审计证据以消除这些疑虑。

如果管理层不允许寄发询证函，审计人员应当询问管理层不允许寄发询证函的原因，并就其原因的正当性及合理性收集审计证据。如果认为管理层不允许寄发询证函的原因合理，审计人员应当实施替代程序，以获取相关、可靠的审计证据；如果认为管理层不允许寄发询证函的原因不合理，或实施替代程序无法获取相关、可靠的审计证据，应当按照审计准则的规定，与治理层进行沟通，并确定其对审计工作和审计意见的影响。

（五）重新计算

重新计算是指审计人员对记录或文件中的数据计算的准确性进行核对，重新计算可通过手工方式或电子方式进行。

（六）重新执行

重新执行是指审计人员独立执行作为被审计单位内部控制组成部分的程序或控制，重新执行只能用于控制测试。

（七）分析程序

分析程序是指审计人员通过研究不同财务数据之间以及财务数据与非财务数据之间的内在关系，对财务信息做出评价。分析程序还包括调查识别出的、与其他相关信息不一致的或与预期数据严重偏离的波动和关系。由于分析程序需要计算金额、比率或趋势，以评价财务信息，它对控制测试并不适用。

为了避免重复记账，在现金与银行存款相互之间发生的收付业务，如从银行提取现金或现金存入银行的业务，都只填制付款凭证而不填制收款凭证。

第五章　财务管理的实践

第一节　模具企业的财务管理

从模具企业发展的角度来看，财务管理主要体现在对企业资金的有效利用、对企业资金未来的规划，还有对企业成本的有效控制等方面。同时该管理建立的意义在于可以提高模具企业的社会地位。

一、模具行业的现状

从国家各类行业的发展角度来看，模具行业发展的状况不是很明朗。因为随着社会的不断发展科技的不断进步，传统的手工制造已经无法满足现代社会的需要，同时它也已经不符合国家的发展趋势了。

（一）模具行业的总体概况

从世界发展的进程来看，国外的模具行业发展效益比我国的发展效益较强。其原因主要在于我国传统的模具行业没有跟上国家创新思想的发展脚步，还有一个原因在于他们本身没有意识到自己存在的问题。在这些原因的基础上，造成了我国模具行业没有取得发展先机的现象。因此在未来的发展过程中，我国模具行业需要做到以下几点才能得到发展。其一在于对自身实际情况的认识。只有充分了解自己的不足，才能准确地制定相应的解决措施从而提高自身的生产效率。其二在于对传统制造思想的更新。因为社会是不断变化的，人们的思想不能是一成不变的，它需要根据国家的相关政策以及社会的变化而改变。综上所述，模具行业只有做到以上几点才能在激烈的竞争环境中取得一席之地。

随着我国经济的不断发展与进步，模具行业的发展重心已经转移到了我国南部沿海地区。在该地区模具行业的发展过程中，一定会存在激烈的竞争关系。企业要想在这样的竞争环境中脱颖而出，那么就需要具有改革创新的意识。同时要等该意识落实到模具行业的发展过程中，不能光说不练。

（二）模具的定义及特点

模具的定义：模具是工业生产上用以注塑（射）、吹塑、挤出、压铸或锻压成型、冶炼、冲压等方法得到所需产品的各种模子和工具。即模具是用来制造成形（型）物品的工具，这种工具由各种零件构成，不同的模具是由不同的零件构成的。它主要通过所成型材料物理状态的改变来实现物品外形的加工。模具素有"工业之母"的称号。

在外力作用下使坯料成为有特定形状和尺寸的制件工具。广泛用于冲裁、模锻、冷镦、挤压、粉末冶金件压制、压力铸造，以及工程塑料、橡胶、陶瓷等制品的压塑或注射成型加工中。模具具有特定的轮廓或内腔形状，应用具有刃口的轮廓形状可以使坯料按轮廓线形状发生分离（冲裁）。应用内腔形状可使坯料获得相应的立体形状。模具一般包括动模和定模（或凸模和凹模）两部分，二者可分可合。分开时取出制件或塑件，合拢时使坯料注入模具型腔成型。模具是精密工具，形状复杂，承受坯料的胀力，对结构强度、刚度、表面硬度、表面粗糙度和加工精度都有较高要求，模具生产的发展水平是机械制造水平的重要标志之一。

模具的特点：①单件生产，制造成本高。模具不能像其他机械那样可作为基本定型的商品随时都可以在机电市场上买到，因为每副模具都是针对特定的制件或塑件的规格而生产的，由于制件或塑件的形状、尺寸各异，差距甚大，其模具结构也是大相径庭，所以模具制造不可能形成批量生产，重复加工的可能性很小。②单件制造加工时间长，工序多。但客户对时间的要求要快，因为模具是为产品中的制件或塑件而定制的，作为产品，除了质量、价格因素外，很重要的一点就是需要尽快投放市场。③技术性强。模的加工工程集中了机械制造中先进技术的部分精华与钳工技术的手工技巧，因此，要求模具工人具有较高的文化技术水平，以适应多工种的要求。

（三）企业管理落后于技术的进步

企业如果想要在如今的环境中生存和发展，就必须具有最先进的管理意识。该管理意识的建立在于要善于利用科学技术的积极作用。科学技术对于企业的发展来说是一把双刃剑。因此，这就需要企业擦亮双眼根据自身的情况选择适合自已的发展资源。从而提高企业的现代化转型发展。综上所述，在如今的发展中转型发展已经是必然的趋势。

数字化信息化水平还较低。国内多数模具企业数字化信息化大都停留在CAD/CAM 的应用上，CAE、CAPP 尚未普及，许多企业数据库尚未建立或正在建立；企业标准化生产水平和软件应用水平较低，软件应用的开发跟不上生产需要。

模具标准件生产供应滞后于模具生产的发展。模具行业现有的国家标准和行业标准中有不少已经落后于生产（有些模具种类至今无国标，不少标准多年未修订）；生产过程的标准化还刚起步不久；大多数企业缺少企标；标准件品种规格少，应用水平低，高品质标准件还主要依靠进口，为高端汽车冲压模具配套的铸件质量问题也不少，这些都影响和制约着模具企业的发展和质量的提高。

综上所述，提升模具企业的管理及财务管理是各模具企业提升竞争力的重要因素。

二、模具企业的财务管理目标

从模具企业发展的角度来看，模具企业如果想要在未来得到发展就需要建立完整的财务管理目标。无论对于哪个行业，财务管理目标都是它们进行日常经济活动的基础。如果一个企业没有完整的财务目标，那么它就不会具有完整的发展体系，也就不会在如今的发展过程中取得崇高的发展地位。这也从侧面反映出了企业如果想要做好做强，那么就需要具有最先进、最完整的财务管理目标。综上所述，模具企业如果想要提高自身的社会地位就需要根据自身的实际发展情况建立符合国家创新要求的财务管理目标。那么该目标主要体现在哪些方面呢？

（一）企业利润目标最优化

①提高效能，降低成本。

②提高财务信息化程度，提高接单报价的准确性。模具产品往往是单件产品报价制，通过单件产品的报价，在源头上把控收入的毛利。

③提高单个项目的管理，精确项目核算。模具产品从接单到设计、加工、预验收、试制、终验收，周期长，跟进的难度大，如果中间再有改模等，项目的周期就更长，故项目管理得好可直接提高公司的利润。

（二）公司股东回报最优化

股东回报最优化产生的核心条件是良好的财务发展环境。该环境可以为股东提供更多的收益；同时适当增加财务杠杆，灵活使用各项债务资金。

（三）公司价值最大化

增加社会责任，提高研发经费，制造出更多符合社会进步需要的产品，保障企业长远经营，公司实现价值最大化。前述两个目标最终需要服从公司价值最大化的目标。

模具企业目前状况是小而多，大家都处于较低层次的竞争，故需要配合业务的发展战略来制定具体的不同阶段的财务管理目标。首先是生存，接下来是发展，再通过资本市场的放大效应进行并购重组，完成产业的整合及发展，最后达到公司价值最大化。

三、模具企业的预算管理

全面预算管理是企业全面发展、增强企业综合实力的保障，也是企业发展和投资方向的总体引导，目前模具制造企业在全面预算上主要存在以下几个问题：首先，预算管理的意识不够全面，由于预算管理的片面性，导致参与预算的部门不能有效地进行预测结果的编制，容易出现部门指标与预算指标不统一的现象，企业管理者无法进行准确的财务分析，不利于实现企业资金的合理分配。其次，在预算编制的制定上，很多企业忽视了当前企业的发展状况，不能有效地分析自身的短板和长处，导致在实现预算目标的过程中不能有效地进行财务控制，使预算管理脱离实际。在制造企业财务管理中，还存在预算机制不明确的现象，不能有效地执行，预算机制的可行性差，过于追求财务指标，忽视了预算的可行性，在实际生产过程中不能根据企业的发展状况进行随时调节，并进行偏差修正。

模具企业预算需结合行业特点及企业自身的情况进行编制，具体有效的预算方法主要分为以下几个步骤：

①业务预算：财务部门统一制定相关的表格，可通过 IT 信息系统或表格化，交由业务部门填制，核心的要素是分月、分客户、分订单编制客户的预算，包括金额、订单的加工时间及完成交付的时间，并且做到跟上年度的结合，主要是订单实现销售等计划。

②生产预算：根据业务预算，财务部门统一制定相关的表格，交由生产制定部门根据业务订单计划，编制生产计划，生产计划表核心要素是分月、分订单、分工艺流程进行生产计划预算，模具是单件非标准化生产，故需要按订单分单个模，并把单个模作为项目进行归集。

③采购预算：财务部门统一制定相关的表格，交采购部门根据生产计划预算制度采购预算，主要分材料品种及供应商、采购数量及采购金额等内容。

④各项费用预算：财务部门统一制定相关的表格，分别交由各部门进行制造费用及管理费用和销售费用的预算，制造费用能直接计入订单或项目的尽量计入项目中进行归集。

⑤各项投资的预算：根据销售及生产计划，公司需要增加的各项资产投资或其他厂房等投资预算，分月投资计划及付款计划等内容。

⑥资金的预算：主要根据销售预算及销售政策，预算现金的收入，再根据生产预算及采购预算和采购政策，核算每次的现金收支情况，再加入需要融入及还款的金额，从而也完成财务费用预算。

⑦财务部门或各级独立子公司完成汇总编制，形成公司的年度预算，并向公司进行汇报，如不能达到公司目的，需由上到下进行二次调整，再由下到上进行再一次申报汇总，根据企业的实际情况可能需要进行多次来回。

预算的核心是指导公司业务的开展，提早做好资金规划，确保年度经营目标的完成。预算的过程跟进，每月结算后需要按每个模具项目同原来的预算进行核对，确保公司经营在预算范围内，并及时修订预算中不合理或预算条件已变化的情况。

预算的考核，可以通过预算考核落实到具体的负责人。

四、模具企业的资金管理

模具行业是单件、非标准化的生产，其生产周期相对于其他产品，加工周期长，最终验收时间也长，加工设备价值高，属于资金密集型及技术密集型，这也就决定了其在生产经营过程中需要更多的现金来作为强有力的保障，故多数模具企业需要通过更多的融资渠道来获取资金。然而，就目前金融市场的发展情形来看，制造业企业可融资的渠道越来越少。因此，许多制造业企业目前依靠债务筹资或者银行贷款的方式进行生产经营活动。综合来看，资金的管理就显得尤为重要，管理好公司的收入及支出是管理资金的重点，可从以下四个方面进行管控。

（一）应收款项的管控，保障公司的资金流入及时可控

①建立相关的管理组织，确保每一单款项均能落实到人，从而承担组织保障。

②建立完整的客户档案，对客户进行信用评级并进行授信，客户信用等级及信用额度可以通过制定《客户信用管理制度》进行明确相关的规则。

③通过授信政策，对销售的过程进行管理，核心合同签订前参与到客户的信用政策中（简单来说是回款的政策）。

④对账：每月财务人员需要对所有的客户进行一次往来账核对，以确保数据准确，同时也起到催收的作用。

⑤对于即将逾期的款项应提前跟催，以避免产生逾期；对于已逾期的应注明逾期原因及预计回款时间，若因客户原因产生的逾期款，应根据其逾期天数及逾期金额制定相应的催款计划，采取不同的催收政策进行催收，同时按逾期的严重性来制定相关的催收政策。

⑥对相关的人员建立相应的奖罚机制，确保员工回款的主动性。

（二）存货的管控

①制订完整的生产计划，合理安排用料。

②与供应商建立核心供应商关系，做好供货周期的管理，降低备货量。

③加强在制品的管控，确保在制品或制件能及时输出。

④定期盘点并及时清理不良或呆滞存货。

⑤对供应商的采购支付政策，通过同销售回款做到协同，确保收付相对平衡。

（三）现款（含银行存款）的管控

①与主要的开户银行签订现金管理协议，统一管控各银行及各地的账号，所有款项集中归集，使现金得到充分有效的使用。

②跟上科技发展的脚步，所有的结算均采用网上银行或电票，减少或不用现金及纸票的进行收支，既安全又能提高资金的流通效率。

③建立银行及现金日报表制度，每天跟进库存资金的情况。

④争取做到零现金管理，主要是充分利用各金融机构的授信政策，争取做到法人透支的授信模式，平时账上余额为零，实际可以透支，类似信用卡，通过这个模式，可以将库存资金降到最低，再通过现金管理系统还可以做到各下属机构也能透支，财务部门需要建立相应的透支额度标准。

（四）融资的管理

企业发展到一定的规模的标志是企业融资。该融资的产生有利于加强企业之间的联系，从而有利于企业之间交流经验。同时模具行业由于它自身的原因需要具备完整的融资体系

①权益资本不能低于35%左右，也就是控制公司总体的负债率在65%以下，继而确保公司债务融资符合大多数商业银行对制造业的债务率的要求。

②两家以上的战略合作银行，3～4家的普通合作银行提供日常债务融资，同时建立1～2家的融资租赁的合作，确保一些重大设备可采用中长期的融资。

③与投行或金融机构合作，不定期发行一些中长期的债券，从而确保一些中长期的固定债务融资。

④根据业务发展规划，做好各项融资计划，使长、中、短结合。

⑤与社会上各类金融机构保持良好的合作关系，及时获取金融市场的信息。

（五）模具企业的成本管理

模具企业的成本管理可以看成项目的成本管理，因为模具行业的特点是单个项目进行生产，每个产品都不一样，是非标准化的产品。

①首先做好模具接单的报价，通过IT系统，固化报标的各项工艺及材料标准，形成报价机制的及时性和准确性，并及时修订有关的标准。

②起用项目管理系统（IT化），保障项目能够独立核算，精确计算每个项目的实际成本，并与报价预算进行对比跟进，确保生产过程中的各个流程在预算内，如有变化，及时进行分析，必要时返回修改预算标准。

③项目完成后，完成每个项目结算，独立计算项目的收益情况，确保每个项目在公司的可控范围内。

模具企业的财务管理，主要是根据行业的特点，重点做好资金的周转管控，提高融资能力，降低融资成本，管好项目成本，再结合资本的运作，做好产业的并购，完成公司的快速整合及业务的发展。

第二节 事业单位财务管理

财务管理属于事业单位内部管理的重要构成部分，有效的财务管理可以规避

财务风险，给事业单位的顺利发展奠定基础。但是，当前事业单位在财务管理环节暴露出一些不足，需要我们及时采取相应的措施加以解决。

一、事业单位财务管理的作用

（一）有效协调单位各部门之间的工作

事业单位的内部各个部门间紧密联系，而财务部门在每个部门中都有着决定性作用。因此，事业单位唯有强化内部财务管理，才能有效协调每个部门之间的工作，提高事业单位的工作效率。

（二）保障单位的资产安全

事业单位获得发展资金的途径是财政拨款，因此，内部财务管理工作做好了，可以使单位的管理行为更加规范，促进单位各个部门工作的顺利开展，保障单位资产的安全，及时规避财务风险，有效遏制贪腐行为，从而使资金发挥最大的作用。

（三）提高会计信息的准确性

制定完备规范的会计工作系统并将其高质量地施行，明确分工，发挥各个岗位之间的相互制约和监督功能，呈现准确可靠的会计信息，是事业单位内部会计控制的重要组成部分，事业单位一旦忽略了内部会计控制，缺乏科学合理的内部会计控制制度，会计信息在传播过程中就容易与实际不符，造成会计信息缺乏准确性。此外，如果单位欠缺对内部会计控制制度的实行力度，就会阻碍有关规章制度发挥整体效能，并且很难获取准确的会计资讯。因此，唯有强化内部财务管理，才能提供可靠准确的会计信息，为单位做出正确的决策做准备。

（四）促进事业单位的健康发展

事业单位不以获取大额利润为目的，在财产的预算、使用以及审核层面是通过财务部门的计划控制来完成的。科学完备的财务管理体系可以促进事业单位对资金的充分使用和配置，使资金被更为科学地分配，确保我国事业单位多项工作有序开展。

二、事业单位财务管理存在的问题

（一）领导对财务管理体制的重视度不高

如今，很多事业单位领导层的财务管理知识水平有限，对建立系统规范的财务管理体制的重视程度不高。还有些事业单位领导者强调财务管理就是财务的收支或者部门预算控制，认为已经设置了部门预算就不用再建立会计内控系统，事业单位会计部门的首要工作就是做好有关的付款工作和账簿记录工作，单位资金是由财政统一划拨的，无须财务人员做其他工作。

（二）内部控制制度不完善

有些事业单位内部管理体制不完备，甚至没有设置专业的财务管理部门。与此同时，财务人员与会计人员职务分配欠缺合理性，出现一人负责很多岗位、岗位交错、岗位责任不明确等问题，造成财务管理工作效率偏低，更有甚者会存在投机取巧、营私舞弊等违法违规行为。

（三）财务管理手段不够先进

如今，仍然有事业单位在实行财务管理环节中遵循着传统的陈旧的会计处理方法，这不但限制了内部会计控制效果，降低了控制效率，而且给会计信息的实时共享带来了阻碍，导致内部会计控制的整体效能无法正常发挥。另外，即便有些事业单位顺应时代发展，增加了会计信息软件，但在选择和开发软件功能时仍存在很多不足的地方，加之财务人员业务能力不是很强，很难显现信息软件的功能优点，从而给财务管理的管控信息化造成影响。

（四）欠缺完备的监督评价机制

如今，仍然有些事业单位没有建立对内部财务管控的监督考评机构，虽然有的事业单位设立了这个机构，但机构的整体效能有待加强。事业单位内部会计控制监督考评大体包含两方面的内容：一是以财政部门为首的外部监督；二是以内部审计机构为首的内部监督。在外部监督中，财政部门的职责是监督财政资金使用的合法性，单位经济行为的规范性等。但是，在现实中各个部门单独完成任务，忽略了相互之间的合作，没有整体核查被监督单位的内部会计控制制度是不是完备、是不是高效实行。内部审计部门片面地注重会计资讯的准确性，缺乏对内部会计控制制度实效性的关注，给单位的会计事务与经济活动的监督效率造成了不良的影响。

三、对事业单位财务管理的建议

（一）领导层加强对财务管理的重视

事业单位的领导层要改变原来的思想，摒弃以往对单位财务管理的浅显认知，更深层次地领悟科学的财务管理体制对于提高事业单位工作效率、推动事业单位快速发展的重要意义，积极落实财务管理体制的构建工作。

（二）构建岗位、职位分离制度

针对不能相容的事务，应当指定不同的人员去处理，以降低假账、坏账出现的概率。与此同时，这种做法还可以使员工在工作中互相制约，防止出现弄虚作假的行为。在财务工作中，要特别注意记录人员和审核人员与付款人员岗位分离，这三者之间不能存在利益关系。

针对预算内财务工作的日常开支，必须经过各有关部门的签字确认后才可以进行实行，业务结束之后，要带着有关凭据，经部门负责人审核后才可向财务部门申请报账。原始凭证的审查要谨慎并妥善保存，会计人员在登记之前也要查验凭证，确认账目准确真实后才能记录明细账与总账。

（三）提高会计人员的专业素养

首先，对事业单位会计工作人员进行必需的思想政治教育，保证全体会计工作人员都具有较高的思想领悟和职业道德素养，严格依照规章制度办事；其次，只要存在与道德标准、规章制度相违背的行为，就要给予必要的惩罚，以此在会计工作人员中形成较强的震慑力，督促其提供真实准确的会计讯息；最后，建立完备的激励体制，对于业绩优秀的会计工作人员，要给予其适当的物质奖励或精神奖励，调动其积极性，激发其工作热情，使其从头到尾能够依照会计规章制度及时完成领导分配的工作任务，为内部会计控制的无障碍实行提供坚实的基础。

（四）优化事业单位的会计管理制度

从严实行会计制度，提高会计核算质量。强化对各种会计凭据的科学化、正规化管理，保障会计凭据填制清晰、准确、正式；强化对各种单据的管理，仔细审查各种外部单据的可靠性、规范性；改进单据流转程序，实现开票、复查、审核收付款每个岗位的适当分隔，增强会计处理程序的规范性，提高会计核算质量。

（五）构建并完善监督评价体系

事业单位唯有构建并完善内部财务管控监督评价体系，才有可能推动内部财务管控制度顺利实行。在外部监督中，财政部门以及政府审计部门要尽量展示自身的权威性，时常监督审查单位内部会计控制制度的实行情况，还要向专门的机构咨询有关内部会计控制制度的建立与实行的宝贵建议，避免内部财务管控制度太过形式化。在内部监督中，事业单位要秉持正确的理念，最大限度地发挥内部审计应有的作用，在内部财务管控体系中确认内部审计的重要作用。提高内部审计功能的地位，构建独立和科学的内部审计部门，以便随时发现问题并解决问题。全面监控评价内部会计控制的设立、实施整个程序，从严按照相应的规章制度来进行活动，推动内部会计控制制度的高质量实行。唯有把外部审计和内部审计充分联系在一起，形成强大的监督合力，才能促使外部审计与内部审计共同对单位内部会计控制进行系统的监督评价。

通过前面的所述可知，财务管理是事业单位内部管理的关键构成部分，科学的财务管理手段对单位的健康、顺利发展有着不可估量的作用。因此，事业单位若想提升自身的竞争实力，维持优势地位，必然要适应时代发展，与时俱进，转变领导层原有的思想观念，构建岗位、职位分离制度，不断提高会计人员的专业素养，完善账务管理制度以及监督评价体系，为事业单位内部会计事务的顺利开展奠定稳固的基础。

第三节　高校基建财务管理

在人们生活水平不断提高的同时，社会对教育行业的要求也在不断地提高，需要学校为社会提供大量的人才，以及科研人员研发出更多科研技术。基于对人才与科技急需的大背景下，基建财务管理工作逐渐步入高等学校的财务管理任务中，但由于刚开始实施，各类制度还不是很完善，可能会出现许多问题，进而阻碍学校在建设过程中的发展，因此要想办法解决。

一、高校基建财务管理存在的问题

（一）重核算，轻监督

高等院校的具体工作中也存在着许多错误的管理问题。比如一些学校还没有设立独立的财政管理部门，都是将这部分工作随意交给一个高层人员来代为办理，这就会使账务记录不标准、条例混乱，也没有与之相对应的审计部门来监督，这就会导致学校中可以接触到财物的人员造成贪污、私用等不良风气，因为没有专业的人员理财，也没有专门的监管人员来实施监督管理，就会使贪污的人员肆意妄为，贪污的方式主要是对上面拨款修建教学设施的资金虚报，并且在施工时偷工减料，将多出来的钱放进自己的腰包，如果一直放任不管，其后果会越来越严重，对学校和学生产生非常恶劣的影响。

（二）财务管理制度不健全、执行不到位

由于高等院校是学生从校园步入社会的一个重要的过渡时期，因此国家会对大学校园进行很多的项目投资以及活动建设，这就使高等院校会涉及许多与政府相交接的财务工作，为了将复杂的财务捋顺，学校应该聘请专业的财管人员来对学校里复杂较多的财务任务进行管理，财务是整个院校发展的重要命脉，因此一定要严格对待这一项任务，也要设置相对应的稽查与审计部门，避免财务人员贪污受贿或者私自挪用国家分配的资金，每一个部门应具体负责哪一部分工作，一定要事先说清楚，等到出现问题的时候找相对应的部门来负责，明确部门负责的工作就可以使各部门的人员在进行工作时，恪守本分、尽职尽责，也不会出现部门交叉时互相推卸责任，找不到负责人的这种混乱现象。学校在制定好各种规章制度之后，一定要切实落实，不能光在纸上提出而不真正地去实施，只有真正地将所制定的这些措施落实下去，才可以发现哪里有问题，然后针对相对应的问题，提出解决方案，这样有利于学校长远的发展。

（三）财务管理软件支持效率低

我国当前的科研技术取得了很大进度，教学设施更新换代、教学系统不断优化，就连财务管理都可以实现无人化，学校只需要安装相应的软件，然后将学校的各个项目支出和收入输入进去，就可以计算出具体的账目。但这种机器智能的记账方式存在太多的弊端，它只能完成简单的计算功能，没有办法对具体的细目

进行分析和解决，而且将学校的全部财务信息都上传到网络上，也是会对学校产生较大的风险。如果想要进行更精准的计算，就需要在继续支付高额的软件费用，想要解决的问题也未必得到解决，所以还是应该雇佣专业的财政人员来管理账目，才是最安全、最保险的方式。

二、完善高校基建财务管理的对策

（一）财务人员要积极参与基建全过程，发挥监管作用

财政管理在整个学校的管理工作中是最重要的一个环节，经济是所有工作的基础，只有将基石打好，才可以在上面建立高楼大厦。在学校进行项目研究的过程中，需要主要的人员都参加到会议中来，当然不能少了财政管理人员，因为在项目拨款和招生引资的过程中都需要记录进出账目，除了财务人员还需要有监督人员在场，二者之间是一种对立统一的关系，监管部门监督财务人员，恪守本分，做好学校的资金进出，共同形成一个完整的财政体系。

（二）完善并严格执行高校基建财务管理制度

高校的基建财务管理制度的完善是保证基建财务管理工作的标准。所以要严格按照相关制度要求，并作为制度制定的依据，在掌握了财管技能之后，将知识与自身的真实状况相结合，做出精准的估计和预算，然后让监督人员进行核实，保证预算中不会出现重大错误，最后提交给公司的董事会审阅，再落实到具体的项目上。在具体工作开展以后，相关负责人要恪守本分，不可出现偷工减料、贪污受贿等行为，一旦发现必须按制度执行惩罚措施。有罚就有赏，如果在工作中，能力突出且积极上进，就要按照制度上的奖赏措施来对人员进行奖励，激励人员继续努力，也可以给其他人树立一个良好的榜样。

（三）升级改造基建财务管理软件，完善高校信息化建设

学校在财务方面的工作很多，没有办法做到面面俱到，也不可能聘请太多的财管人员，因此适当地使用理财监管软件也不是不可以的。但是要将购买软件的资金做一个预算，不能超出太多。理财监管软件可以代替财管人员进行一些简单的记账工作，只需要有人在旁边进行监管就可以了，这大大缩小了学校在财务管理这方面的支出，也减轻了相关人员的工作任务，同时也对学校的财务进行了审计与监督。总的来说，合理使用理财监管软件和相关人员相结合的方式，可以很

好地提高工作质量，对学校的全面发展起着积极作用。

总的来说，高校如果想要得到长远较好的发展，就一定要将基础建设财务管理的工作做好。只有将学校的财务体系捋顺清晰，才可以在做什么事情的时候都有一定的数据理论做支撑，让各个部门都独立分开，出现问题的时候才能及时找到相关的部门及人员来把问题进行解决，将具体的任务分配在每个人的头上，大家就会保持认真谨慎的工作态度。

第四节　民营企业的财务管理

民营企业不是国家的企业，是社会上从事经商的人自己开立的公司，在公司起步之前，需要准备好充足的资金和人员储备，有的公司需要在社会上募集，因此在民营经济在财管的职能是非常重要的。近几年我国的中小微企业发展迅速，国家也鼓励人们自主创业，因此加大了对这类公司的鼓励政策，民营经济为我国的整体经济做出了巨大的贡献，给城市中的人们提供了许多就业岗位和住所，使人们的生活水平得到提高。伴随着公司的不断壮大，越来越多的问题也就不断出现，许多的公司因为财管工作不到位而导致破产和倒闭。

一、民营企业加强财务管理的重要性

民企的制度本身就不完善，更应该注重财政这方面的管理工作。一个公司是否可以在激烈的市场竞争中生存下来，主要看的就是是否可以为社会创造财富，不断地适应这个瞬息万变的市场，因此财政的管理工作是非常重要的，做好财务监管的工作，会使公司的整体效率和质量都得到提高。财政管理在公司中可以创造很多价值，比如可以令流动资金更好的运转，将资金发挥到最大、最优的状态，为公司带来财富；专业的财管人员是具有设计公司账目体系的能力的，不仅可以将公司进、出都记录好，还可以合理规划一笔资金从开始到结束应该如何分配、使用；最重要的是财务管理人员可以精准地计算出一个公司一年的大概支出，这可以为公司提供很好的参考价值。

二、民营企业财务管理中存在的问题

（一）企业管理存在缺陷

这种企业是非国家性质的，没有经过专业的机构去组织，一般是熟悉的人合伙开的公司，没有聘请专业的管理人员。因此，若公司内部疏于管理，只追求收益最大化，就会忽视了很多实质性的问题。比如没有企业文化来熏陶员工，公司内部的结构不合理，部门和部门之间没有明确的职责界限，缺少财务管理和审计部门，就会使公司账目混乱，员工之间利益纠葛严重，长此以往会使公司出现一些不良风气，最后导致公司流动资金都被掏空，没办法继续运转。

（二）财务制度不健全

一般的民营企业，都是由认识且熟悉的伙伴聚集在一起合伙开设的，或者是家族企业演变而来，对于独立部门分开管理的观念还没有形成，经常一人在公司内部担任多个角色。会出现这样的现象，领导者也是管理者，执行者也扮演着监督者，每个负责人并没有作明显的区分，这就会导致权力的交叉，使下设部门的工作变得混乱无序。许多公司的最高决策人并不掌握专业的知识与技能，只是因为投入的资金较多，所以占有最多的股份可以行使最多的表决权，这种方式是非常不利于企业的发展。长此以往，会导致公司内部秩序混乱，资金使用不明，逐渐使公司内部的运行机制混乱不堪，如果这时管理者介入管理，也是非常困难的，最后就会导致企业的破产与消亡。

（三）缺乏科学性投资

很多企业只是一时心血来潮创建了公司，并没有提前制定完善的体制，这样就会使整个公司都处于一个零散的状态。投资人手里掌握较多的资金，却没有投资方向和专业知识，只是跟着大部分人，什么热门就做什么、大家都做什么什么就是赚钱行业，并没有考虑自己是否适合，是否掌握这方面的技能，只是单纯地去开公司，就会导致公司正式启动之后，内部、外部的工作都没做好，造成还没开始就结束的境况。还有一些合伙人一同来进行经营，想做的产品种类小众、未经过市场调查，就会使公司开始之后出现亏损，最后走向倒闭。

（四）运营资金控制薄弱

一直以来，我们都知道风险是与收益成正比的，如果想要获得等多的收益，就需要公司有承担一定风险的能力。民企的盈余资金一般都不敢去投资基金类产品和股票类产品，因为这种先进的投资理念，大部分的经营者并不掌握，他们会选择利息相对较少，但风险不大的投资方式来运转自己的资金，但是这样会使公司的流动资金无法流通，也就会使资金的利用率不高，所创造的收益较少。

（五）利润分配不合理

民企一般呈现出发展快、消亡快的特征，这主要是因为民营企业在开始之前没有做好足够的准备工作，没有经过专业人员的指导和相关知识技能的培训，所以公司领导者对自己要做的产业一知半解，如果公司里的最高领导人都不深入了解自己的产业，一个公司是不会走长远的。再者就是，公司没有聘请专业人员担任专业职位的意识，使部门之间相互交叉，利益分配不均。员工之间拉帮结伙，相互祖护，导致员工工作没有动力，不想着怎样提高工作质量，只想着讨好上级、与关系员工搞好关系，进而会使整个公司内部滋生腐败，阻碍企业发展。

三、解决民营企业财务管理问题的对策

（一）更新管理理念，提高素质

民企缺少先进的技术和人才，这需要公司的高管人员先形成专业的监管意识，然后通过会议和讲座的形式传达给下设的各个部门及每个员工。在一个团体中，要想得到长远的发展，就必须先更新管理层的思维，让管理层的人综合素质提高上来，才能逐渐提高公司的整体素质，因为普通员工一般做的是服从上级布置的任务，一致的行事风格也按照部门主管来行事的，因此提高管理层的素质是非常重要的。

（二）扩大民营企业的融资规模

目前我国的民企大多都从一些小型的借贷公司借款，因为门槛低、要求少。民企一般都是规模较小的公司，资产较少、承担风险的能力较弱，因此没办法从公立银行借到资金，为了鼓励民营公司的发展，需要国家发挥自己的职能，对小型公司的借贷降低门槛，让他们也可以花费较少的利息借到自己需要的资金，不断壮大自己的公司，为我国整体的经济创造价值。

（三）加强财务控制体系，建立财务管理制度

每个公司都要制定自己公司的规章制度，古话说得好，"没有规矩，不成方圆。"无论是处于怎样的社会团体中，都要制定规矩来约束人的行为。公司制定规章制度不仅是为了公司的整体利益，每个员工的基本权益也可以得到保障，将公司涉及的每一部分内容都在纸上明确地写出来，在真正实施的过程中，不可以架空公司制度，就按照制度上标明的规定来约束员工。每个人都要遵守公司制度，如果发生违反规定或者重大错误的员工，不可以包庇，要按照规定追究其责任。

（四）增强管账人手的建设，提高管账人员的水平素养

公司如果想要提高全体员工的素质就需要先从高级管理人员抓起，先转变他们的管理观念，然后再对各部门的专业负责人进行培训学习，让他们的专业技能以及综合素养得到提高，才可以在布置具体任务的时候对管账人员进行指导与帮助。例如财务部门在招聘财务部门人员的时候，应该进行严格的筛选，让具备从业资格的人员出示他们的资格证书以及获得过的奖项或者工作经验的证明，保证这些证件的真实性，然后对招聘人员进行面试，确保应聘人员可以担任此项工作再录用，这样就可以提升公司对财务部门的专业管理水平。

（五）加快企业会计电算化建设，提高会计工作效率和质量

会计电算化的发展，提高了工作效率，同时也减轻了会计人员的工作量。它可以使会计工作标准化，从而提高会计工作的质量。企业应结合自身的特点，选择合适的财务软件，同时应制定出电算化控制制度，保证计算机系统能够正常稳定运行。每个职位的工作职员必须有合理的分工和彼此约束。

在快速发展的现代市场中，规模大大小小的公司层出不穷，但大多呈现出发展较快，消亡也较快的现象。如果想要避免自己的公司朝着消亡的方向发展，就必须要重视企业财务管理这一部分，及时找出公司现在所存在的问题，并想出补救方案。

第六章　会计电算化概述

第一节　会计电算化的概念

一、会计电算化的定义

（一）会计

会计是以货币为主要计量单位，采用专门的方法和程序，对企事业单位的经济活动进行全面、连续、系统、综合的反映和监督，向利益相关者提供相关的财务信息，参与经营管理、旨在提高经济效益的一项管理活动，是经济管理的重要组成部分。

（二）计算机

计算机俗称电脑，是一种用于高速计算的现代电子计算机器；既可以进行数值计算，又可以进行逻辑计算，还具有存储记忆功能，是能够按照程序运行，自动、高速处理海量数据的现代化智能电子设备。

（三）会计电算化

会计电算化的概念有广义和狭义之分。广义的会计电算化是指与实现会计工作电算化有关的所有工作，包括会计电算化软件的开发和应用、会计电算化人才的培训、会计电算化的宏观规划、会计电算化的制度建设、会计电算化软件市场的培育与发展等。狭义的会计电算化是指将以计算机为主的当代电子和信息技术应用到会计工作中的简称。会计电算化主要是应用计算机代替人工记账、算账、报账，以及代替部分由人工完成的对会计信息的处理、分析和判断的过程。

　　会计电算化是会计发展史上的一次革命，对会计工作的各个方面都将产生深远的影响。发展会计电算化，有利于促进会计工作规范化，提高会计工作质量，减轻会计人员劳动强度，提高会计工作效率，更好地发挥会计职能，为实现会计工作现代化奠定良好基础。

二、会计电算化的发展历程

　　"会计电算化"一词是国家财政部和中国会计学会1981年8月在长春召开的"财务、会计、成本应用电子计算机专题讨论会"上提出的。会上把计算机在会计中的应用简称为"会计电算化"，并解释为"由计算机代替人工记账、算账、报账，并能部分替代人脑完成会计信息的分析和判断的过程"。从此，会计电算化这个简单、通俗且颇富中国特色的概念在会计界广为传播，并深入人心。会计电算化是我国特有的专业称谓，它反映了在会计工作中以电子计算机取代人工处理会计数据的变化和特征。

　　从我国会计电算化工作的开展程度、范围、组织、规范、管理以及会计软件的开发等诸多方面进行分析，我国会计电算化大致经历了以下三个阶段。

（一）初始实验期（20世纪70年代末至80年代中期）

　　从20世纪70年代末到80年代中期，我国的会计电算化处于实验期。当时我国处于改革开放初期，工作重点是恢复、健全会计核算制度，对计算机应用还很陌生，设备和人才都很缺乏，宏观上也缺乏统一的规划与指导。开展会计电算化的单位大多是"盲目上马"，由于大多属于自行组织设计、开发会计软件，所以投资大、开发周期长、水平低。

（二）有序快速发展期（20世纪80年代后期至90年代中期）

　　随着会计电算化的逐步开展，对加强组织、规划、管理的要求越来越高。从20世纪80年代后期到90年代中期，我国会计电算化事业进入快速发展期。这一时期最有影响的事件之一是1989年12月财政部颁布了第一个会计电算化的法规文件《会计核算软件管理的几项规定（试行）》，为商品化会计软件的发展创造了稳定有序的环境，使基层单位的会计电算化工作有了明确的方向，促进了我国会计电算化事业大规模快速发展。

　　这一时期，开发系统的主要目的是替代手工记账、算账，减轻会计人员抄写、计算等烦琐的手工劳动；系统完成的主要功能是会计核算，一般由账务核算、工资核算、固定资产核算等子系统组成。因此，也称这一时期的会计软件为"核算型会计软件"。在这一时期，我国基层单位开始大量应用微机，会计软件的开发平台大多以微机上的 DOS，UNIX 操作系统为主，开发工具主要是 dBase，FoxBASE，Oracle 等，开发方法主要应用工程化的方法。

1994 年，财政部颁发了一系列文件，明确制定了 2000 年要实现的会计电算化目标，以及会计电算化管理办法、商品化会计核算软件评审规则、会计核算软件基本功能规范、会计电算化知识培训管理办法等。宏观上的指导和政府的支持是会计电算化发展的保障，这一时期的会计电算化培训及学历教育广泛普及，会计电算化的教材也迅速推出。到 20 世纪 90 年代中期，我国已有几百万家大中型企事业单位在会计核算工作中使用了计算机。

（三）会计核算软件转型期（1996 年以后）

随着我国市场经济体制的不断健全和完善，"核算型"会计软件不能满足企事业单位管理上的需求。中国会计学会"九五"科研规划将"适应企业会计转轨变型的要求，会计软件将由记账报账型转向经营管理型研究"列为主要内容之一。1996 年 4 月，在北京召开的"会计电算化发展研讨会"上正式提出了发展"管理型"会计软件。1998 年 6 月，我国 20 多家著名的财务软件公司在北京联合发出了"向企业管理软件全面进军"的宣言。"管理型"会计软件的研究和企业管理软件的研究在我国拉开帷幕。

这一时期，会计核算软件的版本在升级，主要是从 DOS 平台升到 Windows 平台，会计核算软件的功能不断增强，增加了面向中层管理、提供辅助决策的功能。开发工具主要使用 FoxPro、Sybase，Oracle 等可视化编程工具。开发方法除了工程化方法外，还采用了面向对象的方法等。

由于信息技术和管理需求的不断发展，会计管理已经融入整个企业管理当中，会计电算化的内容也在不断扩充，管理功能在不断增强，而且已经紧密地融入整个企业的信息化进程中。会计电算化也不断地采用最新的信息技术，系统结构全面网络化，系统功能不断增强，我国会计电算化已由单项会计核算向全面会计核算、多维化、智能化发展。

会计电算化的发展离不开其依存的环境。由于我国经济体制、经济基础、文化教育水平、使用者的素质等各方面因素的关系，我国会计电算化的发展呈现出以下特点：第一，政府的宏观引导是我国会计电算化发展的重要推动力之一；第二，财务软件厂商的市场推广对我国会计电算化的发展起到了很好的拉动效用；

第三，使用者的专业素质不高，专业化人才不足，管理信息系统的作用未得到充分发挥。

三、电算化会计与手工会计的异同点

（一）二者的相同点

1. 目标相同

电算化会计与手工会计的最终目标都是通过会计信息处理实现加强经营管理、参与经营决策、提高经济效益的目标。

2. 遵守相同的会计规范及各项政策制度

电算化会计必须严格遵守手工会计所遵守的会计规范和政策制度，会计信息处理手段和工具的变化不能动摇会计处理的合法性和合规性。

3. 遵守相同的会计理论和会计方法

会计理论是会计学科的结晶，会计方法是会计工作的总结。电算化会计的实现虽然会引起会计理论与方法上的变革，但是这种变革是渐进的，而不是突发的，目前建立的电算化会计应当遵循手工会计的基本理论和方法。

4. 基本功能相同

无论手工会计还是电算化会计都有以下五方面的基本功能：①信息的收集与记录；②信息的存储；③信息的加工处理；④信息的传输；⑤信息的输出。

（二）二者的不同点

1. 运算工具不同

手工会计使用的运算工具是算盘、计算器等，计算速度慢、出错率高；电算化会计的运算工具是不断更新换代的计算机，数据处理过程由程序控制计算机自动完成，运算速度快、准确率高，并且可存储大量的运算结果。

2. 信息载体不同

在手工会计中，会计信息的载体是凭证、账簿和报表等纸质介质，这些会计信息不经任何转换即可查阅；而在电算化会计中，会计信息大多记录在 U 盘、硬盘等电子载体中，这些磁性电子介质中的会计信息是以肉眼不可见的形式存在的，如要查阅，需在会计电算化信息系统中转换为可视文件。以电子载体记录和存储的会计信息具有体积小、查找方便、易于保管和复制迅速等优点；其缺点是容易被删除或被篡改而不留痕迹，且电子介质容易损坏而导致信息丢失。因此，建立电算化会计必须解决好如何保证会计信息安全可靠等问题。

3. 会计信息的表示方法不同

在手工会计中，会计信息主要用文字和数字表示。而在电算化会计中，为了使会计信息更便于计算机处理，提高系统处理的速度和节省存储空间，也为了简化汉字输入，大量的会计信息要代码化。例如，常见的会计科目、部门、职工、产成品、材料、固定资产、主要客户或供应商等都需要用适当的代码来表示。会计信息代码化便于计算机进行数据处理，但却不便于人们对会计信息进行阅读、理解和使用，因此，科学合理地进行代码设计是电算化会计设计的基本要求。

4. 信息处理方式不同

电算化会计改变了手工会计由许多人分工协作共同完成记账、算账、报账的工作方式。各种凭证一经输入，便由计算机自动完成记账、算账、报账以及分析工作，许多人分工完成的工作，均由计算机集中完成，账、证、表间的核对钩稽关系在计算过程中由程序自动给予保证。各类人员的工作内容也随之发生改变，工作变得简便，这使得会计人员有更多的精力从事分析和控制等财务活动。同时，由于计算机的信息处理速度比手工有很大提高，会计工作也由原来的核算型向管理型发展。

5. 内部控制制度和控制方法不同

在手工会计中，为了提高会计信息的准确性和可靠性，也为了查错防弊，加强财务管理，需要采用一系列内部控制方法，建立起一整套内部控制制度；其主要措施是通过会计人员之间的职责分离来实现相互牵制，并由人工完成各种检查、核对和审核等工作。在电算化会计中，由于会计信息由计算机集中化、程序化处理，手工会计中的某些职责分离，相互牵制的控制措施失去效用，同时，计算机电磁存储介质也不同于纸质载体，其数据容易被不留痕迹地修改和删除。因此，为了系统的安全可靠，为了系统处理和存储的会计信息的准确与完整，必须结合电算化会计的特点，建立起一整套更为严格的内部控制制度。这些内部控制制度除了包括有关电算化数据处理的制度、规定和人工执行的一些审核、检查外，还包括很多建立在应用系统中，由计算机自动执行的一些控制措施。

6. 信息输出的内容和方式不同

电算化会计所能提供的会计信息无论在数量上还是在质量上都远远优于手工会计。具体表现在：第一，利用计算机对会计数据进行批量处理和实时处理，大大提高了会计信息处理的及时性，缩短了会计结算周期，可以做到日结算或周结算，从而及时地提高日报、月报、季报和年报的编制效率；第二，会计数据的集中管理可实现一数多用、充分共享、联机快速查询、远程信息交换和网上查询等；第三，通过建立数学模型辅助进行财务管理，全面开展财务分析、控制和预测及决策工作，突破手工处理的局限性，扩大了会计信息的运用领域，为会计信息的深加工和再利用提供更加广阔的前景。

7. 会计档案的保管形式不同

手工会计的会计信息是以纸质载体进行保存的；在电算化会计中，会计档案的保存方式由以电磁介质为主变为以纸质介质为辅。因此，实施会计电算化不仅要建立纸质介质会计档案的管理制度，而且还要建立健全严格的数据备份、数据恢复等与计算机电磁存储介质相关的数据保管制度，并使会计资料保存的环境在温度、湿度等方面符合电磁介质的要求。

8. 系统运行环境要求不同

电算化会计所使用的计算机、打印机等精密设备，要求防震、防磁、防尘、防潮，所以系统运行环境必须保证计算机硬件的正常运行。

上述种种区别，就是由于电算化会计数据处理方式的改变，引起了手工会计各方面的变化，这一变化使得会计系统功能更为强大，结果处理更为合理，管理更为完善。

第二节　基础会计电算化实务概述

一、基础会计电算化实务的概念

基础会计电算化实务是在信息技术的基础上，集信息技术、会计专门核算方法与系统管理思想于一身，以系统化的财务管理思想，依据会计核算要求建立会计电算化账套、设置会计电算化基础档案，通过日常会计核算来确认、计量、记录和报告企事业单位等经济组织的财务状况、经营成果或现金流量，为其利益相关者提供决策需要的会计信息。会计电算化实务要求会计人员严格按照会计制度，定期对外提供一套通用的会计报告，该报告的会计信息应该真实、完整，以便外部信息使用者做出合理的投资、信贷等经济决策。

基础会计电算化实务为企业的管理活动提供基础数据；而管理会计电算化实务就是按照管理会计的理论与方法，利用会计电算化实务提供的会计数据，对企业经营活动进行决策、规划、控制和业绩考核。

二、基础会计电算化实务的特征

基础会计电算化实务是依据会计的专门核算方法，按照会计制度的要求在会计信息系统中处理会计业务。基础会计电算化实务是传统会计实务的电算化结果，因此基础会计电算化实务与传统会计实务相比较，既有共性，又有特性。基础会计电算化实务的特征主要体现在以下三方面。

（一）基础档案共享

会计电算化系统中的基础档案，如部门档案、职员档案、客户档案、供应商档案、存货档案等，可供所有的财务和业务系统共享。

（二）由确认、计量和报告等程序构成

会计电算化系统在对企业日常经济业务进行确认和计量后，再向企业利益相关者报告财务状况、经营成果和现金流量等。会计电算化系统可在用户需求不断变化的基础上对其报告的内容和形式进行调整，从而最大限度地满足信息使用者的需要。

（三）遵循企业会计规范要求

会计电算化在进行相关实务处理时，应当遵循企业会计规范要求。会计规范是国家机构或民间团体所制定的会计法规、准则和制度的总称。因此，基础会计电算化实务在进行确认、计量和报告时，必须遵循会计实务处理的基本制度和具体准则。

三、基础会计电算化实务的内容

基础会计电算化实务的内容主要包括通过建立账套、参数设置、基础档案设置搭建会计电算化核算系统的基础平台，在总账系统对企业日常经济业务进行填制凭证、审核凭证和记账等处理，期末对自动转账业务进行处理并编制会计报表。

（一）通用财务软件与专用财务软件

通用财务软件是不含或含有较少的会计核算规则与管理方法的财务软件，其特点是通用性强，成本相对较低，维护量小，且维护有保障，软件开发水平较高，开发者决定系统的扩充与修改，财务专业性差。

专用财务软件一般是指由使用单位根据自身会计核算与管理的需要自行开发或委托其他单位开发，专供本单位使用的会计核算软件。专用财务软件的特点是把使用单位的会计核算要求，如会计科目、报表格式、工资项目、固定资产项目等编入会计软件，非常适合本单位的会计核算，使用起来简便易行，但费用高，后期维护没有保障。

考虑到各企业的实际情况，比较通用财务软件与专用财务软件的特点，各企业大多购买通用财务软件，通过参数设置将其转为适合本企业的专用财务软件。

（二）设置基础档案

会计电算化系统通过设置部门、职员、客户、供应商、存货等公共基础档案，搭建可供所有的财务和业务系统共享的基础平台，这样有利于实现企业内部信息资源共享。

（三）处理日常业务

基础会计电算化实务主要是在总账系统中，通过填制记账凭证将企业日常的资金筹集、物资采购、产品生产、产品销售等经济业务引起的财务情况变化录入到系统中进行核算和管理。

（四）处理期末业务

通过日常记录反映在分类账户中的一些交易与事项，有时会影响几个会计期间的经营绩效。而企业会计确认基础是权责发生制，它要求以权利和责任的发生来决定收入和费用的归属期；在会计实务中，通常需要将某一报告期内的全部收入与同期有关的全部费用进行配比，这就需要每个会计期末进行相关账项调整，即期末转账业务处理。

期末转账业务的处理，主要有借款利息的提取、费用的摊销与预提、制造费用的分摊、销售成本结转、汇兑损益和期间损益的结转等。这些期末转账业务可以通过在系统中设置账务公式提取各分类账相应的数据，并自动生成转账凭证来完成。

（五）编制会计报告

会计报告是指以会计报表或其他会计报告的形式汇总确认企业的财务状况、经营成果和现金流量信息的过程。在会计电算化信息系统中，主要是通过编制会计报表取数公式来汇总各分类账的信息，从而向会计信息使用者提供有用的会计信息。

四、基础会计电算化实务的目标

基础会计电算化实务的目标是通过搭建会计电算化核算的基础平台，使企业业务、财务基础档案共享，实现由电子计算机代替人工记账、算账和编制会计报表，提供符合国家宏观经济管理要求的会计信息，满足企业内部经营管理的基本需要，满足有关各方了解企业财务状况及经营成果的需要；促进会计工作规范化，提高会计工作质量，提高会计工作效率，更好地发挥会计职能，为实现会计工作现代化奠定良好基础。

第三节　会计电算化账务处理程序

一、传统会计账务处理程序

传统会计账务处理程序是指在会计循环中，会计主体采用的会计凭证、会计账簿、会计报表的种类和格式与记账程序有机结合的方法和步骤。根据账簿种类、记账程序和记账方法不同，传统会计账务处理程序分为记账凭证账务处理程序、科目汇总表账务处理程序、汇总记账凭证账务处理程序和日记总账账务处理程序。

①记账凭证账务处理程序是指会计主体发生的每项经济业务，根据原始凭证或原始凭证汇总表编制记账凭证，再直接根据记账凭证逐笔登记总分类账，并定期编制会计报表的一种会计核算程序。它的特点是直接根据每一张记账凭证逐笔登记总分类账，是一种最基本的账务处理程序，其他账务处理程序都是在此基础上发展演变而成的。

②科目汇总表账务处理程序是指根据原始凭证或原始凭证汇总表填制记账凭证，然后再根据记账凭证定期（或月末一次）汇总编制科目汇总表，最后根据科目汇总表登记总账，并定期编制会计报表的账务处理程序。

③汇总记账凭证账务处理程序是指定期把收款凭证、付款凭证和转账凭证按照账户的对应关系进行汇总，分别编制成汇总收款凭证、汇总付款凭证和汇总转账凭证，然后根据各种汇总记账凭证登记总分类账的一种账务处理程序。

④日记总账账务处理程序是指设置日记总账，根据经济业务发生以后所填制的各种记账凭证直接逐笔登记日记总账，并定期编制会计报表的账务处理程序。

二、会计电算化账务处理程序

随着社会的发展，企业的管理从原来的纵向一体化转为横向一体化，企业逐渐开始进行流程重组。会计业务流程重组是企业流程重组的重要组成部分，在会计业务重组中需要以财务业务一体化为导向，充分利用信息技术处理会计业务，即实施会计电算化。

会计电算化改变了原来的记账规则和组织结构。由于记录载体的改变，原来人工登记的账簿现在变为计算机登账，记账中如果出现了错误，原来的改正方法也不再适用。原来是以事物特征来划分组织结构和岗位分工，现在则是通过判断数据处理的形态来划分；改变了原来的人员组成和记账程序。

企业财务业务一体化发展是社会信息技术发展变化的重要体现。由于信息技术和经济的发展，会计信息处理系统随之改进，对信息的统筹程度越来越高，不断简化会计人员的工作内容，提高工作效率。因此，企业会计业务流程的重新组合是为适应社会经济发展和企业运转的需要。会计电算化账务处理程序一般涉及以下几个步骤。

第一步：依据 ERP 业务系统相关信息，或 ERP 系统外能证明企业经济业务发生的原始凭证，按照企业财务会计准则或会计制度确认和计量财务信息，完成记账凭证的填制和审核。

第二步：根据审核无误的记账凭证，指令计算机自动登记各种明细分类账、总分类账和日记账，自动汇总科目汇总表和汇总记账凭证。

第三步：根据总账和明细账编制会计报表。

对于非财务业务一体化的财务业务流程，会计进行业务处理的方式是根据会计规则加工并存储会计数据到数据库；而财务业务一体化主要实现了业务流程和会计流程的结合，在出现业务活动的情况下，存在大量的业务事件数据，这些数据将会被实时采集存储到业务数据库中，信息系统最大限度地存储与业务相关的各类信息，在信息使用者发出请求后，依照相关的规则处理数据，并按要求发送给使用者。

第四节　会计电算化信息系统内部控制

一、加强会计电算化信息系统内部控制的必要性

计算机在会计领域的广泛应用不仅改变了传统会计核算手段，使数据处理更快、更准确；而且节约了人力、物力，提高了会计工作效率。但会计电算化信息系统同时也改变了会计核算程序、数据存取方式和存储介质，改变了某些与审计线索有关的关键因素，对企业管理提出了更高的要求。为了保证会计信息的真实、正确、完整与及时，保证会计处理程序与方法符合国家会计制度的有关规定，保护企业单位财产的完整性，企业必须建立健全会计电算化信息系统内部控制制度。

（一）操作和存储形式变化加大了会计信息系统的风险

在手工会计信息系统中，会计人员之间很自然地形成一种相互制约、相互监督关系；会计核算信息记录在纸上，直观性较强，不同的笔迹也可作为控制的手段；记录在凭证、账簿、报表等纸质介质上的会计记录其钩稽关系较为明确。而在电算化信息系统中，易于辨认的审计线索，如笔迹、印章等已无处可寻；会计信息被存储在U盘、硬盘等电磁介质上，容易被改动且不易被发觉；电磁介质易损坏，会计信息存在毁坏或丢失的风险。

（二）内部稽核作用被削弱

在手工会计信息系统中，每笔业务操作都必须严格遵循监督制约机制，如业务经办与授权批准控制、收付款项与会计记录分离控制等，形成严密的内部牵制制度。实现会计电算化后，许多业务处理程序由计算机完成，一些内部牵制措施无法执行，导致内部控制程度降低，内部稽核的作用被削弱。

（三）会计工作质量依赖于计算机系统的可靠性和会计人员的操作水平

手工会计信息系统下，会计工作质量取决于会计人员的专业水平和职业道德水平。传统会计信息系统建立在大量实践的基础上，手工会计因此积累了丰富的实践经验，并形成一整套完整的管理制度。在会计电算化信息系统下，操作环境的改变使传统内部控制方法难以发挥作用，会计工作质量与计算机系统的可靠性、会计人员的操作水平关系密切。一旦系统由于自身或操作人员的失误而崩溃，就会使会计工作陷入瘫痪。

二、会计电算化信息系统的一般控制

一般控制又称为普通控制，包括组织控制、授权控制、职责分工控制、业务处理程序控制、安全保密控制等。

（一）组织控制

组织控制即在会计电算化信息系统中，通过划分不同的职能部门实施内部控制，如将财务部门按照职能划分为系统开发部门和系统应用部门。

（二）授权控制

授权控制即通过限制会计电算化信息系统有关人员业务处理的权限，实施内部控制。如系统开发部门承担系统软件的开发和日常维护工作，不能运用软件进行日常业务操作；系统应用部门只能应用系统软件进行日常业务处理，不能对系统软件进行增、删、修改。有效的授权控制可以保证系统内不相容职责相互分离，保证会计信息处理部门与其他部门的相互独立，从而减少发生错误和舞弊的可能性。

（三）职责分工控制

职责分工控制即建立岗位责任制，明确各工作岗位的职责范围，切实做到事事有人管，人人有专责，办事有要求，工作有检查。应明确规定不相容职务相分离，如系统管理员、系统操作员、凭证审核员、会计档案保管员等职务不相容，必须明确分工，责任到人，不得兼任。

（四）业务处理程序控制

业务处理程序控制即通过明确有关业务处理标准化程序及相关制度，实施内部控制。如规定录入凭证必须有合法、合理、真实、有效的原始凭证，而且要手续齐全；记账凭证必须经审核后才能登账；录入人员不能进行反审核或反过账操作等。

（五）安全保密控制

安全保密控制即通过严格执行会计软件与数据的维护、保管、使用规程和制度，达到内部控制的目的。会计电算化信息系统中内部控制既要防止操作失误造成的数据破坏，又要防止人为有意的数据破坏。为保证会计软件与数据文件不丢失、不损毁、不泄露、不被非法侵入，可采取设置口令、密码、保存操作日志、对数据文件定时备份并加密等手段。同时，还要防止病毒对会计软件的破坏。

三、会计电算化信息系统的运行控制

运行控制是为了使会计电算化信息系统能适应电算化环境下会计处理的特殊要求而建立的各种能防止、检测及更正错误和处置舞弊行为的控制制度和措施，是为保证会计系统运行安全、可靠的内部控制制度和措施，其目的是确保会计数据的安全、完整和有效。运行控制又称应用控制，包括输入控制、处理控制、输出控制等。

（一）输入控制

输入控制的主要目的是保证输入数据的合法性、完整性和准确性。输入控制主要分为以下几种。

（1）授权审批控制

为保证作为输入依据的原始凭证的真实、完整，在输入计算机前必须经过授权和审批。

（2）人员控制

应配备专人负责数据录入工作，同时采用口令加以控制，并对每个会计软件用户建立详细的上机日志。

（3）数据有效性检验

数据有效性检验包括建立科目名称与代码对照文件，以防止会计科目输入错误；在系统软件中设置科目代码自动检验功能，以保证会计科目代码输入的正确性；设置对应关系参照文件，用以判断对应账户是否发生错误；设置试算平衡控制，对每笔分录进行借贷平衡校验，防止金额输入错误。

（二）处理控制

处理控制的主要目的是保证数据计算的准确性和数据传递的合法性、完整性、一致性。处理控制主要针对业务处理程序、处理方法进行控制。

（1）业务处理流程控制

会计业务处理具有一定的时序性，如凭证在审核之前不能做登账处理，记账后才可以出报表等。通过对业务处理流程的控制，保证业务处理的正确性。

（2）数据修改控制

通过对数据修改过程的控制，防止业务处理的随意性，降低舞弊发生的可能性。如对于尚未审核的记账凭证，允许任意修改；但对已经审核的记账凭证，则不允许在原记账凭证上直接修改，以体现"有痕迹修改"的原则。对已结账的凭证与账簿，系统不提供更改功能；而且，记账凭证录入人员不能被授予反复核、反过账、反结账等操作权限。

（三）输出控制

输出控制的主要目的是保证输出数据的准确性、输出内容的及时性和适用性。常用的输出控制方法有：检查输出数据是否准确、合法、完整；输出是否及时，能否及时反映最新的会计信息；输出格式是否满足实际工作的需要；数据的表示方式等是否符合工作人员的习惯；只有具有相应权限，才能执行输出操作，并对输出操作进行登记，按会计档案要求保管等。通过这些输出控制方法，限制会计信息输出，保证会计信息的安全。

第五节　网络财务软件的发展对会计理论与实务的影响

会计系统是企业管理信息系统的子系统，互联网使会计系统的环境和内容都发生了深刻的变革，会计数据载体的变化使得会计系统可以利用同一基础数据实现信息的多元化重组，从而为会计数据的分类、重组、再分类、再重组提供了无限的空间。

会计数据处理工具由算盘、草稿纸变为高速运算的计算机，并且可以进行远程计算。数据处理、加工速度成千几何倍的提高，不同人员、部门之间数据处理与加工的相互合作，信息共享不再受空间范围的限制。这种改变使会计人员从传统的日常业务中解脱出来，进行会计信息的深加工，注重信息的分析，为企业经营管理决策提供高效率和高质量的信息支持。网络财务软件的出现，不仅使会计信息的输入、输出模式由慢速、单向向高速、多向转变，并且应用于网上交易，实现了实时数据的直接输入和输出。

一、对传统会计基本假设的影响

传统会计理论是建立在一系列假设基础之上的，它包括会计主体假设、持续经营假设、会计分期假设和货币计量假设。传统会计的基本假设适应传统社会环境，并为会计实践所检验，证明了其合理性，但是，随着网络财务软件的普及，以前会计假设所依据的环境发生了巨大变化。在新的环境下，会计假设势必面临更大的挑战。

（一）对会计主体假设的影响

会计主体是指会计工作特定的空间范围，它为有关记录和报表所涉及的空间范围提供了基础，这个主体是有形的实体。网络公司存在于计算机中，它是一种临时性质的联合体，没有固定的形态，也没有确定的空间范围。网络公司是一个"虚拟公司"，它可以由各个相互独立的公司将其中有密切联系的业务划分出来，经过整合、重组而形成，同时也可以根据市场或业务发展不断调整其成员公司。因此，企业在网络空间中非常灵活，会计主体变化频繁，传统会计主体在这种条件下就已经失去意义。所以，在互联网环境中对会计主体应该做出新的界定，或是对会计主体假设本身进行修改。

（二）对持续经营假设的影响

持续经营假设是指会计上假定企业将持续经营，在可以预见的未来，企业不会被清算或破产。在持续经营假设下，企业所持有的资产将在正常过程中被耗用、出售或转换，其所承担的债务也将在正常的经营过程中被清偿。在互联网环境下，会计主体十分灵活，存在的时间有很大的不确定性。"虚拟公司"可以随业务活动的需要随时成立，当该项业务活动结束或者需要调整该项业务时，"虚拟公司"

可以随时终止，此时持续经营假设就不再适用。在传统财务会计中，非持续经营条件下应适用清算会计；在网络会计中，清算会计还是适用于非持续经营假设的，但是基于网络的复杂性，应该创建新的会计方法和体系。

（三）对会计分期假设的影响

会计分期假设是指为了在会计主体终止之前，能够向信息的需求者及时提供会计主体的财务状况和经营成果的信息，而人为地将会计主体持续不断的经营过程按照一定的时间间隔分割开来，形成一个个会计期间。计算机网络的应用，可以使每一笔交易瞬间完成，网络公司可能在某项交易完成后立即解散。换言之，网络公司因某种业务或交易而成立，因某种业务或交易的完成而终止，其存在的时间长度伸缩性很强，在时间不确定性的情况下，尤其是在时间很短的情况下，要人为地将经营过程分开，不仅是一件很困难的事情，而且意义也不大。与此相对应，在会计分期假设下的成本、费用的分配和摊销，在网络会计中的必要性有多大，还需要进一步探讨。

（四）对货币计量假设的影响

货币计量假设是指会计核算以货币作为计量单位的假设。尽管会计数据不只限于货币单位，但传统会计报告主要包括以货币计量的财务信息。货币计量假设有三层含义：第一，货币是众多计量单位中最基本的计量单位；第二，货币价值稳定不变；第三，会计主体必须确定记账本位币。网络会计不会对货币计量假设造成大的冲击，互联网对这一假设主要表现为：由于互联网突破了时间和空间的限制，不同货币之间的交易变得非常容易，尤其在通过互联网进行跨国金融工具交易时，在传统会计中尚未得到很好解决的外币会计，在网络会计中则可以得到较好的解决。

二、对传统会计实务的影响

网络财务软件应用下的网络会计对传统会计实务的影响十分广泛，例如权责发生制、历史成本、财务报告、会计职能、会计模式、会计核算手段等方面都会受到一定的影响。

（一）对历史成本的影响

历史成本原则是传统会计的一个重要原则，会计人员在进行资产计价时并不考虑资产的现时成本或变现价值，而是根据它的原始购进成本计价。因此，在会计记录和会计报表上反映的是资产的历史成本。历史成本由于客观、可靠而得到普遍采用。但是，历史成本所提供的信息对信息需求者缺乏相关性，在通货膨胀条件下，它受到了来自各方面的尖锐批评。在互联网环境下，这一原则受到更多的冲击。

首先，网络公司的交易对象大多是存在活跃市场的商品或金融工具，其市场价格波动频繁，历史成本信息不能公允地反映其财务状况和经营成果，与会计信息使用者决策相关性弱。其次，网络公司的解散可能经常发生，并且从成立到解散可能只很短的时间，在这种情况下，尽管历史成本计价的时点与清算时的时点相距不远，但此时已属于非持续经营阶段，历史成本不能反映公司的现金流量信息。最后，历史成本是一种静态的计量属性，它对网络公司经营的反映是滞后的，公司管理当局无法根据市场变化及时调整经营策略，会计为企业提供决策支持的职能无法发挥出来。因此，无论是在传统会计中还是在网络财务软件应用下的网络会计中，一方面要继承历史成本计量的客观、可靠的优点；另一方面，要创建出新的计量方法，使之更好地在网络会计计量中运用。

（二）对会计报告的影响

会计报告由会计报表、附注及财务情况说明书组成，它包括定期报告和重大事项报告。会计报表提供可以用货币计量的经营信息。在传统会计中，会计报表是会计报告的核心；互联网在会计中的运用，使得会计数据的收集、加工、处理都可以实时进行，不仅快速，而且可以双向交流，会计信息的及时性得到极大的提高。甚至报表阅读者可以根据自身的需要，以会计的原始数据为基础进行再加工，获得更深入的信息。互联网是高科技的产物，并已成为人类经济生活不可或缺的一部分。在以知识尤其是高科技为基础的知识经济社会，会计报告中包含的人力资源、环境保护等信息的重要性迅速提高，以前并不重要的信息或受成本效益原则约束无法披露的信息，都必须进行充分、及时的披露。由此，传统会计报表的结构和内容都需要进行较大的变革。在遵循原有会计报告制度的基础上，要增加对人力资源、环境保护等重要的信息在报告中的披露。

第七章 会计信息化及其管理

第一节 会计信息化基础知识

一、会计信息系统

会计信息系统（Accounting Information System）是企业管理信息系统中的一个重要子系统，它是以提供会计信息为目的，采用现代信息处理技术，对会计信息进行采集、存储、处理及传送，完成会计反映、控制职能的系统。

在整个企业管理信息系统中，会计信息处于核心地位，从会计信息的收集、会计信息的处理到会计信息的输出，到最终传递给决策者和使用者，是一个信息流动的过程，而在这个过程中，会计信息始终伴随着对企业经营活动的管理与控制。

（一）会计信息的收集

会计数据是指在会计工作中，从不同来源、不同渠道获得的，记录在"单、证、账、表"上的各种原始会计资料。会计数据的来源广泛，既有企业内部生产经营活动产生的，也有企业外部与企业相关的各种经济活动产生的各种资料。会计数据的数量繁多，不只是指每个会计期间需要处理的数据量大，更重要的是指会计数据是一种随着企业生产经营活动的持续进行，源源不断产生并需要进行处理的数据。

会计信息是指会计数据经过加工处理后产生的，为会计管理和企业管理所需要的经济信息。它包括反映过去所发生的财务信息，即有关资金的取得、分配与使用的信息，如资产负债表等；管理所需要的定向信息，如各种财务分析报表，对未来具有预测作用的决策信息，如年度计划、年度规划等。会计通过信息的提供与使用来反映过去的经济活动，控制目前的经济运行，预测未来的经济发展。

会计信息的收集，实际上是根据会计工作的目的汇集原始会计数据的过程。随着信息技术的发展，现代的会计信息收集已成为管理信息系统的一部分，会计信息收集不再局限于会计核算方面，而更多地趋向于会计管理、经营决策等多方面。

（二）会计信息的处理

会计信息的处理从手工处理发展到利用计算机网络等信息技术处理，是会计操作技术和信息处理方式的重大变革。这种变革对会计理论和会计实务提出了一系列新的课题，在推动会计自身发展和变革的同时，也促进会计信息化的进一步发展。

现代会计信息处理是指应用信息技术对会计数据进行输入、处理和输出的过程，主要表现为用计算机代替人工记账、算账和报账，以及替代部分在人工环境下由人脑完成的对会计信息的分析、判断。现代会计信息处理不仅引起了会计系统内在的变化，强化了系统的能力，同时也提高了会计工作和会计信息的质量。现代会计信息处理的特点如下：

（1）以计算机为计算工具，数据处理代码化、速度快、精度高

通过计算机代替人工来记录和处理数据，对系统原始数据采用编码的方式，以压缩数据项的长度，减少数据占用的存储空间，从而提高了会计数据处理的速度和精度。

（2）数据处理人机结合，系统内部控制程序化、复杂化

现代会计信息处理虽然以计算机为计算工具，但整个信息处理过程仍为计算机与人工的结合。计算机对数据的处理是通过程序来进行的，系统内部控制方式均要求程序化，如采用密码控制程序对操作权限进行限制、采用校验程序验证借贷金额是否平衡等。同时，期末账项调整和结账均可自动进行，并在相应工作完成后自动生成各种转账凭证。

由于数据处理的人机结合和系统内部控制的程序化，使得系统控制复杂化。其控制点由对人的控制转到对人机两方面的控制，控制的内容涉及人员分工、职能分离和计算机系统的维护，以及会计信息、会计档案的保存和保管。

（3）数据处理自动化，账务处理一体化

现代会计信息处理过程分为输入、处理和输出三个环节。将分散于各个核算岗位的会计数据收集后输入计算机，计算机对输入的数据自动进行记账、转账和

报表编制处理，查询、打印、输出各类账表。

（4）信息处理规范化，会计档案存储电子化

现代会计信息处理要求建立规范化的会计基础工作，会计数据处理严格按程序规范化进行。在会计信息系统中，各种会计数据以文件的形式组织并存储在计算机的存储器中，存储介质成为保存会计信息和会计档案的主要载体。

（5）增强系统的预测和辅助决策功能

充分利用计算机的处理功能，在系统分析、设计与开发中充分运用数学模型、运筹学、决策论等方法，可以极大地增强会计信息系统的预测和辅助决策功能。

（三）会计信息的输出

一个完整的会计处理系统，不仅需要有灵活、方便、正确的输入方式和功能齐全的数据处理功能，还必须提供一个完善方便的输出系统。

会计信息系统的输出方式包括显示输出、打印输出和文件输出。显示输出的特点是速度快、成本低，但输出的会计数据的应用者局限在会计信息系统内部，不易交流。打印输出的特点是速度慢、成本高，适用于输出必须打印的情况。文件输出的特点是速度快、成本较低、易于转换，但不直观、存储介质易受损坏、安全性较差。

随着声音、图像等多媒体技术的应用，会计数据的表现形式将越来越丰富，同时，随着对会计信息系统数据接口的标准化，文件输出将越来越重要。如记账凭证、会计账簿等，可以以文件的形式存储在存储介质中，需要时可调用会计软件的显示输出功能进行查询或者打印。

二、会计电算化与会计信息化

（一）会计电算化

会计电算化是指将电子计算机技术应用到会计业务处理工作中，用计算机来辅助会计核算和管理，通过会计软件指挥计算机替代手工完成或手工很难完成的会计工作，即电子计算机在会计中应用的代名词。与此相近或同义的还有计算机会计、EDP 会计、会计信息系统、计算机会计信息系统、会计电算化系统、会计信息化等。在这些概念的应用中，有时会有一定的特指，体现出一些差异。

会计电算化的概念，广义上是指与实现会计工作电算化有关的所有工作，包

括会计电算化软件的开发和应用、会计电算化人才的培训、会计电算化的宏观规划、会计电算化的制度建设、会计电算化软件市场的培育与发展等。

会计电算化在我国从启蒙到现在，已经走过了40多年的历程，取得了较大成效，包括企业实施会计电算化的数量逐步上升，商品化通用会计软件产业的形成及政府管理机构宏观管理和调控作用的发挥等，无不体现会计电算化带来的新思想、新方法、新作用，使会计工作的作用得到了加强，其地位也得到了很大的提高。

（二）会计信息化

会计信息化是指采用现代信息技术，对传统的会计模型进行重构，并在重构的现代会计基础上，建立信息技术与会计学科高度融合的、充分开放的现代会计信息系统。这种会计信息系统将全面运用现代信息技术，通过网络系统，使业务处理高度自动化，信息高度共享，能够进行主动和实时报告会计信息。它不仅仅是信息技术运用于会计上的变革，更代表着一种与现代信息技术环境相适应的新兴会计思想。

（三）会计电算化与会计信息化的区别

1. 目标

会计电算化是实现会计核算业务的计算机处理；会计信息化是实现会计业务全面信息化，充分发挥会计在企业管理中的核心作用，与企业管理和整个社会构成一个有机的信息系统。

2. 理论基础

会计电算化是以传统会计理论和计算机技术为基础的，而会计信息化的理论基础还包含信息技术、系统论和信息化论等现代技术手段和管理思想。

3. 技术手段

传统的电算化以计算机为主，现在的信息化以计算机网络和通信等现代技术为主。20世纪80年代初的会计电算化，只有少数企业建有局域网，还不存在互联网，会计信息系统处于与外界隔离的状态。

4. 功能范围

会计电算化以实现业务核算为主，会计信息化不仅进行业务核算，还进行会计信息管理和决策分析，并能够根据信息管理的原理和信息技术重组会计信息处理的流程。

5. 信息输入输出方式

信息输入方面，会计电算化强调由会计部门人员输入，而在会计信息化下，大量的数据可以从企业内外其他系统中直接获取；信息输出方面，会计电算化强调由财务部门人员打印输出，并且报送其他机构。而在会计信息化下，企业内外的各个机构、部门都可以根据授权直接从系统当中或从 Internet 上直接获取财务信息。

在实际应用过程中，目前往往把会计电算化和会计信息化混用，只是在特定情况下才予以区分。

三、会计信息化的基本目标

会计信息化的目标，就是通过实施会计信息化后应该达到的目的，即通过信息化的手段达到提高工作效率，提供更全面、更准确的信息，为管理决策服务的目标，从而促进管理水平的提高，获取更高的经济效益。其基本目标主要有以下几个方面。

（一）减轻会计人员工作强度，提高工作效率

利用计算机技术，把繁杂的记账、算账、结账工作交给高速的计算机处理，从而减轻会计人员的工作强度。同时会计软件具有很高的精确性和逻辑判断能力，可以避免手工操作产生的误差，以达到提高工作效率的目的。

（二）促进会计职能的转变

在人工情况下，会计人员长期处于繁重的人工核算工作中，没有时间和精力更多地参与企业的管理、决策。实施会计信息系统后，会计人员便从繁重的人工操作中解放了出来，有了时间和精力，也就有条件参与企业管理与决策，为提高企业现代化管理水平和提高经济效益服务。

（三）准确、及时地提供会计信息

人工条件下，由于大量会计信息需要进行记录、加工、整理，会计信息的处理速度较慢，也难以全面提供管理所需要的信息，在一定程度上影响了经营决策工作。实施会计信息系统后，大量的信息都可以及时记录、汇总、分析，甚至实现实时跨地域传送，向企业管理者、股东等有关方面提供准确、及时的会计信息。

（四）提高人员素质，提升会计管理水平

会计工作的信息化给会计工作增添了新内容，从而要求会计人员提高自身素质，更新知识结构。第一，必须掌握会计信息化的有关知识。第二，为了参与企业管理，会计人员要更多地学习管理知识。第三，实现会计信息化后，会计工作便由会计软件系统和会计人员共同完成，这样便强化了会计规范化工作，提升了会计工作的管理水平。

（五）实现企业管理信息化，提高企业经济效益

会计是价值管理的主要手段，处理的信息量大，要求快捷准确。在人工记账条件下，会计人员将大量精力主要用于数据处理中，参与管理工作受到了极大的限制。实施会计信息化的目的之一就是使广大会计人员从繁重的人工操作中解脱出来，减轻劳动强度。而实施会计信息化的根本目的则是通过核算手段和会计管理决策手段的现代化，提高会计信息收集、整理、传输、反馈的及时性和准确度，提高会计的分析决策能力，更好地满足管理的需要，提供管理所需的会计信息，从而更好地发挥会计参与管理、参与决策的职能，为提高现代化管理水平和提高经济效益服务。由此，会计管理人员应认识到两点：①满足管理的需要，为管理服务，提高经济效益是一切实施会计信息化工作的出发点，是会计信息化的核心；②实施会计信息化不是单纯的数据搬家，而是按管理的需要对会计工作的改革与发展，是会计管理工作的一个飞跃。

会计信息化是企业管理信息化的重要组成部分。企业管理信息化的目标和任务，就是要以现代化的方法去管理企业，提高经济效益。因而，实施会计信息化不仅要使会计工作本身现代化，最终目标是要使企业管理信息化，达到提高企业经济效益的目的。

四、现代信息技术对会计工作的影响

现代信息技术是扩展人类信息器官功能的技术统称。信息技术包括感测技术、通信技术和计算机技术。感测技术扩展人类感觉器官的功能主要指信息的识别、检测、提取、变换，其目的是高精度、高效率地实时采集各种形式的信息。通信技术延伸了人的信息传输系统的功能，主要指信息的发送、传输及接收的技术，其目的是高效、全真传递和交换各种形式的信息。计算机技术扩展了人类思维器官的功能，主要用于信息的数字化输入、存储、处理、分析、检索和输出。

现代信息技术在会计领域的应用及其迅速发展，使得会计系统能够以全新的处理方式对会计数据进行收集、加工、处理和存储，这样一来，许多在人工程序中无法解决或者解决过程相当烦琐的会计问题在计算机环境中迎刃而解，同时信息技术也给会计学科带来深刻的影响，不仅表现在数据处理工具和信息载体的巨大变革上，还表现为对会计核算方法、会计理论等方面的巨大冲击与挑战。

（一）会计行业面临的重大挑战

社会的发展、市场竞争的加剧、信息技术在非会计领域的成功应用、企业数据库的不断完善，使得会计行业面临重大挑战。目前，会计工作的流程与数据处理是基于人工处理环境下的会计数据，单调、反映面窄，传统会计报表简单，详尽性、及时性差，会计系统所提供的信息质量远远不能满足管理的需要。会计系统如果不根据企业管理发展的需要重新整合，那么会计工作将不能满足企业管理的需要。

（二）会计职能的发展与变革

会计职能是会计目标的具体化，会计的基本职能是反映和控制。现代信息技术对会计的两大基本职能产生了重大的影响。

从会计反映职能上看，现代信息技术条件下，由于计算机处理环境的网络化和电子交易形式的出现，建立基于计算机网络的会计信息处理系统已成为现实。在这种会计信息处理系统中，企业发生的各项经济业务都能自动从企业的内部和外部采集相关的会计核算资料，进行实时反映。

从会计控制的职能上看，由于会计信息化实现了实时自动处理，因此，会计的监督和参与经营决策职能将显得更为重要。会计监督职能主要是监督自动处理系统的过程和结果，监督国家财经法规和国家统一会计制度的执行情况，通过网络对企业经济活动进行远程和实时监控。会计的参与经营决策职能主要是通过建立一个完善的、功能强大的预测决策支持系统来实现的。

（三）对会计理论体系的影响

现代信息技术的发展，使传统的企业组织形式、会计基础理论体系等都遭遇了前所未有的冲击和挑战。信息技术对传统会计理论与实务的影响表现在以下几个方面：

1. 对会计理论基础的挑战

现代信息技术对会计核算的理论前提——四个基本假设提出了质疑。

会计主体："虚拟企业"的出现，企业对会计信息的多元化需求，使传统会计主体的概念大大延伸。

持续经营：网络"虚拟公司"为了完成一个目标，可在短时间内组建起来，而在完成目标任务后便解体。

会计分期假设：会计信息的实时性可以及时产生所需的数据（如"产品日成本""日报表"），不受会计期间的任何限制。

货币计量：经济社会的一体化、数字化、网络化，电子商务中电子货币的出现，会计职能由"核算型"向"管理型"的转变，使会计系统能够采集和提供货币与相关非货币形态的信息。

2. 收集会计信息的变化

收集信息方式有很多种：人工编制的凭证；其他业务子系统（如生产部门、人力资源部门）对业务（入库单、工资表）处理后，自动编制的机制凭证——账务处理子系统定期（月、年）对固定业务（如计提折旧、结转损益）产生的机制凭证。

收集信息内容不同：可以通过对各个部门的信息接口转换和接收信息，以及现代化工具（如扫描仪、电子笔、传感器、脉冲信号式数据采集装置）的应用，使系统收集信息的深度和广度成为可能，其内容包括货币形态与非货币形态的信息、历史的或未来的信息。

3. 记账规则的变化

利用同一基础数据便可实现会计信息的多元重组，消除了信息处理过程中诸多分类与再分类的技术环节。在人工条件下的日记账、总账、明细账、辅助账的配置已失去其存在的意义，采用的根据记账凭证汇总表登记总账、平行登记、错账更正（画线更正法、红字更正法）、结账、对账、试算平衡等记账规则（技术方法）的重要性也将逐渐降低或被新方法替代。

4. 会计核算形式的变化

会计系统可以根据需要从数据库中生成各种形式和内容的账簿，传统会计为减少登账工作量而建立的各种会计核算形式的作用将减弱，在会计信息化下多种模式均可实现。

5. 会计核算方法的变化

可以充分利用计算机的运算和存储能力，在执行主体认定的计算方法的同时，根据需要选用其他备选方法进行运算，从而比较和分析不同核算方法的差异。

6. 账簿体系的变化

账簿组织过程不同：账簿只不过是根据记账凭证数据库按会计科目进行归类、统计的中间结果。账簿外观形式不同：突破了传统会计的分类界限，根据需要，任何一个会计科目均可生成日记账、三栏账或多栏账、虚拟账、图表账。受打印限制，不能打印订本式账簿，因而所有账页均采用活页式。

7. 会计信息交换方式的变化

传统的会计信息交换方式主要以纸介质为主，当前已呈现与企业管理信息系统一体化、网络化、远程通信化的趋势。这种交换方式使会计信息的传递更加迅速、安全、准确、直观，传递通道更宽，为系统实施实时控制，实现由"核算型"向"管理型"的战略转移提供了先决条件。

8. 财务会计报告的变化

不同的报表使用者对会计信息的关注点不同，投资人关注企业目前的财务状况和经营成果，潜在投资人更关心企业未来的投资收益，经营者侧重的是政府的有关政策和同行业其他企业的相关收入、成本等信息。这便对传统财务会计报告模式提出了挑战，财务会计报告有以下新的要求：①提供分部报告。对于一家大型企业或跨国公司而言，由于不同地区、不同行业的子公司所面临的机会和风险不同，要求提供分部报告。②提供多元计价报告，以满足企业同时提供现行成本和历史成本信息的要求。③提供定期与实时相结合的报告。面临一个产品生命周期不断缩短、竞争日趋激烈、创新不断加速、经营活动不确定性日益显著的时代，如果我们还按月、按年编制月报、年报，则不能满足企业决策的需要，必须建立一套能提供实时信息的财务报告制度。一方面，定期的报告仍将存在，作为财务成果分配的依据；另一方面，随时提供实时报告，作为决策的依据。

9. 企业内部控制的变化

计算机信息处理的集中性、自动性，使传统职权分割的控制作用近乎消失，信息载体的改变及其共享程度的提高，又使人工系统以记账规则为核心的控制体系失效。企业内部控制的主要方法有以下几种：

①制度控制，包括组织控制、计划控制、硬件控制、软件维护控制、文档控制等。

②操作人员使用权限控制，对进入系统的操作人员按其不同职能，通过设置相应密码，进行分级控制管理。

③程序控制，包括会计信息处理过程中的输入控制、处理控制、输出控制、预留审计线索等。

10. 会计工作组织体制变化

在人工会计中，会计工作组织体制以会计事务的不同性质为主要依据。一般人工会计中划分以下专业组：材料组、成本组、工资组、资金组、综合组等，它们之间通过信息资料传递交换、建立联系，相互稽核牵制，使会计工作正常运行。操作方式是对数据进行分散收集、分散处理、重复记录。

实现会计信息化后，会计工作的组织体制以数据的不同形式作为主要依据。操作方式是集中收集、统一处理、数据共享，使会计信息的提取、应用更加适应现代化管理的要求。

11. 会计职能的变化

会计工作由传统的事后核算向事中控制、事前预测决策的方向发展，会计职能由核算型向管理型转移。

12. 会计人员素质的变化

会计人员不仅要具有会计、管理和决策方面的知识，还应具有较强的计算机应用能力，能利用信息技术实现对信息系统及其资源的分析和评价。

（四）对会计实务的变革

现代信息技术的应用，改变了会计人员的处理工具和手段。由于大量的会计反映（核算）工作实现了自动化处理，会计人员的工作重点将从事中记账算账、事后报账转向事先预测、规划，事中监督控制，事后分析、决策的管理模式。

传统的会计语言和企业会计文化将发生质的变化，会计语言中的一些词汇（记账凭证、账簿、报表等）的作用将逐渐淡化。

由于企业管理全面信息化的实现，使会计信息源和信息表示结构由一元化走向多元化。即会计工作中的最终信息将直接来源于各种业务过程，记账凭证作为人工环境下重要实体的作用将逐步减少。

网络和数据库技术的发展和应用，使各级管理者和投资者可以实时通过企业网站访问存储于会计信息系统中的共享信息。因此，代替凭证、账簿、报表的将是原始信息、操作信息、分析决策信息等；而信息的收集、存储、传递、处理、加工、打印等，将代替传统会计中制作凭证、记账、结账、出报表等环节。

会计实务的重点将由原来的编制凭证、记账、结账、编制报表等，转向收集信息、存储信息、加工信息、传递信息、查询信息等。

（五）会计观念需要不断创新和思考

面对现代信息技术的飞速发展，我们不应只是被动地接受或继承传统的思维方式和规则，而应积极主动地迎接未来的挑战。现在的社会经济环境、企业组织方式、企业规模等已经发生了重大变化。会计行业对如何提供信息需要有更加创新的视角。

企业除了追求营业利润外，更多的是要关注自身产品的市场占有率、人力资源的开发和使用情况，以及保持良好的社会形象。同时，知识经济拓展了企业经济资源的范围，使企业资源趋于多元化。人力资源将成为资产的重要组成部分，并为企业所拥有及控制，为企业提供未来经济效益。

因此，会计工作必须树立增值观念，将增值作为企业经营的主要目的，定期编制增值表，反映企业的增值情况及其在企业内外各受益主体之间的分配情况。而资产应当包括人力资产和物力资产两部分。

在信息时代，信息传播、处理和反馈的速度大大加快，产品生命周期不断缩短，市场竞争日趋激烈，企业的经营风险明显加大，因此，会计工作还要树立风险观念。

会计工作既是一种生成信息、供应信息的工作，也是一种利用信息参与管理的工作。企业管理的信息化也对财会人员提出了更高的要求，一个企业如何进行会计核算，如何推进会计及企业管理的信息化，又如何利用信息化的手段提高企业市场竞争力，实现管理创新，正成为财会人员面临的难题。

（六）现代信息技术将推动会计信息化的不断发展

目前，国内建立的会计信息系统基本上都是用于处理已发生的会计业务，反映和提供已完成的经营活动的信息。然而，现代经济活动的复杂性、多样性和瞬时性对管理者提出了更高的要求。每一个管理者都需要依靠科学预测来做出决策，而管理者已从经验决策方式转向科学决策方式，应加强智能型会计决策支持系统的开发与应用。会计决策支持系统是综合应用运筹学、管理学、会计学、数据库技术、人工智能、系统论和决策理论等多门学科构建的。

现代信息技术的飞速发展，使会计信息化将向模拟人的智能方向发展。系统将会有听觉、视觉、触觉等功能，能模拟人的思维推理能力，具有思考、推理和自动适应环境变化的功能。企业集团可以利用数据库与网络，建立跨会计主体和跨地域的集团会计信息化，实现"数据大集中、管理大集权"的目标，与会计工作方法的创新相适应。

五、对开展会计信息化工作的正确认识

（一）会计核算是信息化工作的基础

开展会计信息化工作的最终目的是为管理、决策服务，达到这个目标的手段主要有以下几个方面：一是利用计算机计算准确、处理数据量大的特点处理会计业务，从而更全面、准确地提供管理、决策所需的财务信息；二是利用计算机处理数据速度快的特点处理会计业务，从而更快捷地提供各种管理、决策所需的财务信息；三是利用计算机能快速分类整理数据的优势，对会计核算数据进行各种加工处理，从而筛选出管理所需的信息；四是使会计人员从繁杂的人工核算工作中解脱出来，利用他们的专业优势使其参与分析、参与管理、参与决策。要达到这四方面的要求，首先就要实现会计核算工作的信息化，会计核算工作的信息化是实施会计信息化工作的基础。

（二）会计信息化是一项循序渐进的工作

会计信息化工作是一项系统工程。在开展这项工作之前，要先做好各种规划工作，考虑到问题的方方面面，做好各项安排，为会计信息化工作的全面开展及实现全面信息化打下基础。

（三）会计信息化是一项系统工程

实施会计信息化，涉及具体的会计管理工作、会计软件、计算机和操作使用人员，它是涉及方方面面的一项系统工程。

①实施会计信息化不仅包括建立会计信息系统的过程，还包括系统的使用、维护、管理以及其他有关的信息化工作，如计算机审计、会计信息化宏观管理等。从宏观到微观，各项会计信息化工作都是相互联系的；无论是宏观的会计信息化管理，还是微观的单位会计信息化工作，各项工作都是紧密联系在一起的，而且需要有步骤、有计划地进行。

②会计信息化是企业整个管理系统信息化的组成部分，会计信息系统是整个管理信息系统的子系统。会计部门的信息化工作与其他部门的信息化工作是有机地联系在一起的，会计信息化工作的开展应搞好与其他部门的协调工作，使会计信息化成为整个管理信息系统的有机组成部分。

③会计工作本身是一个相对独立的信息系统，各项会计业务之间是有机联系

在一起的。开展一项会计业务的信息化工作，应考虑到与其他业务的关系，以及对其他会计业务的影响，为全面开展会计信息化工作打下基础，为最终形成一个完整的会计信息化铺下基石。

（四）实施会计信息化后，重要的是系统的应用工作

会计信息化的最终目的是利用计算机更好地完成会计工作的任务，提高会计信息收集、整理、反馈的灵敏度与准确度，更好地发挥会计参与管理的职能，为提高管理水平和经济效益服务。因此，会计信息系统的建立仅仅是会计信息化工作的开始，更重要的是在系统建立后的组织管理、系统的运行和维护等工作。这些工作是直接为达到会计信息化目标服务的，是长期实现会计信息化目标的保证，是实现会计信息化后会计的本职工作。

六、我国会计信息化的发展趋势

我国的会计信息化经历了 40 余年的发展历程，已经基本得到普及。但由于受会计管理要求的提高、技术的进步、管理信息化的发展等因素的影响，会计信息化还在不断地向前推进，会计信息化有以下发展趋势。

（一）向"管理一体化"方向扩展

"管理一体化"是指从整个单位的角度开展计算机在管理中的应用工作。会计信息化工作只是整个管理信息化的一个有机组成部分，需要其他部门信息化的支持，同时也给其他部门提供支持和提出要求。如今许多单位的会计信息化工作已有了一定的基础，具备了向其他部门扩展的条件。网络、数据库等计算机技术的发展也在技术上提供了向管理一体化发展的可能。从发展趋势来看，会计信息化工作将逐步与其他业务部门的信息化工作结合起来，由单纯的会计业务工作的信息化向建立财务、统计信息综合数据库、综合利用会计信息的方向发展。

（二）软件技术与管理组织措施日趋结合

会计信息化是一个人机系统，仅有一个良好的软件是不够的，必须有一套与之紧密结合的组织措施，才能充分发挥其效用，并保证会计信息的安全与可靠。在会计信息化的初期，工作重点主要放在软件的开发与应用上。随着会计信息化工作的进一步深入，与会计信息化应用相适应的管理制度在实践中得到了逐步的提高和完善。

（三）会计信息化的开展与管理将向规范化、标准化方向发展

2004 年，国家标准化管理委员会发布了 GB/T 19581—2004《信息技术会计核算软件数据接口》标准，2010 年又发布了新一版的标准：《财经信息技术会计核算软件数据接口第 1 部分：企业》（GB/T 24589.1—2010）、《财经信息技术会计核算软件数据接口第 2 部分：行政事业单位》（GB/T 24589.2—2010）。2010 年国家标准化管理委员会和财政部还相继发布了 XBRL 的相关标准，从 2011 年开始执行。

这些标准的贯彻执行，将力图解决各种会计软件之间及其他相关软件之间的数据接口问题，以实现会计信息的相互规范传递、会计工作信息化后的审计，从而为更充分和更广泛地利用会计信息服务。会计信息化的宏观管理将向规范化和标准化过渡。规范化的软件开发、验收规范，标准化的文档、管理制度、数据接口将逐步形成和完善。

（四）会计软件技术发展趋势

1. 支持跨平台运行

支持跨平台运行就是同一套程序编码可以在多种硬件平台和操作系统上运行，以便企业根据业务需要和投资能力选择最合适的平台，并且帮助企业顺利实现不同应用水平阶段的平稳过渡。在企业建设管理系统初期，可能选择普通的 PC 网络，投资相对较低，但随着应用规模的扩大，需要更大的处理能力的硬件环境，如选择中小型机、服务器等。这样一来，跨平台的软件系统展现出很好的优势，也能充分保护用户的投资。

2. 支持多种应用系统数据交换

不少企业已经建立了各自的应用系统。在电子商务时代，企业将要求新系统与原有系统进行数据交换和集成，从而有效利用已有投资。例如，已经采用会计软件的用户，希望整个销售和生产管理系统也能与目前的信息化会计系统进行数据共享。企业间（特别是企业与供应商之间、企业与客户之间）的数据交换将帮助企业有效提升整个供应链的竞争力。

3. 系统高度集成

进入系统的数据要能根据事先的设定及管理工作的内在规律和内在联系，传递到相关的功能模块中，达到数据高度共享和系统的高度集成。

4.分布式应用

新一代的会计信息系统是超大规模的，它将不再是集中在同一局域网络服务器上的系统，因此基于云计算的分布式应用和分布式数据库是会计软件的一个重要特征。

5.多语种支持及个性化用户界面

跨国企业的管理和企业的跨国交易必然带来对会计软件多语种支持的需求。一套应用系统应当可以按照用户的设定，在不同的用户端显示不同语种的应用界面。由此还可以引申出另一种功能，即可以由用户来自行设定应用系统输出界面上使用的术语和界面格局，形成个性化的用户界面，不同行业的用户也可以面对专业性更强的界面。

6.提高可靠性和安全性

大规模的系统、分布式应用、广泛的网络连接需要系统具有更高的可靠性和更强的安全控制。远程通信线路故障、多用户操作冲突、共享数据的大量分发与传递，需要会计信息系统有超强的稳定性，并能够对出现的各种意外情况做出正确处理。黑客入侵、越权操作等现象需要会计信息系统有健全的安全防线。对系统内部数据记录的存取及删改权限的管理、系统操作日志的建立等，都是必不可少的安全措施。

7.面向电子商务应用

随着电子商务技术的发展，企业各种对外的业务活动已经延伸到了 Internet 上，实现网络经营。所以，新的系统要能从企业的实际出发来设计电子商务工作模式，实现财务、电子商务一体化。

（五）计算机审计将由绕过计算机审计向穿透计算机审计发展

随着信息化管理体系的逐步形成、复合型会计信息化人才的不断涌现、计算机审计技术的不断发展，我国的计算机审计工作将由绕过计算机审计向穿透计算机审计发展，从而更充分地保证会计信息的真实可靠，保护单位和国家的经济利益。

第二节　会计信息化组织及岗位

一、会计信息化工作组织的要求

会计信息化后，会计人员的分工和职能有所变化。正确组织会计信息化工作，对于完成会计任务、发挥会计在管理中的作用具有重要的意义。会计信息化总的职能未变，由于会计数据处理工作由计算机完成，会计人员的主要工作是收集会计数据，参与经营管理与经营决策。会计信息系统是一个人机系统，从使用角度来讲，人要录入数据和进行设备的维护与管理；从软件设计角度讲，要增加软件设计方面的人员。因此，根据会计信息化工作的特点，要做好会计工作，必须根据本单位实际情况建立专门的会计信息化机构或有关岗位从事会计信息化工作，使会计信息化工作得以顺利开展。

对基层单位来说，除了要按国家对会计工作的统一要求来组织会计工作外，还应注意以下方面：

①既要考虑会计信息化工作的特点，又要按单位生产经营管理的特点来组织会计工作。对会计信息化人员、会计业务人员的配备，都必须结合本单位业务的特点和经营规模的大小等情况做合理的安排。

②对会计机构的设置、会计业务人员和会计信息化人员的配备，应力求精简、合理，节约人力，降低费用。

③会计业务人员和会计信息化人员的配备要合理。实现会计信息化后，会计业务人员与会计信息化人员之间的分工比较明确，必须根据实际情况确定会计业务人员和会计信息化人员之间的比例，以达到最佳的配备。

二、会计信息化后会计部门的组织形式

会计信息化部门如何组织，应根据各单位的实际情况来设置。大中型企事业单位，一般都有信息中心，因此在进行会计信息化工作的组织时要统一考虑。组织过程中要注意两个问题：一是怎样处理与信息中心的关系；二是怎样处理会计

部门内部的关系。一般来说，会计信息化后，会计部门有如下几种组织形式可供选择：

（一）信息中心与会计部门并列的组织形式

在这种组织形式下，信息中心与会计部门都是独立的部门，行政上是同级的，会计信息化工作仅是单位计算机应用的一项重要内容。会计信息系统的购买或开发、增值开发与维护都是由信息中心负责，会计部门配有微机或终端，会计部门只负责会计软件的使用及基本的日常维护。

在这种组织形式下，会计部门内部组织机构是否做较大的调整，要由计算机的应用程度决定：如果用计算机处理的业务不多，会计部门组织机构一般不做大的调整；如果会计核算工作基本上由计算机来处理，就有必要调整内部的组织机构，一般在业务组的基础上增加一个维护组或者相应岗位，对不适应会计信息化的人员也要进行调整。由于实施会计信息系统后，日常核算工作量大大减少，所以一般要新成立一个会计管理组，负责数据分析、编制预算、参与业务管理等工作。信息中心负责支持会计部门的工作，帮助进行规划、实施和解决日常的重要技术问题；会计管理组主要负责会计信息的分析、整理、参与决策、参与管理等工作，同时还应负责会计信息化工作的规划和辅助系统分析工作。

这种组织形式的优点是有利于单位计算机应用统一规划和管理。由于在这种组织形式下，有专门机构负责计算机应用工作，可按单位的总体要求来组织计算机应用工作，避免各部门各自为政造成各部门的信息不能为其他部门利用及不必要的浪费，有利于信息的充分利用。大中型单位一般都采用这种模式。

这种组织形式的主要缺点是由两个部门负责，工作上需要协调，容易受两个部门关系的影响。

（二）信息中心和会计部门信息化组同时存在的组织形式

在这种组织形式下，单位设有独立的信息中心，在会计部门也设有会计信息化组。会计信息化工作由信息中心和会计部门会计信息化组共同完成，会计信息化组长期从事会计软件的增值开发和维护工作。信息中心负责集中性的开发和与其他系统协调。这种组织形式有以下优点：

①会计信息化组在会计部门，长期从事这项工作后，能成为既懂计算机又懂会计的复合型人才。由于这些人对业务熟悉，能按会计部门的需要进行项目的辅助开发工作和其他工作，解决问题及时快速。会计部门有了自己的增值开发和维

护力量，就能免除后顾之忧，更加大胆地开展会计信息化工作，在基本条件具备后即可甩掉人工账。

②有利于会计信息化工作的组织协调。由于有信息中心参加这项工作，就能从总体上考虑好与其他系统的关系，能在代码、接口、规范、制度等方面实施统一的标准，避免了单独由会计部门自由设定模式的弊端。同时，由于信息部门参加，信息部门既充分了解了会计信息化的情况，又为其他有关系统的研制或协调运行打下了基础，为企业会计数据数出一门、资源共享提供了条件。

③有利于提高人、财、物的利用。会计部门配备较多的会计信息化专业人员是没有必要的，但在初期则需要较多的人参与。在这种情况下，当需要较多的人员时，信息中心的人员可到会计部门参加相关工作。这样，综合了两方面的优点，能使本单位人、财、物都得到充分利用。

这种组织模式还有一种相近的方式，就是在信息中心专门设立一个小组，专门为会计信息系统服务，或者为管理信息系统服务。这也是一种较好的模式，能够照顾多个方面的需要，也能使服务专业化。

随着会计软件服务业的发展，目前已经有专门的服务公司从事会计信息化的增值开发、实施、维护和日常支持，因此相关的工作也在从部分企业分离，专业化已经成为一种趋势。

（三）单位没有独立的信息中心的组织形式

在这种组织形式下，单位没有独立的信息中心，一般是在会计部门配有专职或兼职的维护人员、操作员、业务管理人员运行会计信息系统。这类单位一般采用通用化会计软件来建立会计信息系统，达到会计信息化的目的。

对于一些小型企事业单位，可以采用这种形式。在一些会计人员很少的单位一般采用一人身兼多职的方式。

会计信息化工作的组织，对每一个单位来说都有自己的特殊情况，还与会计信息化的发展程度有关，所以，应根据每一个阶段的需要来建立相应的机构和组织会计信息化工作，做到既满足会计信息化工作需要，又节省人力、物力。

三、会计信息化人员管理

（一）会计信息化人员构成和职责

对会计信息化人员管理的基本方法是按照"责、权、利相结合"的基本管理原则，明确系统内各类人员的职责、权限并尽量将之与各类人员的利益挂钩，即建立、健全岗位责任制。这样一方面可以加强内部控制，保护资金财产的安全；另一方面可以提高工作效率，充分发挥系统的运行效率。

会计信息化后的工作岗位可分为基本会计岗位和信息化会计岗位。

基本会计岗位可分为会计主管、出纳、会计核算、稽核、会计档案管理等工作岗位。各基本会计岗位与人工会计的各会计岗位相对应。基本会计工作岗位，可以一人一岗、一人多岗或者一岗多人，但应当符合内部牵制制度的要求。

会计信息化岗位是指直接管理、操作、维护计算机及会计信息系统的工作岗位。实施了会计信息系统的单位要根据计算机系统操作、维护、开发的特点，结合会计工作的要求，划分会计信息化岗位。大中型企业和使用大规模会计信息系统的单位，信息化后可设立如下岗位。

1. 电算主管

负责协调计算机及会计信息系统的运行工作，要求具备会计和计算机知识及相关的会计信息化组织管理的经验。电算主管可由会计主管兼任，采用中小型计算机和计算机网络会计软件的单位应设立此岗位。电算主管的岗位职责如下：

①负责会计信息系统的日常管理工作，监督并保证会计信息系统的正常运行，达到合法、安全、可靠、可审计的要求。在系统发生故障时，应及时组织有关人员尽快恢复系统的正常运行。

②协调会计信息系统各类人员之间的工作关系，制定岗位责任与经济责任的考核制度，负责对会计信息系统各类人员的工作质量考评，以及提出任免意见。

③负责计算机输出账表、凭证的数据正确性和及时性检查工作。

④建立会计信息系统硬件资源和软件资源的调用、修改和更新审批制度，并监督执行。

⑤完善企业现有管理制度，充分发挥信息化的优势，提出单位会计工作的改进意见。

2. 软件操作

负责输入记账凭证和原始凭证等会计数据，输出记账凭证、会计账簿、报表和进行部分会计数据处理工作，要求具备会计软件操作知识，达到会计信息化初级知识培训的水平。各单位应鼓励基本会计岗位的会计人员兼任软件操作岗位的工作。岗位职责如下：

①负责所分管业务的数据输入、数据处理、数据备份和输出会计数据（包括打印输出凭证、账簿、报表）的工作。

②严格按照操作程序操作计算机和会计软件。

③数据输入操作完毕，应进行自检核对工作，核对无误后交审核记账员复核记账。对审核员提出的会计数据输入错误，应及时修改。

④每天操作结束后，应及时做好数据备份并妥善保管。

⑤注意安全保密，各自的操作口令不得随意泄露，定期更换自己的密码。

⑥离开机房前，应执行相应命令，退出会计软件。

⑦操作过程中发现问题，应记录故障情况并及时向系统管理员报告。

⑧出纳人员应做到"日清月结"，现金出纳每天都必须将现金日记账的余额与库存现金核对一致；银行出纳每月都必须将银行存款账户的余额与银行对账单核对一致。

⑨由原始凭证直接录入计算机并打印输出的情况下，记账凭证上应有录入员的签名或盖章；收付款记账凭证还应由出纳人员签名和盖章。

3. 审核记账

负责对输入计算机的会计数据进行审核，以保证凭证的合法性、正确性和完整性，操作会计软件登记账簿，对打印输出的账簿、报表进行确认。此岗位要求具备会计和计算机知识，达到会计信息化初级知识培训的水平，可由主管会计兼任。岗位职责如下：

①审核原始凭证的真实性、正确性，对不合规定的原始单据不作为记账凭证依据。

②将不真实、不合法、不完整、不规范的凭证退还给各有关人员更正修改后，再进行审核。

③对操作员输入的凭证进行审核并及时记账，打印出有关的账表。

④负责凭证的审核工作，包括各类代码的合法性、摘要的规范性、会计科目和会计数据的正确性，以及附件的完整性。

⑤对不符合要求的凭证和输出的账表不予签章确认。

⑥审核记账人员不得兼任出纳工作。

⑦结账前，检查已审核签字的记账凭证是否全部记账。

4. 电算维护

负责保证计算机硬件、软件的正常运行，管理计算机内会计数据。此岗要求具备计算机和会计知识，具备会计信息化中级知识。采用大型、小型计算机和计算机网络会计软件的单位应设立此岗位，此岗位在大中型企业中应由专职人员担任。维护员一般不对实际会计数据进行操作。岗位职责是：

①定期检查会计信息系统的软件、硬件的运行情况。

②应及时对会计信息系统运行中软件、硬件的故障进行排除。

③负责会计信息系统升级的调试工作。

④会计软件不满足单位需要时，与本单位软件开发人员或通用化会计软件开发商联系，进行软件功能的改进。

5. 电算审查

负责监督计算机及会计信息系统的运行，防止利用计算机进行舞弊。审查人员要求具备会计和计算机知识，达到会计信息化中级知识水平，此岗可由会计稽核人员兼任。采用大型、小型计算机和大型会计软件的单位可设立此岗位。岗位职责是：

①负责监督计算机及会计信息系统的运行，防止利用计算机进行舞弊。

②审查会计信息系统各类人员工作岗位的设置是否合理，制订的内部牵制制度是否合理，各类人员是否越权使用软件，防止利用计算机进行舞弊。

③发现系统问题或隐患，应及时向会计主管反映，提出处理意见。

6. 数据分析

负责对会计信息系统中的会计数据进行分析，要求具备计算机和会计知识，达到会计信息化中级知识水平。采用大型、小型计算机和计算机网络会计软件的单位可设立此岗位，由主管会计兼任。岗位职责是：

①负责对计算机内的会计数据进行分析。

②制定适合本单位实际情况的会计数据分析方法、分析模型和分析时间，为企业经营管理及时提供信息。

③每日、旬、月、年，都要对企业的各种报表、账簿进行分析，为单位领导提供必要的信息。

④企业的重大项目实施前，应通过历史会计数据的分析，为决策提供准确、有根据的事前预测分析报告；企业的重大项目实施过程中，应通过对有关会计数据的分析，提供项目实施情况（如进度、成本、费用等）分析报告；企业的重大项目实施后，应通过对会计数据的分析，提供项目总结的分析报告。

⑤根据单位领导随时提出的分析要求，及时利用会计数据进行分析，以满足单位经营管理的需要。

7. 会计档案资料保管员

负责存档数据光盘、程序光盘，输出的账表、凭证和各种会计档案资料的保管工作，做好各种存储介质、数据及资料的安全保密工作。岗位职责是：

①按会计档案管理的有关规定行使职权。

②负责本系统各类数据盘、系统盘及各类账表、凭证、资料的存档保管工作。

③做好各类数据、资料、凭证的安全保密工作，不得擅自出借。经批准允许借阅的会计资料，应认真进行借阅登记。

④按规定期限向各类相关人员催交各种有关的会计档案资料。

8. 软件开发

由本单位人员进行会计软件开发或增值开发的单位，还可设立软件开发岗位，主要负责本单位会计软件的开发和软件维护工作。岗位职责是：

①负责本单位会计软件的增值开发、开发和软件维护工作。

②按规定的程序实施软件的完善性、适应性和正确性的维护。

③软件开发人员不得操作会计软件进行会计业务的处理。

④按电算主管的要求，及时完成对本单位会计软件有关功能的修改和更新，并建立相关的文档资料。

基本会计岗位和会计信息化会计岗位，可在保证会计数据安全的前提下交叉设置，各岗位人员要保持相对稳定。中小型单位和使用小型会计软件的单位，可根据本单位的具体工作情况，设立一些必要的信息化岗位，许多岗位可以由一个人担任。

（二）设置会计信息化岗位的注意事项

在设立各种会计信息化岗位及其责任时，应注意以下几点是关键：

1. 系统开发及软件维护人员与系统操作人员职务要分离

如果开发人员同时是系统操作人员，那么非法篡改系统和程序的风险极大。

因为系统程序是由开发人员分析、设计和编写的，他们对程序的逻辑关系及程序中的控制了如指掌。如果他们又作为系统操作员，他们完全可以在系统验收批准并投入使用后，再利用操作处理之便篡改程序，以达到其不可告人的目的。如果程序被篡改，组织的财产可能遭受损失，会计记录就无准确性可言。因此，系统开发人员与系统操作人员职务要分离。操作人员不能了解系统的程序及逻辑，不能接触系统程序及系统开发文档，操作员不需要有软件开发的技能。系统开发人员在系统调试通过、验收批准后，应不得再接触和操作其开发的系统。数据的输入、业务的处理应由操作人员执行。日后系统的维护和改进只能经批准后按特定的程序进行。

2. 专职会计人员与系统操作使用人员职能的划分

对这两类人员职能的划分，现在各信息化的单位中有两种处理方法。一种是不设专职操作人员，职责的分工与人工会计系统一样，负责资金的仍负责资金，同时负责将自己做的凭证录入计算机；负责人工成本计算的，信息化后依然负责操作计算机计算成本。另一种是设立专职的操作人员，将其他需人工处理的会计业务进行统一录入和处理。无论是采用哪一种方法，需要注意的一点是要利用各类人员的特点，发挥他们的特长，从而更好地发挥系统效益。例如，许多单位有一批老会计，他们有丰富的实践经验，是单位领导分析决策的好参谋，信息化后，则应利用这个时机，将他们从繁杂的事务性处理工作中解脱出来，参与经营，参与管理。

第三节　会计信息化的内部控制

一、会计信息化后内部控制的意义

内部控制是为了保证会计资料和信息的真实性、完整性，提高管理水平的一项有效措施。会计信息化后，由于会计信息处理方式的改变，使传统的内部控制方法面临着严峻的挑战。

会计信息系统与人工系统相比较，具有数据处理集中化、数据存储磁性化、系统初建成本高、系统操作身份识别难、内部稽核受到削弱、系统自身脆弱等特点。这就决定了会计信息系统的内部控制较之人工系统更为必要。

企业各级管理部门及与其利益相关的外部信息使用者的决策对会计信息系统的依赖性增大，而这些会计信息的质量在很大程度上取决于系统内部控制状况。信息化程度越高，信息使用者对信息的依赖性越大，则内部控制在更大程度上决定信息的质量。随着信息化的日益普及和提高，不仅企业管理人员关心系统内部控制的健全与改善，外部信息使用者也越来越迫切地要求企业保持良好的内部控制，以保证企业所提供信息的质量。

随着信息化水平的逐步提高，企业财务状况和经营成果受系统资源的安全性、效率性的影响加大。为了确保会计信息系统资源的管理和运用，更需要加强资源安全管理，避免因系统硬件、软件被盗或毁损而给企业带来重大损失。会计信息系统的特点表明，企业信息化以后，有些风险减少了，但同时又增加了许多在人工系统中不曾有的风险，从而使得加强会计信息系统的内部控制成为任何信息化单位都不容忽视的一项重要工作。会计信息系统与人工系统相比较，新增或特有的风险主要有以下几项。

①计算机对不合理的业务缺乏识别能力，导致企业内部控制的缺陷。尽管计算机运行速度快，计算精度高，但计算机进行逻辑判断一般要求事先编入有关程序才能进行。如果程序设计不周或对于输出文件不进行人工检查，很可能导致不合法的业务和数据游离于企业内部控制之外，造成数据的失真。

②数据安全性较差。在人工系统中的数据处理与存储分散于各有关部门和人员，而会计信息系统的数据处理与存储都呈现出高度集中的特点，为数据的安全性带来一定的威胁。首先，集中处理意味着某些部门和人员在执行不相容的职责，需要采取一些额外的补偿性控制手段降低这一风险；其次，数据存储集中于磁性载体中，由于磁性载体对环境的要求较高，对温度、湿度、清洁度均有一定要求，数据易于损毁；再次，未经授权人员一旦接触数据，就可能导致大量数据丢失或泄密。如果信息化后在数据安全方面没有增加新的控制手段，则发生数据丢失和损毁的可能性较之人工系统大大提高。

③差错的反复发生。在人工系统中，发生差错往往是个别现象，而且由于数据处理各环节分散于多个部门、由多个人员分工完成，一个部门或人员的差错往往可以在后续环节中被发现并得以改正。由于计算机处理数据依靠程序运行并且运算速度极高，加之数据处理集中于计算机进行，其处理结果一旦在某一环节发生差错，就能在短时间内迅速蔓延，使得相应文件、账簿乃至整个系统的数据信

息失真。如果差错是由于应用程序和软件造成的，则计算机会反复执行同一错误操作，多次给出错误结果。因此，为了保证数据处理的可靠性，需要在系统硬件、软件及数据处理各环节增设必要的控制措施。

④程序被非法调用和篡改。对程序调用和修改的控制，这个在人工系统中不曾有的问题在会计信息系统中却至关重要。如果对接近系统的人员缺乏控制，就有可能发生程序被未经授权的人员非法操作的情况，不仅导致数据失真，也为舞弊行为提供了滋生的土壤。在历史上，无论是国内还是国外，通过非法调用和篡改程序以达到非法目的的事件屡见不鲜。因此，必须对程序调用和修改操作者的身份进行严格的控制。

二、会计信息系统内部控制的分类

依据一定的标准对会计信息系统中的内部控制加以分类，有助于对其内部控制的理解、审查和评价。

①依据控制实施的范围，可将会计信息系统内部控制分为一般控制和应用控制，这是一种最常见的分类。目前世界主要国家会计信息系统审计准则均以此分类规定内部控制评审的步骤和主要内容。一般控制是对会计信息系统构成要素（人、机器、文件）及数据处理环境的控制，主要内容包括组织控制、系统开发与维护控制、硬件及系统软件控制和安全控制。应用控制则是对具体功能模块及业务数据处理过程各环节的控制，主要包括输入控制、处理控制和输出控制等内容。一般控制适用于整个会计信息系统，是应用控制的基础，它为数据处理提供了良好的环境；应用控制则适用于特定的处理任务，是一般控制的深化，它在一般控制的基础上，直接输入具体的业务数据处理过程，为数据处理的准确性、完整性提供最后的保证。

②依据控制所采取的手段，可将会计信息系统中的内部控制分为人工控制和程序化控制两类。人工控制是由人工直接通过人工操作实施的控制，程序化控制是由计算机程序自动完成的控制。

③依据控制的预定意图，可将会计信息系统中的内部控制分为预防性控制、检查性控制和纠正性控制三类。预防性控制是为防止不利事件的发生而设置的控制；检查性控制是用来检查、发现已发生的不利事件而设置的控制；纠正性控制，也称为恢复性控制，是为了消除或减轻不利事件造成的损失和影响而设置的控制。

预防性控制是一种积极的控制，它试图在不利事件发生前加以防范，减少出现不利事件的可能性；检查性控制是一种中性的控制，它试图在不利事件发生时就能够发现；而纠正性控制则是相对消极的，它是假定不利事件已经发生，设置一些可以减少不利影响的手段。

④依据实施控制部门的不同，可将会计信息系统内部控制分为信息化部门控制和用户控制。信息化部门控制是指由信息化部门人员或计算机程序实施的控制。用户控制则是指数据信息使用部门对计算机数据处理实施的控制。

三、会计信息系统内部控制的特点

在会计信息系统中，内部控制的目标仍然是保证会计资料和信息的真实性与完整性，提高经营效率以保证管理目标的实现。但其控制的重点、范围、方式和手段等方面发生了变化。

（一）控制的重点转向系统职能部门

实现信息化以后，数据的处理、存储集中于职能部门，因此，内部控制的重点也必须随之转移。

（二）控制的范围扩大

由于会计信息系统的数据处理方式与人工系统相比有所不同，以及会计信息系统建立与运行的复杂性，要求内部控制的范围相应扩大。其中包括一些人工系统中不曾有的控制内容，如对系统开发过程的控制、数据编码的控制以及对调用和修改程序的控制等。

（三）控制方式和手段由人工控制转为人工控制和程序化控制相结合

人工系统中，所有的控制手段一般都是人工控制，在会计信息系统中，原有的人工控制手段有些依然保留，但需要增设一些包含于计算机程序中的程序化控制。当然，由于信息化程度的不同，程序化控制的数量也会有所不同。一般来说，信息化程度越高，采用的程序化控制要求也越多。两者相结合的特点，反映了会计信息系统控制技术的复杂性。

四、会计信息系统内部控制的目标

会计信息系统内部控制的目标是指实施对会计信息系统进行内部控制所应该达到的效果和目的。根据内部控制的定义和对系统的一般要求，内部控制的目标可概括为以下三个方面。

（一）保证系统的合法性

系统的合法性包含两方面的含义，系统本身以及处理的经济业务应该遵循财政部颁布的有关会计软件开发的规定以及当前的会计法规、会计准则、会计制度等的规定。因此在系统设计过程以及系统运行阶段，必须建立严格的内部控制制度和措施，以确保系统本身及其处理经济业务的合法性。

（二）保证系统的安全性

保证会计信息系统安全可靠，是会计信息系统能够正常运行的前提和基础。系统的安全主要包括系统本身硬件、软件资源的安全以及系统数据库的安全等。因此，在对系统进行设计时，应该充分考虑影响威胁系统安全的因素有哪些，并考虑应该采用什么样的措施来抵御威胁，以确保系统安全、可靠。

（三）保证系统处理数据的真实性和准确性

为了保证会计信息系统数据处理的正确性、合理性，保证财务报告信息的真实性和准确性，会计信息系统内部控制的重点应放在对软件开发过程中的程序化控制以及对个人权限的管理和控制上，并且充分发挥内部审计的作用。在会计信息系统的设计过程中，应将一些控制措施嵌入程序中，如个人权限控制、系统纠错控制、系统恢复控制、输入数据控制、科目合法性控制、凭证合法性控制、借贷平衡控制等。特别强调的是，对输入的数据要进行严格的控制，如果输入的数据一旦出错，会计处理的过程无论有多么正确，输出的结果永远都不可能是正确的。

五、会计信息化内部控制的内容

会计信息系统内部控制的内容如下。

（一）一般控制

一般控制是对整个会计信息系统及环境构成要素实施的，对系统的所有应用或功能模块具有普遍影响的控制措施。如果系统的一般控制较弱，则无论单个应用与各处理环节的应用控制如何完善，都难以达到内部控制的目标。一般控制可具体划分为组织控制、硬件及系统软件控制、系统安全控制和系统开发与维护控制。

1. 组织控制

会计信息系统组织控制的基本目标是：会计信息系统职能部门的设置、职责分工及人员的招聘、使用与考核应能保证会计信息系统中的有关人员能正确、有效地履行自己的职责。

会计信息系统组织控制的主要内容包括以下几方面。

①信息化部门与用户部门的职责分离。

②系统职能部门内部的职责分离。

③人员素质保证。

④领导与监督。

2. 硬件及系统软件控制

①硬件控制。指计算机硬件制造商随机配置的某些控制功能或技术手段。

②系统软件控制。系统软件的主要功能包括管理计算机系统资源、辅助和控制应用程序的运行等。较为理想的系统软件应包括三个方面的控制功能，即错误的处理、程序保护、文件保护。

3. 系统安全控制

系统安全控制是一般控制的重要组成部分，它是为了保证计算机系统资源的实物安全而采取的各种控制手段。它有利于防止和减少因自然灾害、工作疏忽、蓄意破坏以及计算机犯罪等造成的损失和危害。系统安全控制还是各种应用控制作用的前提和基础。如果安全措施不当，那么即使再完善的应用控制也无济于事。

系统安全控制包括硬件的安全控制、软件与数据的安全控制、环境安全控制、防病毒控制等几个方面。

4. 系统开发与维护控制

系统开发与维护控制是对新系统的分析、设计、实施以及对现行系统的改进和维护过程的控制。合理设置系统开发过程中的有关控制，是保证系统开发质量的重要条件，具体内容如下：

①计划与文档控制。

②授权控制。

③转换控制。

④系统维护改进控制。

（二）应用控制

应用控制是在整个会计信息系统中的某个子系统或单位应用系统的数据输入、处理和输出环节中设置的控制措施。应用控制涉及各种类型的业务，每种业务及其数据处理有其特殊流程和要求，决定了具体控制的设置需结合具体的业务，各种业务数据处理过程应用控制的内容有很多。应用控制一般可划分为输入控制、处理控制和输出控制三个方面。

1. 输入控制

数据输入是一项较为复杂的工作，人工操作与计算机操作混合使用，信息化部门与其他部门业务往来繁杂，最易发生错误，需要设置大量的控制措施加以防范。由此可见，输入控制是应用控制中最为关键的环节，其主要包括数据采集控制和数据输入控制。

2. 处理控制

数据输入计算机后，即按照一定的程序和指令对有关数据进行加工处理，这一过程极少有人工干预。处理控制大部分为检查性、纠正性和程序化控制。但对于应用程序的计算与处理逻辑错误，如果程序运行中处理了不应当处理的文件和数据，错误数据在输入过程中没有被检查出来，或处理过程中使用了不应该使用的程序版本等，就会影响数据处理结果的准确性和可靠性。因此，在处理过程中设置一定的控制措施仍是十分必要的，其主要包括数据有效性检验和程序化处理有效性检验。

3. 输出控制

输出是计算机数据处理的最后结果，对输出进行控制的主要目的，一是要验证输出结果的正确性，二是要保证输出结果能够及时地送到有权接受有关输出的人员手中。会计信息系统数据处理的最终输出有三种基本形式，即存入外存储器、打印成书面文件和屏幕显示。其中打印出的书面文件往往具有法律效力（如会计报表）或者导致资产的转移（如发货单），因而构成输出控制的重点，输出控制的首要任务是及时发现输出中存在的问题。系统职能部门与业务职能部门在这方面共同承担责任，控制的具体设计也应从这两方面考虑。

会计部门要在输出文件分发前对其从形式和内容上加以审核，对正常报告与例外报告均要进行认真检查。审核检查采用的主要手段之一是核对。其中包括业务处理记录簿与输入业务记录簿的有关数字核对、输入过程的控制总数与由输出得到的控制总数相核对、正常业务报告与例外报告中有关数字的对比分析等。

业务职能部门，也应对收到的文件从形式和内容进行全面检查。在检查中，要将收到的计算机数据处理清单与自己保存的原始凭据清单逐一核对，确定输出文件内容的完整性；要将人工计算的控制总数与计算机计算输出的控制总数相核对，以便发现输出文件中有无重复、遗漏或篡改的内容；要将输出文件中有关的数字与实物核对，进行合理性分析，研究输出中存在的问题。

输出控制的第二项任务是确保输出文件传送工作安全、正确。因此，必须建立输出文件的分发、传送程序，设置专人负责此项工作。业务职能部门负责登记输出文件收存记录簿，与收到的输出文件核对，与文件分送时间表核对。

对于屏幕形式的输出也应设立一些控制措施，限制对输出信息的接触，如限定使用计算机或终端人员、使用进入口令、机器加锁、房屋加锁和权限控制等。

第四节　会计信息化的使用管理

一、会计信息化使用管理的意义

会计信息化的使用管理主要是通过对系统运行进行管理，保证系统正常运行，完成预定任务，确保系统内各类资源的安全与完整。虽然会计信息系统的使用管理主要体现为日常管理工作，却是系统正常、安全、有效运行的关键。如果单位的操作管理制度不健全或实施不得力，都会给各种非法舞弊行为造成可乘之机；如果操作不正确就会造成系统内数据的破坏或丢失，影响系统的正常运行，也会造成录入数据的不正确，影响系统的运行效率，直至输出不正确的账表；如果各种数据不能及时备份，则有可能在系统发生故障时使得会计工作不能正常进行；如果各种差错不能及时记录下来，则有可能使系统错误运行，输出不正确、不真实的会计信息。对于会计信息系统的使用管理主要包括机房的管理与上机操作的管理。

二、服务器机房的管理

（一）机房管理制度的内容

会计信息化后，服务器是会计数据的中心。对于大中型单位，需要建立专门的服务器机房，以方便管理和提高安全性。设立机房主要有两个目的：一是给计算机设备创造一个良好的运行环境，保护计算机设备，使其稳定地运行；二是防止各种非法人员进入机房，保护机房内的设备、机内的程序与数据的安全。机房管理的主要内容包括以下方面：

①有权进入机房人员的资格审查。一般来说，系统管理员可进入机房，系统维护员不能单独留在机房。

②机房内的各种环境要求。例如机房的卫生要求、防水要求。

③机房内各种设备的管理要求。

④机房中禁止的活动或行为。例如严禁吸烟、喝水等。

⑤设备和材料进出机房的管理要求等。

制定具体的管理制度时，要根据具体的条件、人员素质、设备情况综合考虑。

（二）机房管理制度举例

①凡因工作要进入机房的人员，都必须遵守机房制定的各项规章制度。非工作人员严禁入内。

②保持机房环境卫生，定期清洁计算机以及其他设备的尘埃。

③严禁在计算机前喝水和吸烟，以免引起短路、火灾或其他损失。

④为防止意外事故的发生，机房内应配备灭火设备，并杜绝一切火源，机房内的一切电器设备须经电工同意方可安装，其余人员不得拆迁或安装。

⑤任何人员不得擅自打开机箱和撤换计算机配件、电缆线等，如果发现设备有问题，应立即报告分管领导解决。

⑥不得私自复制机房的软件和数据；对于外来软件，必须经检查病毒后无毒才能使用；存储介质也要经检查无病毒后才能使用，并存放在机房内。

⑦严禁在计算机内安装或运行游戏。

⑧未经许可，不准对外服务，以防病毒传入。

⑨机房无人时应及时上锁，确保服务器的安全。

三、操作管理

（一）操作管理的内容

操作管理是指对计算机及系统操作运行的管理工作，其主要体现在建立与实施各项操作管理制度上。操作管理的任务是建立会计信息系统的运行环境，按规定录入数据，执行各子模块的运行操作，输出各类信息，做好系统内有关数据的备份及故障时的恢复工作，确保计算机系统的安全、有效、正常运行。操作管理制度主要包括以下内容：

1. 操作权限

操作权限是指系统的各类操作人员所能运行的操作权限，主要包括以下内容。

①业务操作员应严格按照凭证输入数据，不得擅自修改已复核的凭证数据，如发现差错，应在复核前及时修改或向系统管理员反映，已输入计算机的数据，在登账前发现差错，可由业务操作人员进行改正。如在登账之后发现差错，必须另做凭证，以红字冲销，录入计算机。

②除了软件维护人员之外，其他人员不得直接打开数据库进行操作，不允许随意增删和修改数据、源程序和数据库结构。

③软件开发人员不允许进入实际运行的业务系统操作。

④系统软件、系统开发的文档资料，均由系统管理员负责并指定专人保管，未经系统管理员许可，其他人员不得擅自复制、修改和借出。

⑤存档的数据介质、账表、凭证等各种文档资料，由档案管理员按规定统一复制、核对、保管。

⑥系统维护人员必须按有关的维护规定进行操作。

2. 操作规程

操作规程主要指操作运行系统中应注意的事项，它们是保证系统正确、安全运行，防止各种差错的有力措施。其主要包括以下内容：

①各操作使用人员在上机操作前后，应进行上机操作登记（会计软件中有自动记录可再进行登记），填写姓名、上机时间和下机时间、操作内容，供系统管理员检查核实。

②操作人员的操作密码应注意保密，不能泄露。

③操作人员必须严格按操作权限操作，不得越权或擅自上机操作。

④每次上机完毕，应及时做好所需的各项备份工作，以防发生意外事故破坏数据。

⑤未经批准，不得使用格式化、删除等命令或功能，更不允许使用系统级工具对系统进行分析或修改系统参数。

⑥不能使用来历不明的存储介质和进行各种非法拷贝工作，以防止计算机病毒的传入。

（二）上机操作制度设计举例

①上机人员必须是会计信息系统有权使用人员，经过培训合格并经财务主管正式同意后，才能上机操作。

②操作人员上机操作前后，应进行上机操作登记，填写真实姓名、上机时间、退机时间、操作内容，供系统管理员检查核实。

③操作人员的操作密码应注意保密，不能泄露，密码要不定期变更，密码长度不得少于 6 位，要用数字和字母组合而成，密码使用期限最长不超过 3 个月。

④操作人员必须严格按操作权限操作，不得越权或擅自进入非指定系统操作。

⑤操作人员应严格按照凭证输入数据，不得擅自修改凭证数据。

⑥每次上机工作完毕后都要做好数据备份，以防意外事故。

⑦在系统运行过程中，操作人员如要离开工作机器，必须在离开前退出系统，以防止其他人越权操作。

⑧工作期间，不得从事与工作无关的内容。

（三）操作规程设计举例

①开机与关机。开机顺序为：显示器、主机、打印机；逆序为关机顺序。

②严禁在开机通电时插拔显示器、打印机、网络线、键盘和鼠标等电缆线。

③严禁在硬盘、光盘驱动器等存储介质工作指示灯亮时关机或断电。

④关机后，至少应间隔一分钟后方能重新开机。

⑤不准使用外来存储介质和无版权的非法软件；储存介质不得私自带出，防止技术信息泄密。如果确实需要使用外来存储介质及相关软件，必须经管理人员同意并检查无病毒后方可使用，如不经检查，私自使用，使机器染上病毒者，按传播病毒严肃处理。

⑥计算机硬盘中安装的是公共文件，上机人员不能进行删除、更名和隐含等操作；上机人员自己的文件和数据必须存入子目录中使用并自己备份，系统管理人员将定期清理计算机硬盘，删除非公共文件和数据。

⑦严禁在计算机上玩游戏和利用聊天工具做与工作无关的事情。

⑧未经允许，不得通过互联网下载任何软件或文档。

（四）计算机病毒管理制度设计举例

为了加强设备和软件的管理，保证计算机设备的完好性，保护计算机软件资源，防止计算机病毒，特制定本制度。

①计算机必须坚持使用登记制度。登记的栏目中包括发现计算机病毒的来源、表现形式及处理情况。

②如果发现计算机病毒，必须向管理人员反映，管理人员同时要向有关部门汇报。

③没有上网权限的人，不能私自上网。不能从网上下载软件和资料，如确有需要，应报领导批准，并在独立的机器上进行，防止通过互联网络传播病毒。

④严禁在计算机上玩游戏，以减少病毒的传播渠道。

⑤外来存储介质及软件必须进行计算机病毒检查，无病毒后方能使用。未经许可带入的存储介质一律没收。

⑥严禁使用无版权的非法软件。

⑦禁止在计算机上进行有关计算机病毒的研究和制造，一经发现有意制造和传播计算机病毒、破坏计算机系统者，将上报有关部门。

⑧严禁上机人员使用工具软件或自编程序进入、观察、修改、研究计算机硬盘的分区表、目录区信息和CMOS等危及计算机安全的行为。

四、计算机替代人工记账

采用电子计算机替代人工记账，是指应用会计软件输入会计数据，由电子计算机对会计数据进行处理，并打印输出会计账簿和报表。计算机替代人工记账是会计信息化的基本目标之一。

采用电子计算机替代人工记账的单位，应当具备以下基本条件：

①配有适用的会计软件，并且计算机与人工进行会计核算双轨运行3个月以上，计算机与人工核算的数据相一致，且软件运行安全可靠。

②配有专用的或主要用于会计核算工作的计算机或计算机终端。

③配有与会计信息化工作需要相适应的专职人员，其中上机操作人员已具备会计信息化初级以上专业知识和操作技能，取得财政部门核发的有关培训合格证书。

④已建立健全的内部管理制度，包括岗位分工制度、操作管理制度、机房管理制度、会计档案管理制度、会计数据与软件管理制度等。

计算机替代人工记账的过程是会计工作从人工核算向信息化核算的过渡阶段，由于计算机与人工并行工作，会计人员的工作强度较大，需要合理安排会计部门的工作，提高工作效率。

计算机与人工并行工作期间，可采用计算机打印输出的记账凭证替代人工填制的记账凭证，根据有关规定进行审核并装订成册，并据以登记人工账簿。如果计算机与人工核算结果不一致，要由专人查明原因并向本单位领导书面报告。一般来说，计算机与人工并行的时间在3个月左右。

在实施计算机替代人工记账后，应该加强运行中的管理工作，使系统达到会计工作管理的需要。

对于替代手工记账，各地财政部门的具体规定有些差异，在替代手工记账前，需要咨询当地财政部门，按照相关要求办理。

第五节　"互联网+"时代会计信息化管理

"互联网+"成了国家发展战略之一，会计信息化是顺应互联网时代的产物，它利用科学技术将互联网与会计行业巧妙地连接起来，进行深度融合。针对"互联网+"时代会计信息化管理面临缺乏统一的标准和规范，披露会计信息方式不充分，会计信息失真，实施过程存在安全漏洞等风险，提出加强法规政策约束并健全制度和标准体系，细化会计信息披露方式，降低会计信息失真风险，强化会计信息化管理安全建设等治理策略。挑战与机遇总是相伴而生的，会计行业最终会迎来一场会计信息化变革发展之旅。

截至2020年3月，中国网民规模为9.04亿，互联网普及率达到64.5%。随着互联网普及率的提高，巨大的经济价值和商业价值逐渐显现。现代会计紧跟时代经济发展的潮流，与互联网紧密结合，创建会计信息共享平台，实现数据共享，提高会计工作效率，完善传统会计的不足之处，有利于会计信息化管理，为会计行业的未来发展奠定坚实的基础。

一、"互联网+"对会计信息化管理的影响

（一）"互联网+"促进会计信息与互联网技术深度融合

"互联网+"是互联网思维进一步创新而来的成果，会计信息化是会计工作顺应信息化浪潮的必要举措，它的发展经历了存在着数据误差的人工记账阶段，基本实现自动化操作的会计电算化阶段，对会计信息进行收集、存储、处理的会计信息系统阶段和会计信息处理与监督并驾齐驱的会计管理信息系统阶段。会计信息化是信息技术在会计行业的深入应用，将会计信息作为管理资源，利用以计算机为代表的信息技术完成会计信息的获取、分析、处理和传输等工作，加强会计信息与互联网技术相互依存、相互促进的紧密性。

（二）"互联网+"促进会计信息质量提升

1. 可靠性与准确性

互联网企业往往是"互联网+"的主导者，企业通过利用互联网技术简化了会计信息的录入、处理和传输流程，财务报告自动归集日常发生的经济业务，个人难以对此类数据进行修改，会计从业人员利用财务软件循环使用会计数据，不仅降低了人工重复录入可能发生错误的概率，还有效规避了人为修改数据的风险，从数据源头上保证了会计信息的可靠性与准确性。

2. 相关性与可理解性

在会计信息化的发展进程中，信息使用者在搜索所需信息时，互联网平台通过定义分类标准，将获得的数据进行信息标签化处理，跟踪完整的数据流，为不同的信息使用者提供精准的信息选择，增强了企业过去、现在和未来会计信息的相关性。财务报告利用互联网平台多维度呈现数据，实现财务报表间极强的超链接性，它不仅能够清晰表达各报表的内部联系，还可以精准地链接表内和表外的数据，增加了视频、图片、语音等呈现方式，打破了传统表格和文字方式的原始模式，便于信息使用者的理解。

3. 可比性与及时性

互联网技术的迅猛发展为查找各种信息创造了便利条件，信息使用者可以快

速地从中选取更多相同企业不同会计期间或者不同企业相同会计期间的会计信息进行对比分析，做出合理的经营决策。现在借助网络平台实时共享会计数据，利用财务软件进行集中处理，及时传输经过处理的会计信息，有助于信息使用者及时获取相关信息，并对企业经营活动进行评价与监督。互联网的广泛应用增强了会计信息的可比性与及时性，提高了数据利用率和会计核算效率。

（三）"互联网+"促进会计信息化模式转变

1. 会计核算模式从事后核算向同步核算模式转变

会计核算模式在互联网时代浪潮的席卷下发生了改变，传统的事后核算模式只能选用实时的核算方法，不能采用随机核算方法，大大降低了会计核算的灵活性。在"互联网+"时代背景下，会计核算模式正在朝着克服这一缺点的目标努力，会计核算与经济业务的同步性不断得到改善，会计核算模式可以同时采用实时核算和随机核算，对各种电子账簿进行有效加工，同时满足了企业经营管理的实时性和随机性需求，企业会计核算工作和业务活动可以同步进行，同步核算模式帮助企业建立起一个事前预测评估、事中监督控制、事后核算处理的全过程会计监控管理系统，保证会计数据同时拥有可靠性和灵活性，会计信息可以实时反映和监控企业开展的经营活动，提高了企业的运作效率。

2. 会计工作逐步从静态财务信息模式向动态管理模式转变

依托互联网平台，财务软件可以实时归集企业相关的会计数据，获取实时反映企业经营成果和资金状况的利润表，现金流量表等动态财务报表，信息使用者不仅可以实时掌握企业累计期间的资金状况和经营成果，还可以获取任一期间、任一时点的会计信息，通过对动态信息的分析，明确企业过去和现在的经营状况，进一步预测企业未来的发展趋势。财务信息模式的转变为会计工作中的风险预测、过程监控和战略制定打了一剂强心针，改变了会计工作固有的静态财务信息格局，走向了会计工作的动态管理模式，推动会计工作有效开展。

3. 会计信息共享模式实现了转变

科学技术日新月异，新兴信息技术的不断涌现带动了会计工作的办公模式的转变，让会计信息共享模式出现在了会计工作的办公室中。在会计信息化系统中，互联网及时传输会计数据，使会计数据汇总、分析更容易跨地域、跨部门整合，与实际经济业务基本保持一致。互联网共享平台已逐渐代替传统的纸质模式，会计信息使用者可以在财务共享平台搜索到最新的会计数据，随时随地在互联网平台下载自己所需的会计数据，对会计数据多次处理，生成可靠的财务报告。互联网平台使会计数据实现共享变成了可能，提高了会计核算效率。

二、"互联网+"时代会计信息化管理中存在的问题

（一）缺乏成熟的会计信息化标准和业务规范

会计信息化是顺应信息技术发展产生的新事物，在长期发展历程中，各方面的管理制度和业务规范逐渐趋于成熟，但是会计信息化管理依然受传统会计观念的束缚和影响，会计从业人员仍然秉持着传统的工作观念，对于会计工作的具体核算和管理没有明确的规范和标准，缺少标准"会计信息化语言"，为会计工作的监督与控制过程增加了难度，进一步导致企业会计信息化管理工作出现漏洞。

（二）披露会计信息方式不充分

在互联网时代，披露会计信息方式并不充分。一方面是会计信息披露落后于"互联网+"时代的发展趋势，会计核算模式已经从人工记账转变为云计算，但财务报表体系主要是对财务状况、经营成果、现金流三者会计信息的披露，遗漏对非财务信息、风险信息和预测性信息的披露。另一方面是会计信息披露的方式过于单一，会计信息披露一直是通过财务报表达到目的，财务报表主要针对企业投资者，而没有考虑其他相关利益者了解企业会计信息方式和重点的差异。

（三）存在会计信息失真风险

会计信息失真风险在"互联网+"背景下呈现出明显的上升趋势。首先，网络包裹着全球，互联网被大量无效信息和网络垃圾占据着宝贵资源，鱼龙混杂，大大降低了会计信息的真实性。其次，会计信息还存在着"硬破坏"的隐患。硬件作为会计数据的载体，会受磁场、温度和湿度等外部因素直接影响磁盘的使用寿命。另外，利用计算机正在进行的会计工作遭遇突然停电、人为恶意删除、盗窃、病毒的入侵以及财务软件本身老化，数据处理不稳定等因素的影响都会导致会计信息记录混乱、会计数据丢失，进一步影响会计信息的准确性。最后，信息化时代，会计工作流程也发生了改变，获得授权的企业内外部人员可以从企业内外部系统中获取所需信息，加大了会计信息来源的复杂性，使会计信息的有效性大打折扣。

（四）实施过程存在安全漏洞

随着互联网的广泛普及，会计信息化管理在会计工作中必不可少，然而在具体的实施过程中存在很多安全漏洞。财务共享是一把双刃剑，互联网技术在为会计工作带来了资源共享的同时也为企业会计信息带来了安全隐患，由于财务共享模式带来的网络数据量的激增，巨大的信息流充斥着企业，使会计数据毫无例外地暴露在无形的互联网下，大大增加了会计信息的曝光度，会计数据的随机流动容易导致各种商业机密数据被人为泄露、篡改等安全隐患。而对于企业出现的安全性问题缺乏与会计信息化管理相适应的监督机制，进一步加剧了安全性问题恶化程度。

三、"互联网+"时代会计信息化管理有效措施

（一）加强法规政策约束并健全制度和标准体系

结合我国时代发展的要求，为"互联网+"背景下的会计行业制定合适的法律制度，规范"互联网+"背景下的会计行为，选择运用合适的法律制度为会计信息化管理提供有力支持，加大会计政策执行力度，完善与健全会计准则与会计信息化规范，修订不合理的规章制度，统一监管标准体系，针对在"互联网+"背景下会计工作中出现的新问题及时提出解决方法，政府部门应响应经济时代的号召，进一步加强互联网管理制度，切实发挥监督流程的积极作用，为"互联网+"时代会计信息化的管理带来积极意义。

（二）细化会计信息披露方式

细化会计信息披露方式是充分披露会计信息的有效途径之一，随着互联网技术的兴起，会计信息使用者获得会计信息的手段和方式越来越多样化，一方面将相关利益者分类，根据不同利益者的不同决策需求，提供不同数据、不同格式披露会计信息。另一方面实行多层次会计信息披露，财务报表应当区分各行业特征，结合该企业所在行业披露信息重点进行会计信息披露，揭示与企业经济活动密切相关的各种信息，包括反映企业经营业绩的相关指标，非财务信息、风险信息和预测性信息。

（三）降低会计信息失真风险

结合互联网财务报告确定的基本框架，确立会计核算前提，进一步扩大会计信息报告的范围，利用互联网的时效性，采用科学合理的会计核算方法，及时生成反映不同时点的财务状况和经营成果的会计数据，为会计信息的真实性提供了保障。开展远程审计工作，审计人员利用网络，随时随地审查企业的财务报表，实现互联网在线监督，企业管理层也可以随时抽查会计信息，实现多方监督。企业出台科学有效的内部控制制度，建立严格的会计数据备份制度，要求严格登记备份数据，大力保障数据的准确性和保密性。财务人员严格遵守会计职责分离制度，保证会计信息处理、操作、分析、保管岗位互相分离，做到互相牵制。

（四）强化"互联网＋"时代会计信息化管理安全建设

为了应对不同的经济业务，各企业应当结合自身经济业务的处理特点，建立一套与会计核算系统相匹配的网络系统管理体系，严格制定内部信息安全管理制度，定期展开对软硬件系统的检查，不定期查杀病毒，对核心数据实施加密处理，对重要数据定期备份等，建立有效的信息安全机制，保证计算机系统安全健康。会计核算的安全性也是不容忽视的，从业务流程优化与内部控制角度着手来加强会计信息安全管理，应当保证会计数据从源头到财务报表对外报出之前的安全性。会计从业人员树立安全防范意识是加强会计信息安全管理建设的基本前提，加强会计从业人员信息安全知识教育，提高会计从业人员对会计信息安全的重视程度。

"互联网＋"是当今时代发展的主流，对会计信息化的管理带来了重大影响。现代会计在"互联网＋"的时代背景下，会计信息的质量、会计工作模式、会计人员的思维与职能都做出了重要的转变，这种改变为会计工作的开展、管理、效率等方面带来了积极的影响，同时也带来了一定的挑战。信息技术浪潮席卷全球将是未来经济社会发展的趋势，现代会计必须时刻高度关注社会经济的发展方向，与时俱进，因地制宜地提出方针政策来健全会计信息化管理体系，积极推进会计信息化的发展，为会计行业创造健康良好、可持续发展的环境空间。

第八章　资产管理会计实务

第一节　资产管理概述

一、资产的概念与特点

（一）资产的概念

资产一般是指国家、企业、事业或者其他单位以及个人过去的交易或事项形成的，所拥有或者控制的、能以货币计量的、预期会给其带来经济利益的资源，包括各种财产、债权和其他债权利。对资产含义的正确认识，要注意以下两个方面。

1.区别会计学与经济学的资产

在会计学中，资产是指企业过去的交易或者事项形成的、由企业拥有或者控制的、预期会给企业带来经济利益的资源；在经济学中，资产被定义为经济主体拥有或控制的并具有效用价值的履行的财产或无形的权利。

会计学和经济学对资产的认定主要区别在于：会计学强调收益的货币形态的可计量性；而经济学则强调，主要能增进人们的效用价值，就应认定为有收益。如环境资源，在会计学上是无法估计或很难估计其带来的收益的，因此它也很难被会计学认同为一项资产，但在经济学分析中，环境资源毫无疑问是作为一项重要的资产来考察的。

与此相联系的是，会计学意义上的资产的局限还在于，其研究领域缺乏对共有资产主体的涵盖，因为资产的共同拥有问题往往是与资产收益的非货币计量属性相关联的。所以，在讨论广泛的经济生活中的资产管理问题时，切不可以会计学上的资产来以偏概全，否则在研究工作中势必出现整体性的偏差。特别是研究国有资产管理问题时，经常要涉及的是那些不能带来会计收益，但又确确实实能够带来看得见、摸得着的收益的资产，如上述的环境资源。

此外，会计学中的资产往往将人们的注意力集中于整个经济中的一小部分，如注重某一个企业的盈利最大化方面；而经济学中的资产，一般要引导人们注意的则是全民经济利益的最大化。

2. 注意资产存在形态的多样性

资产的存在形态是多种多样的，较需要注意的就是无形资产。无形资产是指特定主体所拥有、没有实物形态的非货币性资产，一般能使其主体在未来一段时间内获得较高的收益，但也具有较大的不确定性。

对无形资产这一概念，经济工作者往往从企业的角度都会有一些或多或少的认识，但事实上，国有资产也存在着无形资产问题。随着世界经济的一体化，国际、政治经济合作的不断加强，一个国家在国际社会中的政治、经济影响对其发展越来越重要。一国在世界中的政治信誉和经济信用等，会极大影响其在国际社会中的政治地位，也会影响一国的整体发展。

从某种角度说，一国在国际社会中投入的无形资产所带来的效益，有时要高于其他资产带来的效益。如某一国家对国外遭遇困难地区的某种援助、对国际组织所做出的承诺，这些都会提高其在国际上的政治影响，增强其政治、经济信誉及其影响力。

综上所述，资产是指企业过去的交易或者事项形成的、由企业拥有或者控制的、预期会给企业带来经济利益的资源。它是企业从事生产经营活动的物质基础。

（二）资产的特点

对于一项资源，只有具备以下三个基本特征，才被认为是会计上的资产。

第一，资产是由过去的交易或事项所形成的。也就是说，资产必须是现在的资产，而不能是预期的资产，是企业在过去的一个时期里，通过交易或事项所形成的资源。未来交易或事项以及未发生的交易或事项可能产生的资源，则不属于现在的资产，不得作为企业的资产。

第二，资产是企业所拥有的或者控制的。通常情况下，企业可以按照自己的意愿使用或处置该项资产，其他企业或个人未经同意，不得擅自使用。但在某些情况下，对于一些特殊方式形成的资产，如融资租入的固定资产，企业虽然对其不能拥有所有权，但实际上能够对其实施控制，按照实质重于形式的原则，也应当视为企业的资产。

第三，资产是预期会给企业带来经济利益的。这也是资产最重要的特征。所谓给企业带来未来经济利益，是指直接或间接地增加流入企业的现金或现金等价物的潜力，这种潜力可以单独或与其他资产结合起来产生净现金流入。预期不能带来经济利益的，就不能作为企业的资产。同样，对于企业已经取得的某项资产，如果其所能带来的未来经济利益已经不复存在，就应该将其剔除。例如，已失效或已损毁的货物，它们已经不能给企业带来经济利益，就不应该再作为企业的资产，否则，就将虚增企业的资产。

会计学中，资产被认为是各种被占用或运用的资金存在形态，着重强调资金的实际投入和运用，没有资金的投入和运用就没有资产，对于那些在实际经济生活中确实存在的，但没有占用或消耗资金或者资金消耗费无法估量的资产则排除在核算内容之外，如自创荣誉、人力资源等。而资产评估强调的是资产的现实存在性，只要是现实存在的、能给企业带来未来经济利益的资源均应纳入评估对象范围，资产评估中的资产范围比会计学中资产的范围要宽。此外，会计学对资产的计价强调历史成本原则，通过反映资产的取得成本，对一些资产的现实价值则不能完全有效地反映出来，而资产评估强调资产在模拟市场条件下的现实价值。因此，会计学中资产的范围并不能完全包含资产评估的对象。

因此，按照中国的企业会计准则，符合上述资产定义的资源，还要在同时满足以下条件时，才能确认为资产：①与该资源有关的经济利益很可能流入企业。②该资源的成本或者价值能够可靠地计量。

此外，中国的企业会计准则还进一步规定：符合资产定义和资产确认条件的项目，应当列入资产负债表；符合资产定义，但不符合资产确认条件的项目，不应列入资产负债表。

二、资产的分类与计价

（一）资产的分类

根据不同的标准可以对资产进行不同的分类。按不同的主体，可以将资产分为私有资产和国有资产。

私有资产是由个人、经济组织拥有的资产。一般是个人、经济组织通过构建等方式形成并拥有。主要包括两类：一是自然人拥有的资产，即个人财产。二是除了国有单位以外的法人，包括其他各种营利性组织和非营利性组织所拥有的资产。

国有资产是根据有关法律规定由国家拥有的资产。一般是根据国家有关法律规定或国家投资所形成的。

按照流动性可将资产分为流动资产、长期投资、固定资产、无形资产等。

1. 流动资产

流动资产是指可以在1年或超过1年的一个营业周期内变现或者耗用的资产，主要包括货币资金、短期投资、应收和预付款项、存货、待摊费用等。

短期投资是指能够随时变现并且持有时间不准备超过1年（含1年）的投资，包括股票、债券、基金等。短期投资通常易于变现，且持有时间较短，不以控制被投资单位为目的。作为短期投资应当符合两个条件：一是能够在公开市场交易并且有明确市价。例如，各种上市的股票、债券和基金等；二是持有投资作为剩余资金的存放形式，并保持其流动性和获利性，这一条件取决于管理当局的意图。

待摊费用是指企业已经支出，但应由本期和以后各期分别负担的分摊期限在1年以内（包括1年）的各项费用，如低值易耗品摊销、预付保险费以及一次购买印花税票和一次缴纳印花税税额较大需分摊的数额等。

2. 长期投资

长期投资是指除短期投资以外的投资,包括持有时间准备超过1年(不含1年)的各种股权性质的投资、不能变现或不准备随时变现的债券投资、其他债权投资和其他长期投资等。

长期投资按投资性质的不同，可分为长期股权投资和长期债权投资两类。

长期股权投资按照持股的对象不同，可分为长期股票投资和其他长期股权投资两类。

长期股票投资是指以通过购买股票的方式向被投资单位投入长期资本。与短期股票投资不同的是，企业作为长期股票投资而购入的股票不打算在短期内出售，不是为了获取股票买卖差价来取得投资收益，而是因为在较长的时期内取得股利收益或对被投资方实施控制，使被投资方作为一个独立的经济实体来为实现本企业总体经营目标服务。从法律上讲，股票投资的投资方最终按其投资额占被投资方股本总额的比例享有经营管理权、分享收益权和亏损分担责任。

其他长期股权投资是指企业以购买股权而不以持有股票的方式对受资方进行的投资，通常是在企业联营、合资过程中以现金、存货、固定资产等实物投资或者以无形资产投资。

长期股权投资具有如下特点：①长期持有，长期股权投资目的是长期持有被投资单位的股份，成为被投资单位的股东，通过所持有的股份对被投资单位实施控制或施加重大影响，或为了改善和巩固贸易关系等。②获取经济利益，并承担相应的风险。长期股权投资的最终目标是为了获取较大的经济利益，这种经济利益可以通过分得利润或股利获取，也可以通过其他方式取得。但是，如果被投资单位经营状况不佳，或者进行破产清算等时，投资企业作为股东，也需要承担相应的投资损失。③除股票投资外，长期股权投资通常不能随时出售。投资企业一旦成为被投资单位的股东，一般情况下不得随意抽回投资。④与长期债权投资相比，长期股权投资的风险较大。

长期债权投资是指企业通过购买债券、委托金融机构贷款等方式，取得被投资单位债权而形成的对外投资，主要包括债券投资和其他债权投资。

按照投资的对象，长期债权投资可以分为长期债券投资和其他长期债权投资两类。长期债券投资是指企业购入并长期持有国家或企业单位发行的期限超过 1 年的债券。其他长期债权投资是指除了长期债券投资以外的长期债权投资，如企业将多余资金委托银行贷款而形成的债权性质的投资。

长期债权投资具有如下特点：①债权投资只能获取被投资单位的债权，即定期收取利息、到期收回本金的权利。一般条件下，债权人无权参与被投资单位的管理和经营决策。②债权投资可以转让，但在债权投资的有效期内，除事先约定外，投资方一般不能要求债务单位提前偿还本金。③债权投资与股权投资一样存在一定的风险，即能否按期收回本息的风险。

企业应定期对长期投资的账面价值逐项进行检查，至少应在每年年末检查一次。如果由于市价持续下跌或被投资单位经营状况变化等原因导致其可收回金额低于投资的账面价值，应将可收回金额低于长期投资账面价值的差额，计提长期投资减值准备，确认为当期投资损失。

3. 固定资产

固定资产，指同时具有以下特征的有形资产：①为生产商品、提供劳务、出租或经营管理而持有的。②使用年限超过一个会计年度。③单位价值较高。通常是指使用期限超过 1 年的房屋、建筑物、机器、机械、运输工具以及其他与生产、经营有关的设备、器具、工具等。不属于生产经营主要设备的物品，单位价值在 2 000 元以上，并且使用年限超过 2 年的，也应当作为固定资产。

4. 无形资产

无形资产是指企业为生产商品或者提供劳务、出租给他人或因管理目的而持有的、没有实物形态的非货币性长期资产。无形资产分为可确指无形资产和不可确指无形资产。可确指无形资产包括专利权、非专利技术、商标权、著作权、土地使用权等；不可确指无形资产是指商誉。

企业自创的商誉，以及未满足无形资产确认条件的其他项目，不能作为无形资产。

无形资产一般具有如下特征：①没有实物形态。无形资产所体现的是一种权力或获得超额利润的能力，它没有实物形态，但具有价值，或者能使企业获得高于同行业一般水平的盈利能力。不具有实物形态是无形资产区别于其他资产的显著标志。②能在较长的时期内使企业获得经济效益。无形资产能在多个生产经营期内使用，使企业长期受益，因而，属于一项长期资产。③持有的目的是使用而不是出售。企业持有无形资产的目的是用于生产商品或提供劳务、出租给他人，或为了管理目的，而不是为了对外销售。④所能提供的未来经济效益具有不确定性。无形资产的经济价值在很大程度上受企业外部因素的影响，其预期的获利能力不能准确地加以确定。⑤通常是企业有偿取得的。只有花费了支出的无形资产，才能作为无形资产入账。否则，不能作为无形资产入账。

无形资产只有在满足以下条件时，企业才能加以确认：①该资产为企业获得经济利益很可能流入企业。②该资产的成本能够可靠地计量。

无形资产可按不同的标准进行分类：按能否确指划分，分为可确指无形资产和不可确指无形资产；按其来源划分，分为外来的无形资产和自创的无形资产；按其有无限期划分，可分为有限期无形资产和无限期无形资产。

（二）资产的计价

资产计价是指以货币来计量企业各种财产物资的实际价值的一种方法，它是会计计量的核心内容。一般包括流动资产、固定资产、长期投资、无形资产和其他资产等的计价。选择不同的计价方法对企业而言有着不同的影响：①影响企业拥有资产数额的多少。②影响企业一定时期费用成本的高低。③影响企业一定时期利润的大小。④影响国家所得税收入的多少。⑤影响企业的长远发展。

因此，选择正确的资产计价方法，对于企业的资产管理有十分重要的意义。

要了解资产计价，首先应该掌握资产计量的六种属性：①实际成本。所谓实际成本，即取得或制造某项财产物资时所实际支付的现金或其他等价物。实际成本核算原则要求对企业资产、负债和所有者权益等项目的计量应基于经济业务的实际交易价格或成本，而不考虑随后市场价格变动的影响。②重置价值。重置价值是指按当前生产条件和市场供应情况，重新购置或建造某项相同或类似资产所需的全部支出，即按照目前如果要购置相同或类似资产将必须支付的现金或现金等价物的金额加以记录。③销售价值。销售价值是指正常交易过程中出售资产而可以收回的货币资金数额，也就是现行销售价格。④清算价值（脱手价值）。清算价值是指企业停止经营进行清理财产时，变卖资产的成交价格。⑤可变现净值。可变现净值是指企业在正常经营过程中，以估计的售价减去估计完工成本及销售所必需的估计费用后的价值。⑥未来现金净流量。它是正常交易过程中可望变换成未来现金流入的现值减去为实现这一现金流入所需的现金流出的现值，即未来现金净流量＝未来现金流入现值－为此所需的现金流出现值。

在资产计价的过程中，应该牢记资产计价统一性和实际成本的原则。

资产的统一性原则要求必须采用规定的资产计价方法并在不同期间保持一致，而不随意改变。资产的实际成本原则是指会计准则规定，各项资产均按取得时的实际成本计价，包括取得时按其实际成本计价入账，耗用（和售出）资产，也按其实际成本计价入账，结存资产按实际成本反映其账面价值，而不得随意调整。

三、资产管理的主体与范围界定

（一）资产管理的主体

1. 宏观主体

国家作为经济活动的宏观管理主体。国家作为我国经济的宏观管理者，维持市场经济的秩序，监控一切市场主体的经济活动，而一切市场经济主体的经济活动也要接受国家的宏观调控。因此，企业的资产管理活动也要接受国家的监控，使其管理合法化，符合市场经济的发展要求。所以，国家是资产管理的宏观主体。

国家作为国有资产管理的主体。所谓国有资产管理，就是国家以所有者身份对国有资产经营活动进行计划、组织、监督、协调和控制活动的总和。从组织形态上看，也就是对不同国有化程度的企业的管理。

国有资产管理范围与国有资产经营活动特点直接相关，同时也与管理的目的紧密联系。例如，在我国改革前的经济体制下，国有资产体现为许多国有企业资产按行政隶属关系组成的集合。各国有企业之间、国有企业与非国有企业之间均不存在资产的相互渗透。因此，国有资产管理就是国有企业管理。国有资产管理范围就是按行政权力划分的封闭性国有企业集合。但是，在社会主义市场经济条件下，国有资产不仅仅体现为国有企业资产，还可以体现为企业股票资产。国有企业与非国有企业以及各国有企业之间都可能存在着资产的相互渗透。这样，国有资产管理范围就不再是一个封闭性的国有企业组织系统，而是一个开放性的国有企业组织系统，在这个组织系统中，包含着许多资产国有化程度不同的企业。

此外，从管理目的看，如果国有资产管理的目的只是为了资产增值，那么，尽管由于企业之间相互参股形成了国有资产的开放性经营活动领域，作为管理者来说，所关心的仅仅是与资产增值相关的资产联代关系；如果管理的目的不只是国有资产的增值，还包括国有资产控制的意图，那么，作为管理者来说，他所关心的将是国有资产所能渗透的各个经济活动领域。

由此可以看出，对于国有资产管理范围的分析，可以从两个不同角度来进行：一是从资产收益管理的角度来分析，二是从资产控制管理的角度来分析。两个角度分析的基础都是国有资产在企业之间的连带关系，但具体方法有所不同。

从经济关系角度来看，国有资产的运动大致可分为以下几个环节：资产投入、资产经营、资产收益分配、资产产权界定与评估、资产处分和资产的统计、核算与监督等。国有资产运动的诸环节构成及其相互关系，就是企业国有资产管理的内容。基本可概括为以下三方面内容。

第一，国有资产投入的管理。国有资产投入是指国家以一定形态（包括有形和无形）的资产所进行的投资行为。国有资产投入具有兼顾社会效益与经营盈利性双重目的的特征，它是由国有资产再生产体系构成的客观要求所决定的。国有资产投入具有重大意义，它是社会主义国家实现其经济职能的需要；是优化产业结构，加强国家宏观调控能力的需要；是提高全体人民物质文化生活水平，充分体现社会主义优越性的需要。国有资产投入的资金来源可以是国家预算拨款，也可以是国有资产收益分配中分配来的用于资产增值的基金和国有资产变卖等其他收入。国有资产投入的方式既有直接投资，也有间接或委托投资；既有有偿投资，也有无偿投资。国有资产投入是国有资产运动过程的起始环节，它在国有资产管理整体中居于重要地位，投资的好坏直接决定国有资产管理后几个环节的状况。

第二，国有资产经营的管理。国有资产经营是指国有资产产权主体为优化的国有资产配置，促进提高国有资产经营效益，实现国有资产保值增值的目标而进行的一系列筹划、运营与管理等活动。国有资产经营管理主体是各级政府的国有资产管理部门及其授权的特定部门。国有资产经营管理是整个国有资产管理的核心部分，对国有资产管理的其他环节有着决定性的影响。

第三，国有资产收益分配的管理。国有资产收益是指国家凭借资产所有权得到的企业税后应上缴利润、租金、股利、资产占用费等收入的总和。国有资产收益是国家以企业资产所有者的身份取得的，包含在国有资产经营过程创造的利润中。国有资产收益的多少直接受国有资产经营效益水平高低的影响。因此国有资产收益是反映国有资产经营管理状况的综合指标，通过收益指标可以透视国有资产的经营管理过程，发现问题并采取措施，改善管理。

需提及的是，国有企业缴纳的税收不属于国有资产收益，因为税收是国家凭借其政治权力，强制、无偿、固定地对社会纯收入进行分配的一种形式。国家在通过税收手段对企业创造的社会纯收入进行分配时，企业所有制形式的性质与税收这一分配形式的基本特征是毫无关系的。

国有资产收益分配由国有资产管理部门会同财政部门，依照国家法律、法规和国有企业所采取的资产经营方式予以确定。基本分配原则为兼顾国家、企业和劳动者三者的利益，保证企业的责、权、利相结合。

我国国有资产管理具有双重任务：一是维护所有者国家的权益，保障国有资产的保值和增值提高国有资产的营运效益，为增加社会财富和国家财政收入做出更大贡献；二是努力使国有经济充满生机和活力，结构合理，素质逐步提高，以便更好地发挥其整体效益和主导作用，促进整个国民经济健康发展。

第一项任务的核心问题是保障国有资产的保值增值。要保值，首先必须加强对现有存量资产的管理，包括加强产权登记、产权界定、资产评估、统计报告和收益征收等各项日常管理工作，防止流失。要增值，就必须着眼于做大"蛋糕"，千方百计提高国有资产营运效益。

第二项任务的核心问题是不仅要使国有资产保值增值，而且要在国民经济的运行上发挥主导作用，保证市场经济的社会主义性质。两项任务是相辅相成的，不可偏废。

2. 微观主体

在现代市场经济条件下，企业资产利益相关者有很多，究其实质，不外乎是对企业的资产管理经营产生影响或者会被企业的资产管理经营所影响的人或者组织，包括资产的投资者、经营者、管理者等，它们对企业资产享有一定的权利，同时也承担一定的责任或者风险。

目前，企业资产的利益相关者一般可划分为直接利益相关者和间接利益相关者两大类。

3. 具体主体

资产管理的具体主体是指与资产直接接触的工作人员，他们对资产有着最直接、详细、清楚的了解，在资产管理中也起着不可忽视的作用。因此，他们也应该作为资产管理主体的重要组成部分。

货币资金管理的具体主体：与货币资金直接接触的管理人员是企业的会计和出纳，因此，他们就成为货币资金管理的直接主体即具体主体，负责货币资金的日常收付、结算等具体的管理工作。

实物资产管理的具体主体：直接管理实物资产的即为实物资产的使用者和维护人员。如仓库的保管人员、机器设备的使用者或操作人员，以及对固定资产进行保养、维修的相关人员。

无形资产管理的具体主体：对于企业自主研究开发的无形资产，其直接管理人员当然是无形资产的研究和开发人员，因为没有人比他们对自己发明的无形资产更为了解。如果是企业以其他方式（现金购入、以非货币资产换入、重组取得、接受投资、接受捐赠等）取得的无形资产，其具体的管理人员应该是企业专门为该项无形资产配备的进行专业保护或维护的专业人员，如顾问、律师等。

对外投资资产管理的具体主体：对外投资的岗位有对外投资项目可行性研究与评估、对外投资决策与执行、对外投资处置的审批与执行、投资交易业务处理与会计记录，因此，这些岗位的工作人员都是对外投资管理的具体主体。

（二）资产管理的范围界定

资产管理的目的是维护资产的价值、维护资产所有者及其相关的经济主体的合法权益、实现资产的优化配置和管理等。

在市场经济条件下，资产多种多样，其性质各不相同，因而决定了资产管理的范围很广。但无论是何种形式的资产，都有其在企业形成、使用和退出的"生命"全过程。因此，对资产的管理要贯穿资产在企业生产经营活动的全部过程。

1. 资产的形成管理

企业资产的形成方式包括股东投入生产经营活动实现的资产增值、通过负债获得货币资产、通过支付租金获得实物资产和无形资产的使用权等。因资产具体形成形式不同，因此资产形成管理具体表现在以下方面：①资产的购入管理。②

资产的建设管理。③资产的投资转入管理。④资产捐赠管理。⑤资产债务重组管理。

在资产的形成管理中特别需要注意的一点是资产产权管理,明确资产所有权,而其中最为重要的是国有资产的产权管理问题。

2. 资产的日常管理

对于不同的资产,其资产的日常管理范围也是不相同的。

货币资金的日常管理主要包括货币资金的收入管理、支出管理、清查管理、账务核算管理等。

实物资产的日常管理主要包括资产卡片管理、资产录入管理、资产转移管理、资产维修管理、资产借用管理、资产启用管理、资产停用管理、资产盘点管理、资产折旧管理、报表管理等。

无形资产的日常管理主要包括无形资产的经营管理、使用管理、摊销管理等。

对外投资资产的日常管理主要包括股权投资、债权投资、混合投资和基金投资。按对外投资项目的运作程序,日常管理一般包括审批管理、实施管理、监控管理等。按内容又可分为资金管理、财务管理、风险管理等。

3. 资产的退出管理

不同资产的退出形式不同,因而具体资产的退出管理又有所不同。

货币资金的退出管理:对于货币资金来说,支出货币资金就是退出,而支出管理又是属于货币资金的日常管理,所以,货币资金不存在退出管理。

实物资产的退出管理:实物资产的退出方式有报废、出租、出售及捐赠等。因此,实物资产的退出管理包括:报废管理、出租管理、出售管理、捐赠管理等。

无形资产的退出管理:无形资产的出租管理、出售管理、转销管理等。

对外投资资产的退出管理:主要是指收回投资资金。因此,这一过程的管理主要是出售管理。

第二节　固定资产管理会计实务

一、固定资产的确认与折旧

（一）固定资产的确认

所谓确认，是指将某个项目作为一项资产、负债、所有者权益、收入、费用和利润等正式地列入资产负债表、利润表的过程。它包括用文字和数字描述某个项目，确认了的项目金额包括在资产负债表、利润表总计之中。也就是说对于某项涉及会计要素的经济业务，如果按照一定的方法把它记录下来，就是予以了确认；如果不把它记录下来，就是不予以确认。

对于一项资产的确认，不仅要记录该项资产的取得或发生，还要记录其后发生的变动。所以，固定资产的确认，也就是将符合固定资产确认条件的项目，作为企业的固定资产加以记录并将其列入资产负债表的过程。一般情况下，固定资产只有在同时满足以下两个条件时，才能予以确认。

1. 固定资产包含的经济利益很可能流入企业

资产最重要的特征是预期会给企业带来经济利益。这一条件中的经济利益，是指直接或间接地流入企业的现金或现金等价物。固定资产导致经济利益流入企业的方式多种多样。比如，单独或与其他资产组合为企业带来经济利益；以固定资产交换其他资产；以固定资产偿还债务等。

判断与固定资产有关的经济利益是否很可能流入企业，主要判断与该固定资产所有权相关的风险和报酬是否转移到了企业。与固定资产所有权相关的风险，是指由于经营情况变化造成的相关收益的变动，以及由于资产闲置、技术陈旧等原因造成的损失；与固定资产所有权相关的报酬，是指在固定资产使用寿命内使用该资产而获得的收入以及处置该资产所实现的利得等。

2. 固定资产的成本能够可靠地计量

成本能够可靠地计量，是资产确认的一项基本条件，对于固定资产确认来说尤其如此。企业在确定固定资产成本时必须取得确凿证据，但是，有时需要根据所获得的最新资料，对固定资产的成本进行合理的估计。比如，企业对于已达到预定可使用状态但尚未办理竣工决算的固定资产，需要根据工程预算、工程造价或者工程实际发生的成本等资料，按估计价值确定其成本，办理竣工决算后，再按照实际成本调整原来的暂估价值。

（二）固定资产的初始计量

固定资产的初始计量是确定固定资产的取得成本。

固定资产的成本，是指企业购建某项固定资产达到预定可使用状态前所发生的一切合理、必要的支出。这些支出包括直接发生的价款、运杂费、包装费和安装成本等，也包括间接发生的，如应承担的借款利息、外币借款折算差额以及应分摊的其他间接费用。

对于特殊行业的特定固定资产，确定其初始入账成本时还应考虑弃置费用。弃置费用通常是指根据国家法律和行政法规、国际公约等规定，企业应承担的环境保护和生态恢复等义务所确定的支出，如核电站、核设施等的弃置和恢复环境等义务。对于这些特殊行业的特定固定资产，企业应当按照弃置费用的现值计入相关固定资产成本。石油天然气开采企业应当按照油气资产的弃置费用现值计入相关油气资产成本。一般工商企业的固定资产发生的报废清理费用，不属于弃置费用，应当在发生时作为固定资产处置费用处理。

1. 外购固定资产

企业外购固定资产的成本，包括购买价款、相关税费、使固定资产达到预定可使用状态前所发生的可归属于该项资产的运输费、装卸费、安装费和专业人员服务费等。但不包括按照税法规定可以抵扣的增值税额。以一笔款项购入多项没有单独标价的固定资产，应当按照各项固定资产的公允价值比例对总成本进行分配，分别确定各项固定资产的成本。外购固定资产分为购入不需要安装的固定资产和购入需要安装的固定资产两类。

（1）外购不需要安装的固定资产

企业购入不需要安装的固定资产，应当按照实际支付的价款予以确认，但要注意增值税的处理。

（2）外购需要安装的固定资产

企业购入需要安装的固定资产是指购置的需要经过安装以后才能交付使用的固定资产，即需要安装才能达到预定可使用状态的固定资产。购入需要安装的固定资产，应在购入不需要安装的固定资产取得成本的基础上加上安装调试成本等，作为固定资产的入账价值。

2.自建固定资产

自行建造的固定资产，按建造该项资产达到预定可使用状态前所发生的必要支出，作为入账价值。其中，"建造该项资产达到预定可使用状态前所发生的必要支出"，包括工程用物资成本、人工成本、缴纳的相关税费、应予资本化的借款费用以及应分摊的间接费用等。企业为在建工程准备的各种物资，应按实际支付的购买价款、增值税税额、运输费、保险费等相关税费，作为实际成本，并按各种专项物资的种类进行明细核算。

企业自行建造固定资产包括自营建造和出包建造两种方式。

（1）自营建造固定资产成本确定

企业自营建造固定资产，应当按照建造该项固定资产竣工决算前所发生的必要支出确定其工程成本，并单独核算。工程项目较多且工程支出较大的企业，应当按照工程项目的性质分别核算。

企业自营建造固定资产，领用工程物资、在建工程应负担的职工薪酬、使用本企业的产品或商品、竣工决算前发生的借款利息等都应借记"在建工程"。自营工程办理决算竣工，再借记"固定资产"科目，贷记"在建工程"。

（2）出包建造固定资产成本确定

企业通过出包方式建造的固定资产，按应支付给承包单位的工程价款等作为固定资产成本。按照合同规定预付承包单位工程价款，借记"在建工程"科目，贷记"银行存款"等科目。工程完工收到承包单位账单，借记"固定资产"科目，贷记"在建工程"科目。

3.投资者投入的固定资产

投资者投入的固定资产，应按投资合同或协议约定价值确定成本，但合同或协议约定价值不公允的除外。

会计核算时，企业在办理了固定资产移交手续之后，按投资合同或协议约定的价值作为固定资产的入账价值，借记"固定资产"等科目。

4.盘盈固定资产的成本

盘盈固定资产的成本应当按照同类或者类似固定资产的市场价格扣除按照该项固定资产新旧程度估计的折旧后的余额确定。

5.租入的固定资产

融资租赁是指实质上转移了与资产所有权有关的全部风险和报酬的租赁。其所有权最终可能转移，也可能不转移。在融资租赁方式下，承租人应于租赁开始日将租入固定资产公允价值与最低租赁付款额现值两者中较低者作为租入固定资产入账价值，将最低租赁付款额作为长期应付款的入账价值，其差额作为未确认融资费用。

（三）固定资产的折旧

固定资产的折旧是指在固定资产的使用寿命内，按确定的方法对应计折旧额进行的系统分摊。其实质是对固定资产由于磨损和损耗而转移到成本费用中去的那一部分价值的补偿。

其中，固定资产使用寿命是指固定资产预期使用的期限，有些固定资产的使用寿命也可以用该资产所能生产的产品或提供的服务的数量来表示。另外，应计折旧额是指应计提折旧的固定资产的原价扣除其预计净残值后的余额；如已对固定资产计提减值准备，还应扣除已计提的固定资产减值准备累计金额。

1.折旧的时间范围

为体现一贯性原则，在一年内固定资产折旧方法不能修改。

当月增加的固定资产，当月不计提折旧，从下月起计提折旧；当月减少的固定资产，当月仍计提折旧，从下月起停止计提折旧。

已达到预定可使用状态但尚未办理竣工决算的固定资产，应当按照估计价值确定其成本，并计提折旧；待办理竣工决算后，再按照实际成本调整原来的暂估价值，但不需要调整原已计提的折旧额。

处于更新改造过程停止使用的固定资产，应将其账面价值转入在建工程，不再计提折旧。更新改造项目达到预定可使用状态转为固定资产后，再按照重新确定的折旧方法和该项固定资产尚可使用寿命计提折旧。

因进行大修理而停用的固定资产，应当照提折旧，计提的折旧额应计入相关资产成本或当期损益。

企业至少应当于每年年度终了，对固定资产的使用寿命、预计净残值和折旧方法进行复核。使用寿命预计数与原先估计数有差异的，应当调整固定资产使用寿命；预计净残值预计数与原先估计数有差异的，应当调整预计净残值；与固定资产有关的经济利益预期实现方式有重大改变的，应当改变固定资产折旧方法。固定资产使用寿命、预计净残值和折旧方法的改变应当作为会计估计变更。

2. 折旧的对象范围

一般情况下，企业应对其所有的固定资产计提折旧。但下列情况除外：①房屋、建筑物以外未投入使用的固定资产；②以经营租赁方式租入的固定资产；③已计提折旧但仍继续使用的固定资产；④提前报废的固定资产。

3. 影响折旧的因素

影响折旧的因素主要有以下几个方面：

（1）固定资产原值

固定资产原值是指固定资产的成本。

（2）预计净残值

预计净残值是指固定资产预计使用寿命已满，企业从该项固定资产处置中获得的扣除预计处置费用后的金额。

（3）固定资产的使用寿命

使用寿命是指企业使用固定资产的预计期间，或者该固定资产所能生产产品或提供劳务的数量。

企业确定固定资产使用寿命时，应当考虑下列因素：①该项资产预计生产能力或实物产量；②该项资产预计有形损耗，如设备使用中发生磨损、房屋建筑物受到自然侵蚀等；③该项资产预计无形损耗，如因新技术的出现而使现有的资产技术水平相对陈旧、市场需求变化使产品过时等；④法律或者类似规定对该项资产使用的限制。

总之，企业应当根据固定资产的性质和使用情况，合理确定固定资产的使用寿命和预计净残值。固定资产的使用寿命、预计净残值一经确定，不得随意变更。

二、固定资产的入账价值

固定资产应按其取得时的成本作为入账价值，取得时的成本包括买价、进口关税等税金、运输和保险等相关费用，以及为使固定资产达到预定可使用状态前所必要的支出。

（一）外购固定资产的入账价值

外购固定资产的成本包括买价，进口关税等相关税费，以及为使固定资产达到预定可使用状态前所发生的可直接归属于该资产的其他支出，如场地整理费、运输费、装卸费、安装费和专业人员服务费等。

（二）自制、自建固定资产的入账价值

自制、自建的固定资产，按建造固定资产达到预定可使用状态前所发生的必要支出作为其入账价值。自建固定资产可分为自营工程和出包工程，企业应设置"工程物资"科目和"在建工程"科目进行核算。

"工程物资"科目核算企业为建筑工程等购入的各种物资的实际成本，包括为工程准备的材料、尚未安装的设备的实际成本等。企业购入为工程准备的物资，应按实际成本和增值税专用发票上注明的增值税额，借记"工程物资"科目，贷记"银行存款""应付账款"等科目。工程领用工程物资，借记"在建工程"科目，贷记"工程物资"科目。工程完工对领出的剩余工程物资应办理退库手续，并做相反的会计分录。工程完工后剩余的物资，如转作本企业存货的，按材料的实际成本，借记"材料"科目，按可抵扣的增值税进项税额，借记"应交税费——应交增值税（进项税额）"科目，按转入存货的剩余工程物;资的账面余额，贷记"工程物资"科目。

盘盈、盘亏、报废、毁损的工程物资，减去保险公司、过失人的赔偿部分，工程尚未完工的，计入或冲减所建工程项目的成本；工程已经完工的，计入营业外收支。"工程物资"科目期末借方余额，反映企业为工程购入但尚未领用的材料及购入需要安装设备的实际成本等。

"在建工程"科目核算企业进行建筑工程、安装工程、技术改造工程等发生的实际成本。为在建工程需要专门购入的工程物资，购入时应通过"工程物资"科目进行核算，待实际用于在建工程时转入"在建工程"科目。

自行建造完成的固定资产，按建造资产达到预定可使用状态前所发生的必要支出作为入账价值，借记"固定资产"科目，贷记"在建工程"科目。建造资产达到预定可使用状态前所发生的必要支出，包括企业以专门借款购建的固定资产，在达到预定可使用状态前实际发生的借款费用等。

自营的工程，在领用工程用物资时，应按工程物资的实际成本，借记"在建工程（建筑工程、安装工程等）"科目，贷记"工程物资"等科目；工程领用本企业材料的，应按材料的实际成本加上不能抵扣的增值税进项税额，借记"在建工程"科目，按材料的实际成本，贷记"材料"科目，按不能抵扣的增值税进项税额，贷记"应交税费——应交增值税（进项税额转出）"科目。

（三）投资者投入固定资产的入账价值

投资者投入的固定资产，按投资各方确认的价值作为其成本，借记"固定资产"科目，贷记"实收资本"科目。

（四）融资租入固定资产的入账价值

融资租入的固定资产，按照租赁协议或者合同确定的价款，加上运输费、途中保险费、安装调试费以及融资租入固定资产达到预定可使用状态前发生的利息支出和汇兑损益后的金额作为其成本。企业应当在"固定资产"科目下，单设"融资租入固定资产"明细科目进行核算。企业应自租赁开始日，按确定的入账价值借记"固定资产（融资租入固定资产）"科目，按租赁协议或者合同确定的设备价款，贷记"长期应付款——应付融资租赁款"科目，按支付的其他费用，贷记"银行存款"等科目。租赁期满，如合同规定将固定资产所有权转归承租企业，应进行转账，将固定资产从"融资租入固定资产"明细科目转入有关明细科目。

（五）接受捐赠固定资产的入账价值

接受捐赠的固定资产，捐赠方提供了有关凭据的，按凭据上标明的金额加上应支付的相关税费，作为固定资产的成本；如果捐赠方未提供有关凭据，则按其市价或同类，类似固定资产的市场价格估计的金额，加上由企业负担的运输费、保险费、安装调试费等作为固定资产成本。企业按确认的固定资产价值，借记"固定资产"科目，按接受捐赠待转的资产价值，贷记"待转资产价值"科目，按支付的其他相关税费，贷记"银行存款"等科目。

（六）盘盈固定资产的入账价值

盘盈的固定资产，按其市价或同类、类似固定资产的市场价格，减去按该项资产的新旧程度估计的价值损耗后的余额作为其成本。按确定的入账价值，借记"固定资产"科目，贷记"营业外收入"科目。

三、固定资产减少的核算

（一）固定资产盘亏

企业发现固定资产盘亏时，按其账面净值，借记"营业外支出"科目，按已提折旧，借记"累计折旧"科目；按固定资产的原价，贷记"固定资产"科目。

（二）固定资产出售、报废和毁损

企业因出售、报废、毁损等原因减少的固定资产，要通过"固定资产清理"科目核算。"固定资产清理"科目核算企业因出售、报废和毁损等原因转入清理的固定资产价值及在清理过程中发生的清理费用和清理收入等。固定资产清理的核算可分为以下几个步骤：

第一步，按清理固定资产的净值，借记"固定资产清理"科目，按已提的折旧，借记"累计折旧"科目，按固定资产原价，贷记"固定资产"科目。

第二步，按实际发生的清理费用，借记"固定资产清理"科目，贷记"银行存款"等科目。

第三步，按税法规定需要缴纳营业税的固定资产，计算的营业税借记，"固定资产清理"科目，贷记"应交税费——应交营业税"科目。

第四步，出售收入和残料等按实际收到的出售价款及残料变价收入等，借记"银行存款""材料"等科目，贷记"固定资产清理"科目。计算或收到应由保险公司或过失人赔偿的损失款，借记"银行存款"或"其他应收款"科目，贷记"固定资产清理"科目。

第五步，企业于生产经营期间产生的固定资产清理净收益，应借记"固定资产清理"科目，贷记"营业外收入"科目；生产经营期间产生的固定资产清理净损失，应借记"营业外支出"科目，贷记"固定资产清理"科目。

企业以固定资产清偿债务，以非货币性交易换出固定资产、对外捐赠转出固定资产，无偿调出固定资产等原因减少的固定资产也通过"固定资产清理"科目核算。

（三）投资转出固定资产

投资转出的固定资产，企业应按有关非货币性交易的原则处理。企业如发生非货币性交易，应按以下原则处理：以换出资产的账面价值，加上应支付的相关税费，作为换入资产的入账价值。

非货币性交易中如果发生补价，应区别不同情况处理：支付补价的企业，应以换出资产的账面价值加上补价和应支付的相关税费，作为换入资产的入账价值；收到补价的企业，应按以下公式确定换入资产的入账价值和应确认的损益。

在非货币性交易中，如果同时换入多项资产，应按换入各项资产的公允价值占换入资产公允价值总额的比例，对换出资产的账面价值总额和应支付的相关税费等进行分配，以确定各项换入资产的入账价值。

（四）捐赠转出固定资产

捐赠转出的固定资产，应按固定资产净值，转入"固定资产清理"科目，对于应支付的相关税费，也应通过"固定资产清理"科目进行归集。按"固定资产清理"科目的余额，借记"营业外支出"科目，贷记"固定资产清理"科目。

第三节　无形资产管理会计实务

一、无形资产的内容

（一）专利权

专利权，是指国家专利主管机关依法授予发明创造专利申请人，对其发明创造在法定期限内所享有的专有权利，包括发明专利权、实用新型专利权和外观设计专利权。发明专利权的期限为 20 年，实用新型专利权和外观设计专利权的期限为 10 年，均自申请日起计算。

（二）非专利技术

非专利技术又称专有技术，是指不为外界所知、在生产经营活动中已采用了的，不享有法律保护的、可以带来经济效益的各种经验和技术。非专利技术一般包括工业专有技术、商业贸易专有技术、管理专有技术等。工业专有技术是指在生产上已经采用，仅限于少数人知道，不享有专利权或发明权的生产、装配、修理、工艺或加工方法的技术知识，可以用蓝图、配方、技术记录操作方法的说明等具体资料表现出来，也可以通过卖方派出技术人员进行指导，或接受买方人员进行技术实习等手段实现。商业贸易专有技术是指具有保密性质的市场情报、原材料价格情报以及用户、竞争对象的情况的有关知识。管理专有技术是指生产组织的经营方式、管理方法、培训职工方法等保密知识。外购的非专利技术，应将实际发生的支出资本化，作为无形资产入账。

（三）商标权

商标是用来辨认特定的商品或劳务的标记。商标权，是指专门在某类指定的商品或产品上使用特定的名称或图案的权利。经商标局核准注册的商标为注册商标，包括商品商标、服务商标、集体商标和证明商标。

（四）著作权

著作权又称版权，是指作者对其创作的文学、科学和艺术作品依法享有的某些特殊权利。著作权不仅包括作品署名权、发表权、修改权和保护作品完整权，还包括复制权、发行权、出租权、展览权、表演权、放映权、广播权、信息网络传播权、摄制权、改编权、翻译权、汇编权以及应当由著作权人享有的其他权利。

（五）土地使用权

土地使用权，是指国家准许某企业在一定期间内对国有土地享有开发、利用、经营的权利。根据《中华人民共和国土地管理法》的规定，我国土地实行公有制，任何单位和个人不得侵占、买卖或者以其他形式非法转让。企业取得土地使用权的方式大致有行政划拨取得、外购取得（如以缴纳土地出让金方式取得）及投资者投资取得几种。在通常情况下，作为投资性房地产或者作为固定资产核算的土地，按照投资性房地产或者固定资产核算；以缴纳土地出让金等方式外购的土地使用权、投资者投入等方式取得的土地使用权作为无形资产核算。

（六）特许权

特许权也称为专营权，指在某一地区经营或销售某种特定商品的权利或是一家企业接受另一家企业使用其商标、商号、技术秘密等的权利。前者是由政府机构授权，准许企业使用或在一定地区享有经营某种业务的特权，如水、电、邮电通信等专营权、烟草专卖权等；后者是指企业间依照签订的合同，有限期或无限期使用另一家企业的某些权利，如连锁店的分店等。

（七）商誉

商誉是指企业获得超额收益的能力。通常是指企业由于所处的地理位置优越，或由于信誉好而获得了客户的信任，或由于组织得当、生产经营效益高，或由于技术先进、掌握了生产的诀窍等原因而形成的无形价值。这种无形价值具体表现在该企业的获利能力超过了一般企业的获利水平。商誉与整体的企业有关，因而它不能单独存在，也不能与企业可确指的各种资产分开出售。

如果无形资产的账面价值超过其可收回金额，则应按超过部分确认无形资产减值准备。企业计提的无形资产减值准备，计入当期的营业外支出。如果可收回金额高于账面价值，一般不做会计处理。

二、无形资产的摊销

（一）无形资产摊销的方法

无形资产应当自取得当月起按直线法分期平均摊销，计入损益。具体计算公式如下：

$$无形资产年摊销额 = 无形资产实际成本 \div 摊销年限$$

在通常情况下，无形资产成本应在其预计使用年限内摊销。如果预计使用年限超过合同受益年限和法律规定的有效年限，该无形资产的摊销年限按如下原则确定：①合同规定了受益年限但法律没有规定有效年限的，摊销年限不应超过合同规定的受益年限。②合同没有规定受益年限但法律规定了有效年限的，摊销年限不应超过法律规定的有效年限。③合同规定了受益年限，法律也规定了有效年限的，摊销年限不应超过受益年限和有效年限两者之中较短者。④合同没有规定受益年限，法律也没有规定有效年限的，摊销年限不应超过 10 年。⑤无形资产的摊销期限一经确定，不得任意变更。因为客观经济环境改变确实需要变更摊销年限的，应将该变更作为会计估计变更处理；否则，应视作滥用会计估计变更，视同重大会计差错处理。

（二）无形资产摊销的核算

企业应以无形资产的实际成本为基础，在规定的摊销年限内，采用直线法计算确定本期无形资产摊销额，借记"管理费用（自用无形资产）""其他业务支出（出租无形资产）"科目，贷记"无形资产"科目。

三、无形资产的处置

（一）转让无形资产所有权

转让无形资产所有权，即无形资产的出售。企业应按实际取得的转让收入，借记"银行存款"等科目，按应支付的相关税费，贷记"应交税费——应交营业税"科目，同时注销转让无形资产的摊余价值，贷记"无形资产"科目，按差额贷记"营业外收入"科目或借记"营业外支出"科目。

（二）转让无形资产使用权

转让无形资产使用权，是指企业仍然保留对该项无形资产的所有权，只是将其使用的权利或部分使用的权利让渡给其他单位或个人。出租无形资产所取得的租金收入，借记"银行存款"等科目，贷记"其他业务收入"等科目；结转出租无形资产的成本时，借记"其他业务支出"科目，贷记有关科目。

第四节　财务资产管理维度、流程和控制措施

一、财务资产管理维度

（一）固定资产报废管理重点

固定资产报废是指固定资产由于长期使用过程中的有形磨损，且已达到规定使用年限，不能修复继续使用；或由于技术改进的无形磨损，必须以新的、更先进的固定资产替换等原因造成的对原有固定资产按照有关规定进行产权注销的行为。加强对企业固定资产的报废管理，可以确保报废的固定资产是不可用的或不具有使用价值的，防止企业资产的流失。固定资产报废管理的重点主要包括以下三个方面的内容。

1. 报废申请条件

使用年限过长，功能丧失，完全失去使用价值，或不能使用并无修复价值的产品，技术落后、质量差、耗能高、效率低，已属于淘汰且不适合继续使用，或技术指标已达不到使用要求的严重损坏，无法修复或虽能修复，但累计修理费已接近或超过市场价值的主要附件损坏，无法修复，而主体尚可使用的，可进行部分报废。免税进口的仪器设备应当在监管期满，向海关申请解除监管并获得批准之后再提出报废申请。

2. 报废损失认定

企业内部有关部门出具的鉴定证明单项或批量金额较大的固定资产报废、毁损，企业应逐项做出专项说明，并委托有技术鉴定资格的机构进行鉴定，出具鉴

定说明不可抗力原因（自然灾害、意外事故、战争等）造成固定资产毁损、报废的，应当有相关职能部门出具的鉴定报告企业固定资产报废、毁损情况说明及内部核批文件涉及保险索赔的，应当由保险公司理赔情况说明。

3. 报废核算程序

注销报废固定资产的原值和已提折旧额。按固定资产的净值，借记"固定资产清理"账户；按已提折旧额，借记"累计折旧"账户；按固定资产原值，贷记"固定资产"账户结转残料价值和变价收入。按收回的残料价值和变价收入，借记"银行存款""原材料"等账户，贷记"固定资产清理"账户支付清理费用。按发生的清理费用，借记"固定资产清理"账户，贷记"银行存款"等账户结转清理后的净损益。固定资产清理后的净收益，借记"固定资产清理"账户，贷记"营业外收入——处理固定资产收益"账户，固定资产清理后的净损失，借记"营业外支出——处理固定资产损失"账户，贷记"固定资产清理"账户。

（二）固定资产折旧管理重点

固定资产折旧是指企业在一定时期内为弥补固定资产损耗按照规定的固定资产折旧率提取的固定资产折旧。合理科学地对固定资产计提折旧不仅能够真实反映企业的经济效益，还能对企业后续的投资产生很大影响，因此企业应加强对固定资产折旧的管理。固定资产折旧管理重点主要包括四个方面的内容。

1. 固定资产折旧范围

固定资产折旧范围包括房屋和建筑物；在用的机器设备、仪器仪表、运输车辆、工具器具；季节性停用及修理停用的设备；以经营租赁方式租出的固定资产和以融资租赁方式租入的固定资产。

2. 固定资产折旧方法

企业应当根据固定资产所含经济利益的预期实现方式，选择折旧方法。可选择的折旧方法包括平均年限法（直线法）、工作量法、年数总和法和双倍余额递减法。折旧方法一经选定，不得随意变更。

3. 固定资产折旧控制

当月增加的固定资产，当月不计提折旧，从下月起计提折旧；当月减少的固定资产，当月计提折旧，从下月起不计提折旧。固定资产计提折旧后，不论能否继续使用，均不再计提折旧；提前报废的固定资产，也不再补提折旧。

4. 固定资产折旧年限

房屋、建筑物的折旧年限为 20 年；飞机、火车、轮船、机器、机械和其他生产设备的折旧年限为 10 年；与生产经营活动有关的器具、工具、家具等的折旧年限为 5 年；飞机、火车、轮船以外的运输工具的折旧年限为 4 年；电子设备的折旧年限为 3 年。

（三）存货清查工作管理重点

存货清查工作是通过对存货的实地盘点，确定存货实有数量，并与账面结存数相核对，从而确定存货实存数与账面结存数是否相符。存货清查工作的管理重点主要包括以下四个方面的内容：

1. 确定存货盘点计划

安排人员录入截止时点前的数据信息，用以准备存货清单确定存货盘点范围（对象）和参盘人员，根据不同部门人员的职能进行分工，确定存货盘点的计量工具和计量方法；设计盘点表和盘点标签；制定盘点期间存货移动的控制措施。

2. 布置盘点工作

召开盘点会议，布置盘点工作将盘点工作要求及时传达参与盘点人员。

3. 实施具体盘点工作

发放盘点表，并对盘点表做连续编号，记录发放给各个盘点人员的盘点表编号，做到人表一一对应通报盘点程序和职责分工，强调盘点纪律，监盘人应在场进行监督，确保盘点过程中使用了正确的计量方法、遵守盘点规则，盘点没有遗漏和重复，盘点过程中填表者应复诵盘点者所念的各项名称及数量，以确保填写正确盘点完毕后，正确的盘点表应包括盘点者、填表者和监督人员三人的签字。

4. 汇总存货盘点资料

汇总盘点结果，由仓库、生产部配合财务部进行盘盈、盘亏的分析、调查与处理由财务部编制盘点报告，呈交主管领导。

（四）无形资产取得管理重点

无形资产取得管理主要包括确定无形资产取得方式、明确无形资产入账价值和无形资产取得核算三方面的内容。

1. 取得方式

无形资产的取得方式主要为自行研发、外购、接受捐赠、股东投入等。

2. 入账价值

自行开发并按法律程序申请取得的无形资产，按依法取得时发生的注册费、聘请律师费等费用，作为无形资产的实际成本。

购入的无形资产，按实际支付的价款作为实际成本。

接受捐赠的无形资产，捐赠方提供了有关凭据的，按凭据上标明的金额加上应支付的相关税费，作为实际成本。

投资者投入的无形资产，按投资各方确认的价值作为实际成本。

3. 取得核算

企业自行开发无形资产应设置"研发支出"科目进行核算：核算企业进行研究与开发无形资产过程中发生的各项支出。本科目应当按照研究开发项目，分别按照"费用化支出"与"资本化支出"进行明细核算。

企业购入的无形资产，应按实际支付的价款，借记"无形资产"科目，贷记"银行存款"等科目。

投资者投入的无形资产，企业应按投资各方确认的价值（假定该价值公允），借记"无形资产"科目，贷记"实收资本"或"股本"等科目。

二、财务资产管理流程

财务资产管理包括固定资产管理，这里我们以固定资产为例进行分析。想要了解固定资产管理流程，首先我们要对固定资产有一定了解。

（一）固定资产概述

1. 固定资产的定义

固定资产是指企业为生产商品、提供劳务、出租或经营管理而持有的，使用寿命超过一个会计年度，单位价值较高的有形资产。

《企业会计准则》对固定资产的定义又有所不同，《企业会计准则》认为固定资产是指同时具有下列特征的有形资产：①为生产商品、提供劳务、出租或经营管理而持有。②使用寿命超过一个会计年度。

2. 固定资产的特征

从固定资产的定义，我们可以看出其具有以下特征：

（1）为生产商品，提供劳务出租或经营管理而持有

企业持有固定资产的目的是为了生产商品，提供劳务、出租或经营管理，即企业持有的固定资产是企业的劳动工具或手段，而不是用于出售的产品。其中"出租"的固定资产，是指企业以经营租赁方式出租的机器设备类固定资产，不包括以经营租赁方式出租的建筑物，后者属于企业的投资房地产行为，不属于固定资产。

（2）使用寿命超过一个会计年度

固定资产的使用寿命，是指企业使用固定资产的预计期间，或者该固定资产所能生产产品或提供劳务的数量。通常情况下，固定资产的使用寿命是指使用固定资产的预计期间，比如自用房屋建筑的使用寿命为企业对该建筑物的预计使用年限。对于某些机器设备或运输设备等固定资产所能生产产品或提供劳务的数量，例如，汽车或飞机等，按其预计行驶或飞行里程估计使用寿命。

固定资产使用寿命超过一个会计年度，即固定资产提供服务期限通常超过一个经营周期或会计期间，并且随着使用和磨损，通过计提折旧方式逐渐减少其账面价值，最终报废。

（3）固定资产是有形资产

固定资产具有实物特征，这一特征将固定资产与无形资产区别开来。有些无形资产可能同时符合固定资产的其他特征，如无形资产为生产商品、提供劳务而持有，使用寿命超过一个会计年度，但由于其没有实物形态，所以不属于固定资产。

3. 固定资产的分类

企业固定资产种类繁多，构成复杂，根据不同的分类标准，可以分成不同的类别。企业应当选择适当的分类标准，将固定资产进行分类，以满足经营管理的需要。

固定资产按经济用途分类，可分为生产用固定资产和非生产用固定资产。生产用固定资产是指直接服务于企业生产经营过程的固定资产；非生产用固定资产是指不直接服务于生产经营过程的固定资产。固定资产按经济用途分类，能够归类反映企业生产经营用固定资产和非生产经营用固定资产之间的组成变化情况，借以考核和分析企业固定资产管理和利用情况，从而促进固定资产的合理配置，充分发挥其效用。

固定资产按使用情况分类，可分为使用中的固定资产、未使用的固定资产和不需要用的固定资产。使用中的固定资产是指正在使用的经营性和非经营性固定

资产，由于季节性经营或修理等原因，暂时停止使用的固定资产仍属于企业使用中的固定资产；企业以经营租赁方式出租给其他单位使用的固定资产以及内部替换使用的固定资产，也属于使用中的固定资产。未使用的固定资产是指已完工或已购建的尚未交付使用的固定资产以及因进行改建扩建等原因停止使用的固定资产。如企业购建的尚待安装的固定资产、经营任务变更停止使用的固定资产等。不需要用的固定资产是指本企业多余或不适用，需要调配处理的固定资产。

固定资产按使用情况进行分类，有利于企业掌握固定资产的使用情况，便于比较分析固定资产的利用效率，挖掘固定资产的使用潜力，促进固定资产的合理使用，同时也便于企业准确合理地计提固定资产折旧。

固定资产按所有权进行分类，可分为自有固定资产和租入固定资产。自有固定资产是指企业拥有的可供企业自由支配使用的固定资产；租入固定资产是指企业采用租赁方式从其他单位租入的固定资产。

固定资产按经济用途和使用情况进行综合分类，可分为生产经营用固定资产、非生产经营用固定资产、租出固定资产、不需用固定资产、未使用固定资产、土地、融资租入固定资产。其中土地主要是指已经估价单独入账的土地。因征地而支付的补偿费，应计入与土地有关房屋、建筑物的价值内，不单独作为土地价值入账。企业取得的土地使用权不能作为固定资产管理。融资租入固定资产是指企业采取融资租赁方式租入的固定资产，在租赁期内，应视同自有固定资产进行管理。

企业会计制度规定，固定资产应按经济用途和使用情况进行综合分类。由于企业的经营性质不同，经营规模有大有小，对于固定资产的分类可以采用不同的分类方法，企业可以根据自己的实际情况和经营管理、会计核算的需要进行必要的分类。

（二）固定资产管理概述

1. 固定资产管理的定义

管理就是计划组织控制等活动的过程。那么，固定资产管理就是对固定资产进行计划、组织控制等活动，使之发挥最大的功效，为实现企业价值最大化做出贡献。

2. 加强固定资产管理的必要性

固定资产是企业的主要劳动手段，也是发展国民经济的物质基础。它的数量、质量、技术结构标志着企业的生产能力，也标志着国家生产力发展水平。加强固定资产管理，保护固定资产完整无缺，挖掘固定资产潜力，不断改进固定资产利用情况，提高固定资产使用的经济效益，不仅有利于企业增加产品产量，扩大产品品种，提高产品质量，降低产品成本，而且可以节约国家基本建设资金，以有限的建设资金扩大固定资产规模。具体表现为如下几点内容。

（1）加强固定资产管理是国家上级主管部门的要求

企业应按照国家统一的会计制度规定，制定资产管理办法及具体的固定资产标准和目录，作为核算的依据。《企业会计准则》也要求企业根据固定资产定义，结合本企业的具体情况，制定适合本企业的固定资产管理办法和固定资产目录、分类方法每类或每项固定资产的折旧年限折旧方法，作为进行固定资产核算的依据。

（2）加强固定资产管理是企业经营管理重要的基础工作

随着社会的发展和生产技术的进步，固定资产在性能、结构、使用年限等方面都在不断发生变化，为了加强公司固定资产的核算与管理，促进企业经营管理工作，制定公司固定资产管理办法就显得尤为重要和迫切。

（3）加强固定资产管理是准确计提资产折旧的需要

制定公司固定资产管理办法和编制固定资产目录，有利于企业正确计提资产折旧，促进企业管理工作更加规范化、科学化、制度化，进一步提高企业经营管理工作的水平。

3. 固定资产管理的目标与实现途径

（1）固定资产管理的目标

固定资产管理的目标为：①科学地预测固定资产需要量，避免固定资产盲目购建。②降低固定资产采购成本，提高固定资产采购质量。③保护固定资产安全和完整，提高固定资产使用效果和效率。④减少、避免固定资产管理错误、舞弊行为。⑤准确计提折旧，合理计提减值准备，提高会计信息质量。

（2）实现固定资产管理目标的途径

企业要实现上述固定资产管理目标，既要抓好固定资产管理内部控制建设，又要抓好固定资产信息化管理系统建设。其中内部控制是保障，信息化管理是手段。

固定资产内部控制：固定资产预算、购建、验收、使用、盘点及报废处置、清理是固定资产管理的关键环节，因此固定资产内部控制要对上述关键环节进行控制。企业应制定固定资产内部控制管理规定，明确实物资产管理部门、实物资产使用部门及财务部门在资产管理各环节的职责，使固定资产实物管理、实物使用及账务核算职责分离。建立健全固定资产内部控制制度并有效地执行，是减少、避免固定资产发生错误、舞弊行为的关键。

固定资产信息化管理系统建设：固定资产信息化管理包括固定资产会计核算信息化和固定资产实物管理信息化。固定资产实物管理、会计核算信息要实现有效对接。只有实现固定资产信息化管理，才能大大提高固定资产管理效率和效益。

4. 固定资产管理的特点

固定资产管理是一项复杂的组织工作，涉及基建、财务、后勤等部门，必须由这些部门共同联手参与管理。同时固定资产管理是一项较强的技术性工作，固定资产管理应配备有责任心、能力强、懂业务、会计算机操作、会讲肯干的专职人员。固定资产管理一旦失控，其所造成的损失将远远超过一般的商品存货等流动资产。

5. 固定资产管理的要求

根据固定资产的经济性质和特点，企业固定资产管理的基本要求如下。

（1）保证固定资产的完整无缺

固定资产的完整无缺是管好用好固定资产的基础，是生产经营的客观要求。为此要严密组织固定资产的收入、发出、保管工作，正确、全面、及时地反映固定资产的增减变化，定期对固定资产进行清查，做到账账相符、账实相符。

（2）提高固定资产的完好程度和利用效果

应加强对固定资产的保管、维护和修理工作，使之保持良好的状态并充分合理利用，提高固定资产的完好率和利用率，减少固定资产占用，节省固定资产寿命周期内的费用支出。

（3）正确核定固定资产需用量

随着企业生产经营的不断发展，固定资产需用量也需相应调整。只有正确核定固定资产需用量，对固定资产需用量要做到心中有数，固定资产管理的各个环节才有可靠的根据，各类固定资产的配置才能合理形成生产能力，从而提高固定资产管理的效率。

（4）正确计算固定资产折旧额，有计划地计提固定资产折旧

企业必须根据实际情况，选用适当折旧方法，正确计算固定资产折旧额，编制固定资产折旧计划，按规定有计划地计提固定资产折旧，保证固定资产更新的资金供应。

（5）进行固定资产投资的预测

在进行固定资产再生产投资时，既要研究投资项目的必要性，又要分析技术

上的可行性，还要分析经济上的效益性，为投资决策提供依据。科学地进行固定资产投资的预测是固定资产管理的一项重要要求。

（三）固定资产管理流程

1. 固定资产购置业务处理流程

固定资产购置业务主要由企业设备管理部门负责。同时，还涉及采购、会计及设备使用等部门。其业务处理流程一般经历以下一些环节：①申请，即固定资产使用部门根据生产任务安排及产品工艺要求确定固定资产需要量，提出固定资产添置申请，报送设备管理部门。②编制计划，即设备管理部门根据使用部门提出的固定资产添置申请书，会同会计、计划等部门核实企业设备需要量，编制企业设备采购计划，报经企业主管负责人审批。③审批，即企业主管负责人根据国家有关规定，并结合企业具体情况做出是否批准设备采购计划的决定。④下达通知，即设备采购计划被批准后，设备管理部门按照计划安排提出设备选型方案，下达采购通知书交采购部门执行。⑤采购，即采购部门根据采购通知书要求，组织有关人员办理设备采购业务。确定供货单位后，采购人员在授权范围内与供货单位签订购货合同。⑥验货，即采购部门收到供货单位发来的设备后，通知设备管理部门验收。检查无误后填制验收单，并由采购部门开具付款通知单交调试。⑦投入使用，即设备管理部门开具固定资产转置凭证，注明固定资产的去向和用途，并经使用部门签章。然后，将固定资产转置凭证交由会计部门进行相应的账务处理。⑧制定措施，即使用部门接收固定资产后应设置固定资产保管账，落实固定资产保管责任，由专人保管使用该项固定资产。⑨记账，即会计部门接到固定资产转置凭证后进行复核检查，编制记账凭证，对固定资产及时记录，并对有关凭证妥善加以保管。

2. 固定资产使用业务处理流程

固定资产使用业务主要由各个资产使用部门负责。同时，还涉及资产管理及会计等部门。其业务处理流程一般需要经历以下环节：①登记，即对投入生产经营过程使用的固定资产事先在"固定资产登记簿"和"固定资产卡片"中进行注册登记。②编号，即对固定资产使用过程中产生的记账凭证连续编号，以便于对固定资产进行管理。③批准，即有关部门对固定资产在各个部门内部转移及固定资产盘盈盘亏问题的处理做出相应的批准手续。④提取折旧，即按照有关规定对固定资产提取折旧。⑤保管，即对使用的固定资产进行定号、定部门与人员，以便于对固定资产进行管理。⑥盘点，即定期对固定资产进行盘点，对发现的问题及时加以处理。⑦记账，即对发生的固定资产折旧业务及固定资产盘盈盘亏等业务及时地做出记录。⑧核对，即定期对固定资产账、卡及实物进行核查对照。

3. 固定资产退出业务处理流程

固定资产退出业务主要由设备管理部门负责。同时，还涉及使用和会计部门。其业务处理流程一般需要经历以下环节：①申请，即设备使用部门根据生产、技术及固定资产使用等情况，决定将在用的固定资产退出生产过程。提出固定资产退出申请书，须经部门负责人签字后报送设备管理部门。②鉴定，即设备管理部门接到固定资产退出申请后，组织有关部门和人员对申请退出的固定资产进行经济和技术鉴定。由设备管理部门填制固定资产退出呈批单，报经企业负责人员审批。③审核，即企业负责人员对退出固定资产进行审查，检查无误后在退出呈批单上签章批准，并退回设备管理部门。④记录，即设备管理部门接到经过批准的退出固定资产呈批单，编制固定资产调拨凭证，详细列明固定资产退出情况，对退出的固定资产进行相应的账务处理。⑤保管，即设备管理部门组织有关部门对退出固定资产及时进行清理，并妥善加以保管。

4. 固定资产折旧业务处理流程

固定资产折旧业务主要由会计部门负责。同时，还涉及固定资产使用及管理部门。其业务处理流程一般经历以下一些环节：①确定折旧率，即会计部门根据固定资产特性及其原值、预计使用年限及残值等因素，按照有关法律规定的折旧办法确定折旧率报企业主管人员审批。②审批，即企业主管人员对会计部门确定的折旧率进行检查，审核无误后予以批准。③确定折旧数，即会计部门根据有关制度的规定，确定应计折旧固定资产总值，合理划分应计折旧和不应计折旧固定资产的范围。④计算折旧，即会计人员根据应计折旧固定资产总值和适用的折旧率，按月计提折旧，编制固定资产折旧计算表。⑤审核，即会计部门负责人审核固定资产折旧计算表，检查应计折旧固定资产范围是否合理、折旧率及折旧方法的选用是否恰当、折旧额计算结果是否正确。审查无误后交由会计人员进行会计核算。⑥核算，即会计人员根据经过审核的折旧计算表编制记账凭证，对固定资产折旧业务进行核算。

三、财务资产管理控制措施

财务资产管理包括固定资产管理、无形资产管理等方面。

（一）固定资产管理规定

1.目的

为加强公司财务管理，规范操作流程，明确审批程序，确保各项支出依法合规，实现成本有序可控，根据《中华人民共和国会计法》和现行财务会计制度有关规定，特制定本办法。

2.适用范围

适用于使用年限在 1 年及以上，单位价值在 2 000 元及以上（另有特殊规定的除外），在使用过程中保持原有实物形态的资产。主要包括通信设备、线路设备、房屋建筑物、运输设备、仪器仪表、工具及器具、土地等。

3.总要求

固定资产内部财务会计控制应达到的目标：①确保固定资产的安全、完整和运用状态良好。②确保固定资产的计价真实、准确。③确保固定资产的折旧计提真实、准确。④确保固定资产的有关记录的真实、完整。⑤确保固定资产的运用效率和收益。

建立和完善固定资产业务岗位责任制和内部牵制制度，对不相容职务的岗位和人员的职责必须加以适当分离：①购建申请与购建计划的编制人员实行分离。②购建计划的编制与计划的复核、审批人员实行分离。③购建预算的编制与审核人员实行分离。④采购与验收、保管人员实行分离。

4.固定资产全程控制规定

（1）固定资产（设备）购置

根据本单位发展规划和实际需要，编制固定资产购置（新建）预算，经本部门（单位）负责人签署同意购置（新建）的意见后，按计划管理权限上报。

主管计划部门收到固定资产（设备）购置（新建）申请后，会同设备（技术）管理部门对固定资产（设备）购置新建的申请评估，按照批准权限予以审批立项，并签署意见上报上级主管部门。

主管计划部门会同财务部门商定固定资产购置（新建）资金来源和投资规模，提出购置数量和投资金额的意见，报分管领导或有关会议审批后，下达计划。

固定资产使用部门（单位）根据批准的计划，由使用、技术、设备管理、合同管理、财务等部门组成采购小组。根据法人授权，由合同管理部门组织对固定资产的质量、数量、价格、设计（技术）要求及验收标准等合同条款认真审查，财务部门重点审查结算方式、结算时间等条款。具备招标条件的，按规定进行招标采购。

设备管理与使用部门（单位）共同组成验收组，根据购置计划和合同，点收固定资产数量，验收质量和安装调试情况，编写验收报告，并填制"新建（购置）固定资产验收交接记录"。财务部门根据验收报告，与合同、购置计划核对后，按照合同规定履约结算。

固定资产管理部门根据验收记录汇集整理技术档案，登记固定资产保管台账；财务部门根据复核后的计划、合同、发票、银行结算凭证、验收交接记录等凭据，编制有关凭证，确定固定资产价值，登记固定资产明细账，填制"固定资产登记簿"；固定资产管理部门和财务部门共同填制"固定资产卡片"，并分别保管，同时交给使用部保管。

（2）固定资产工程交付

固定资产新建、扩建、改建、购置的交付使用手续，应按以下程序办理：

第一，新建、扩建、改建的工程项目在竣工后，要根据工程项目的规模大小，由财务、计划、工程、物资管理部门和施工、设计等单位积极配合，组成相应的竣工验收小组，按可行性研究报告、初步设计、总概算及其批复文件、工程设计图纸等有关资料，逐项进行验收，出具验收报告。验收报告经建设单位和接收单位双方签字后，建设单位编制新建固定资产验收交接记录，并附竣工决算和竣工图纸技术资料，依照《基本建设项目竣工财务决算编制办法》办理交接手续。

第二，综合性的新建、扩建、改建工程项目（既有土建工程，又有设备购置综合在一起的工程项目），建设单位在编制固定资产验收交接记录时，不能按工程项目名称编制，必须按能形成单个固定资产的名称、金额分别编制。

固定资产购置完成验收交付使用的手续为：购置的设备（需要安装的在安装后），应进行试运转鉴定，各项数据必须达到原设计要求后，按全部造价编制新建（购置）固定资产验收交接记录，验收合格后由业务部门将新建固定资产验收交接记录及有关资料交由财务部门列账。

（3）固定资产调入

对调入的固定资产，公司要组织技术、财务、固定资产管理、使用等部门组成验收组，审核调出单位填写的"固定资产接收、移交记录"及固定资产的技术资料、卡片所记录的数量、技术指标等是否与上级的调拨决定相符；固定资产实物的数量、型号、规格等是否与"固定资产接收、移交记录"相符，并在移交记录上签字。财务部门根据"固定资产接收、移交记录""固定资产卡片"和调拨决定等有关资料，按调出单位固定资产账面价值及发生的运输费、安装费等相关费用作为入账价值，并相应调整有关部门保管的"固定资产卡片"。

（4）接受捐赠的固定资产

对捐赠的固定资产，接受单位要组成验收组进行验收。捐赠单位提供了发票、账单等资料的，审核固定资产的数量、技术指标是否与发票、账单相符；捐赠单位未提供发票等有关资料的，验收小组根据初步确定的固定资产型号、规格、技术性能指标等现状进行评估（必要时可聘请专业评估机构进行评估）。根据上述资料填制"新建（购置）固定资产验收交接记录"。财务部门根据捐赠单位提供的有关凭据，按凭据标明的金额加上有关税费作为入账价值；捐赠单位未提供凭据的，按评估价值或按同类、类似固定资产的市场价格加上有关税费作为入账价值，并建立卡片，登记有关账项。

（5）投资者投入的固定资产

对投资者投入的固定资产，接收单位要组成验收组对投入的固定资产进行验收。审核固定资产的数量、技术指标与投资协议是否相符，出具验收报告，填制"固定资产投资转入、转出记录"。财务部门按投资合同或协议确定的价值作为固定资产的入账价值，并建立卡片，登记有关账项。

（6）固定资产折旧

固定资产一般应当按照规定的范围采用分类折旧率计提折旧。财务部门应按月计提折旧，编制固定资产折旧分配表，经财务主管审核后，办理转账等。

（7）固定资产日常管理与盘点

要建立固定资产使用管理制度，对在用固定资产建立管理、使用、保管、保养和维修责任制，实行定岗、定人、定位管理。

财务部门根据技术或管理部门提供的有关变动资料，及时办理固定资产的增减动态和使用状态的变更手续，正确进行会计核算，定期对固定资产进行账账、账卡账实核对。

建立财产保险制度，对重要的固定资产应办理财产保险；对汽车等运输设备按规定实行强制保险。

在年度财务会计报告编制前，要组织固定资产管理部门、保管使用部门和财务部门组成联合清查小组，对固定资产进行全面盘点清查。

在盘点清查中发现盘盈、盘亏时，应查明原因、落实责任，清查小组负责编写"固定资产盘盈、盘亏理由书"。固定资产盘盈，按审批权限报经批准后，由财务部门会同技术、管理部门按同类或类似固定资产重置完全价值确定计价，建立卡片，登记有关账项。固定资产盘亏，除按审批权限报请批准列销有关账项外，要按税法规定报批。

固定资产调出，调出单位固定资产管理部门根据上级调拨决定，填写"固定资产接收、移交记录"，随同有关资料、卡片交调入单位列账。财务部门根据调拨决定和"固定资产接收、移交记录"，注销固定资产。

固定资产转让、出售必须按规定的审批权限和程序，经批准后，签订固定资产转让、出售合同或协议。财务部门按转让、出售合同或协议规定进行账务处理，注销固定资产。

固定资产报废，固定资产管理部门、使用部门、技术部门、财务部门组成鉴定小组进行鉴定，提出固定资产报废申请，填制"固定资产拆除、报废申请单"，经单位负责人签署意见批准后，按规定程序上报审批。

对确已丧失使用价值需要报废的固定资产，符合报废条件的，按审批权限和规定程序，填报"固定资产报废申请表"，经相关部门审批后办理。

报废后处理固定资产的净值收益，列入"营业外收入"；报废后处理固定资产的净损失，列入"营业外支出"。

固定资产报废经批准后，单位要及时组织对固定资产进行拆除、清理、变卖，编制固定资产清理记录，对拆除后可用的旧料应交物资管理部门点收入库；对可使用或经修复尚能使用的单项固定资产，应另立固定资产卡片登记。

固定资产损毁报废，属于事故造成的，由安全、保管使用部门向责任单位或个人追讨赔偿；办理了保险的财产，按保险合同或协议，要及时向有关保险公司申请赔偿。

财务部门应根据"固定资产拆除、报废申请单"和固定资产清理记录按规定进行账务处理后，注销固定资产。发生损失的，按税法规定报批。

（二）无形资产管理制度

1.目的

为了规范无形资产的确认、核算、计量、管理，特制定本制度。

2.适用范围

适用于本公司专利权、商标权、土地使用权、专有技术、商誉等的管理。

3. 定义

无形资产是指企业拥有或者控制的没有实物形态的可辨认非货币性资产。具体内容包括专利权、商标权、土地使用权、专有技术、商誉等。

4. 责任部门

公司各项无形资产的归口管理部门如下：①专利权、非专利技术、著作权等由企业管理部门负责管理。②商标权由办公室负责管理。③土地使用权由办公室负责管理。

无形资产产权变动时，归口管理部门按照规定办理权证转移手续，部门负责人负责审核有关资料及台账。

5. 管理规定

（1）无形资产的核算

财务部设置"无形资产"一级科目。按无形资产类别设置明细分类账。

（2）无形资产的计价

无形资产按照取得时的成本进行初始计量。

（3）无形资产的摊销方法

对于使用寿命有限的无形资产，在使用寿命期限内，采用直线法摊销。

对于使用寿命不确定的无形资产，不摊销。于每年年度终了，对使用寿命不确定的无形资产的使用寿命进行复核。如果有证据表明其使用寿命是有限的，则估计其使用寿命，并按其估计使用寿命进行摊销。

（4）无形资产的专项管理

建立无形资产台账，建立资料档案。各专业部门建立无形资产的卡片和档案。有权证的无形资产，明确管理责任，安全保管证明资料，防止遗失。

建立健全无形资产保密制度。按照公司安全保密的有关规定，严禁泄露商业机密。一经发现，按公司的规定处罚。泄密事项经归口管理部门确认后，安全保密分管部门提出处理意见报公司总经理批准。对盗用公司专利技术、假冒公司产品品牌等行为，归口管理部门积极取证，法律事务部门采取法律手段保护公司的利益。

无形资产归口管理部门定期对无形资产进行全面清查。分别造册登记有效期与失效期的无形资产，逐项与财务账表核对，出具无形资产清查报告，并对已经失效但未摊销完毕的无形资产查明原因，提出处置意见，报公司领导审批。

（三）资产盘点管理制度

1. 目的

为加强公司财务管理，使盘点事务处理有章可循，并保证其存货及财产盘点的准确性，明确相关人员的管理职责，特制定本制度。

2. 盘点范围

盘点范围包括：①存货盘点包括原料、物料、再制品、制成品、商品、零件保养材料、外协加工料品和下脚品的盘点。②财务盘点包括现金、票据、有价证券和租赁契约的盘点。③财产盘点包括固定资产、保管资产和保管品等的盘点。④固定资产指的是土地、建筑物、机器设备、运输设备、生产器具等资本支出购置的资产。⑤保管资产指的是凡属固定资产性质，但以费用报支的杂项设备。⑥保管品指的是以费用购置的资产。

3. 盘点规定

（1）盘点方式

年中、年终盘点：①存货。由资产部或经管部会同财务部于年（中）终时，实施全面总清点一次。②财务。由财务部与会计室共同盘点。③财产。由经管部会同财务部于年（中）终时，实施全面总清点一次。

月末盘点：每月月末所有存货，由经管部会同财务部实施全面清点一次（经营项目 500 项以上时，应采取重点盘点）。

月份检查由检核部或财务部，会同经管部，做存货随机抽样盘点。

（2）人员及职责

人员及职责内容：①总盘人，由总经理担任，负责盘点工作的总指挥，督导盘点工作的进行及其异常事项的裁决。②主盘人，由各部门主管担任，负责盘点的实际工作。③复盘人，由总经理室视需要指派事业部经管部门的主管，负责盘点的监督。⑤盘点人，由各事业部财务经管部门指派，负责点计数量。⑥会点人，由财务部指派（人员不足时，间接部门支援），负责会点并记录，与盘点人分段核对数据工作。⑦协点人，由各事业部财务经管部门指派，负责盘点、搬运及整理工作。特定项目按月盘点及不定期抽点的盘点工作，也应设置盘点人、会点人、协点人，其职责亦同。⑧监点人，由总经理室派人员担任。

（3）准备工作

盘点编组由财务部主管于每次盘点前，依盘点种类、项目编排"盘点人员编组表"，呈总经理核定后，公布实施。

经管部将应盘点的财物及盘点用具，预先准备妥当，并由财务部准备盘点表格。准备的具体内容包括：①存货的堆置，应力求整齐、集中、分类，并予以标示。②现金、有价证券及租赁契约等，应按类别整理并列清单。③各项财产卡依编号顺序，事先准备妥当，以备盘点。④各项财务账册应于盘点前登载完毕，如因特殊原因无法完成时，应由财务部将尚未入账的有关单据（如缴库单、领料单、退料单、交运单、收料单等），利用"结存调整表"，一式两联，将账面数调整为正确的账面结存数后，第二联由财务部自存，第一联送经管部。

盘点期间已收料而未办妥入账手续者，应另行分别存放，并予以标示。

（4）年中、年终全面盘点

财务部经总经理批准，签发盘点通知，并负责召集各部门的盘点负责人召开盘点协调会，拟订盘点计划表，通知各有关部门，限期办理盘点工作。

盘点期间除紧急用料外，暂停收发料，各生产单位于盘点期间所需用的领料、材料可不移动，但必须标示出。原则上应采取全面盘点方式，特殊情况应呈报总经理核准后，方可改变方式进行。盘点应尽量采用精确的计量器具，避免用主观的目测方式，每项财务数量应于确定后，再继续进行下一项，盘点后不得更改。

盘点物品时，会点人应依据盘点人实际盘点数，翔实记录"盘点统计表"，每小段应核对一次，核对无误后于该表上互相签名确认，将该表编列同一流水号码，各自存一联备日后查核。若有出入，必须再重点。盘点完毕，盘点人应将"盘点统计表"汇总编制"盘存表"，一式两联，第一联由经管部自存，第二联送财务部，供核算盘点盈亏金额。

（5）不定期抽点

由总经理室根据实际需要，随时指派人员抽点。可由财务部填制"财务抽点通知单"于呈报总经理核准后办理。盘点日期及项目，原则上是不预先通知经营部。

盘点前应由会计室利用"结存调整表"将账面数先行调整至盘点的实际账面结存数，再行盘点。不定期抽点应填制"盘存表"。

（6）盘点报告

财务部应根据"盘存表"编制"盘点盈亏报告表"，一式三联，送经管部填列差异原因的说明及对策后，送回财务部汇总转呈总经理签核，第一联送经管部，第二联送总经理室，第三联财务部自存，作为账项调整的依据。

不定期抽点，应于盘点后一星期内将"盘点盈亏报告表"呈报上级核实。年中、年终盘点，应由财务部于盘点后两星期内将"盘点盈亏报告表"呈报上级核实。

盘点盈亏金额，平时仅列入暂估科目，年终时始以净额转入本期营业外收入的"盘点盈余"或营业外支出的"盘点亏损"。

（7）现金、票据及有价证券盘点

现金、票据及有价证券盘点包括现金、银行存款、零用金、票据、有价证券和租赁契约等项目，除年中、年终盘点时，应由财务部会同经管部共同盘点外，平时总经理室或财务部至少每月抽查一次。

现金及票据的盘点，应于盘点当日上下班未行收支前，或当日下午结账后进行。

盘点前应先将现金存放处封锁，并于核对账册后开启，由会点人员与经管人员共同盘点。

会点人根据实际盘点数翔实填列"现金（票据）盘点报告表"，一式三联，经双方签认后呈核，第一联经管部存，第二联财务部自存，第三联送总经理室。

有价证券及各项所有权等应核对认定，会点人根据实际盘点数翔实填列"有价证券盘点报告表"，一式三联，经双方签订后呈核。第一联经管部存，第二联财务部存，第三联送总经理室，如有出入，应即呈报总经理批示。

（8）存货盘点

存货的盘点，应于当月最后一日进行。

存货原则上采用全面盘点，如因成本计算方式无须全面盘点，或实施上有困难者，应呈报总经理核准后方可改变盘点方式。

（9）其他项目盘点

外协加工料品：由各外协加工料品经办人员，会同财务人员，共同赴外盘点，其"外协加工料品盘点表"，一式三联，应由代加工厂商签认。第一联存经管部，第二联存财务部，第三联送总经理室。

销货退回的成品，应于盘点前办妥退货手续，含验收及列账。

经管部应将新增加土地、房屋的所有权证的复印件，送交财务部核查。

（10）注意事项

所有参加盘点工作的盘点人员，必须深入了解自身的工作职责及应做的准备事项。

盘点人员盘点当日一律停止休假，必须依规定时间提早到达指定的工作地点，向该组复盘人报到，接受工作安排。如有特殊事情而觅妥代理人，应该事先报备核准，否则以旷职论处。

所有盘点财务都以静态盘点为原则，所以盘点开始后应停止财务的进出及移动。

盘点使用的单据、报表内所有栏目若遇修改处，须经盘点人员签认方能生效，否则应查究其责任。

所有盘点数据必须以实际清点、磅秤或换算的确定资料为依据，不得以猜想数据、伪造数据登记。

盘点人员超时工作时间，可报加班或经主管核准轮流编排补休。盘点开始至工作终了期间，各组盘点人员均受复盘人指挥监督。盘点终了，由各组复盘人向主盘人报告，经核准后方可离开工作岗位。

（11）奖惩

盘点工作事务人员须依照本办法的规定，切实遵照办理。表现优异者，经主盘人签报，给予奖励。

违反本办法的，视其情节轻重，由主盘人签报人力资源部议处。

（12）账载错误处理

账载数量如因漏账、记错、算错、未结账或账面记载不清者，记账人员应视情节轻重予以警告以上处分，情节严重者，应呈报总经理议处。

（13）赔偿处理

财、物料管理人员和保管人有下列情况之一者，应呈报总经理议处或赔偿相同的金额：①未尽保管责任或由于过失致使财物遭受盗窃、损失或盘亏者。②对所保管的财物有盗卖、调换或化公为私等营私舞弊者。③对所保管的财务未经报批而擅自转移、拨借或损坏不报告者。

第九章 成本费用会计实务

第一节 成本费用概述

一、成本费用的概念与作用

费用是企业在生产经营过程中发生的各项耗费。将企业在生产经营过程中所发生的费用按照一定的对象进行归集，则形成了成本。

从概念内涵上讲，成本具有耗费与补偿的两重性。一方面，成本是在生产要素上所耗费的不变资本与可变资本的等价物；另一方面，成本又是补偿所消耗的生产资料价格和所使用的劳动力价格的部分。因此，成本的实质是资本耗费和补偿尺度的统一体。

从价值运动上讲，成本具有两重性。一方面，成本耗费是在商品的生产过程中发生；另一方面，成本补偿却必须在商品的交换过程中实现，并且成本补偿的完成必须经过两个阶段的转化才能实现。第一步转化是从商品资本向货币资本的转化，第二步转化是从货币资本向生产资本的转化。第一步转化的实现只是为第二步转化的实现提供了一种可能性，而不是必然性。商品价值的实现并不保证成本补偿的完成。一旦社会经济条件发生变化，成本补偿在量上就会背离成本耗费。因此，补偿的完成应当以买回在商品生产上耗费的各种生产要素为标志。商品资本实现向货币资本的转化是实现成本补偿的必要条件，而货币资本实现向生产资本的再转化是实现成本补偿的充分条件。

从客观要求上讲，成本同样具有两重性。一方面，由于商品的价值不是由个别生产者所耗费的个别劳动时间所决定，而是由生产该商品所必需的社会必要劳动时间来决定的，因此成本作为商品价值的组成部分，它的耗费在客观要求上也必然应以社会的平均耗费水平为准绳。另一方面，成本补偿作为企业实现再生产过程的前提条件，同时又以同样的规模顺利进行企业再生产为目的。这就决定了成本补偿在客观要求上必然以个别企业的补偿为准绳。

从表现特征上讲，成本也具有其两重性。一方面，由于商品的生产过程是直接在个别企业中具体进行的，是以个别劳动为其直接表现形式，而成本耗费正是在这个生产过程中发生的，因而它在客观要求上的社会性就得不到直接的表现，而是直接表现为个别企业的耗费。另一方面，由于交换是价值实现的必要条件，成本补偿只有在商品交换实现之后才可能真正进行，商品资本实现向货币资本的转化是成本补偿的前提条件，因而交换的社会性掩盖了补偿在客观要求上的个别性，成本补偿往往直接表现出社会性的特征。

从衡量尺度讲，成本也具有其两重性。一方面，由于价值的实体是凝结在商品中的抽象劳动，它的衡量尺度是社会必要劳动时间。在商品生产过程中发生的成本耗费，作为商品价值的组成部分，它的衡量尺度必然体现出价值性。此外，成本耗费在客观要求上的社会性也要求以价值作为衡量尺度。另一方面，成本补偿作为跨越货币资本通过商品资本的实现再转化为由各项生产要素构成的生产资本这一鸿沟的桥梁，是企业再生产以同样规模顺利进行的前提条件，这就决定了成本补偿不是成本耗费的简单的价值复归，而是必须不断买回在商品生产上耗费的各种生产要素。当再生产按原有规模进行时，每一个已经消费掉的不变资本要素，都必须以实物形式得到相应种类的新物品的补偿。因此，成本补偿必须以实物上的补偿作为衡量尺度。

成本的上述特征方面的两重性，决定了成本在企业生产经营过程中的重要作用。首先，成本是企业计量收益的依据。企业在一定期间内通过销售商品或提供服务，取得一定的营业收入，在扣除了为销售商品或提供劳务所发生的成本，以及在这一期间所支出的各项费用之后，就可以确定其在这一期间所得的收益。其次，成本是企业制定价格的基础。企业在制定价格时需要考虑多方面的因素，而最为主要的因素是商品的价值。在目前无法直接计算商品价值的情况下，只能通过成本来间接加以结算确定，在现实经济生活中，制定价格的一个常用方法就是在成本的基础上加上一定的利润。再次，成本是反映企业生产经营状况的一个重要指标。企业的资产利用、周转情况，生产经营的好坏、劳动效率的高低等都能在成本上反映出来。最后，成本是企业进行各项决策的重要依据。企业在投资、经营等各种决策时，通常都需要利用成本数据进行分析论证，使决策尽可能地科学化、合理化；避免盲目性，以求得最佳的经济效益。

二、成本费用的内容与分类

企业为进行生产经营活动所发生的费用内容很多：有的属于生产资料上的消耗，如企业在生产经营过程中实际消耗的各种原材料、辅助材料、燃料和动力、包装物、低值易耗品、固定资产的折旧等；有的属于参加生产经营人员的劳动报酬，如生产工人的工资、奖金、津贴等；有的是为组织管理生产所发生的支出，如办公费用、仓库费用、差旅费用、运输费用、保险费用等。

为了正确计算商品和服务的实际成本，确定各个会计期间的费用，有必要对企业在生产经营过程中所发生的费用按照一定的标准进行适当的分类，通过对成本、费用的分类，反过来可以更为清楚地了解成本、费用的内容。

（一）按成本费用在企业生产经营过程中形成的不同阶段分类

按照这一标准，可以将成本费用分为购置成本、生产经营成本和销售成本。

购置成本是企业为购置各项资产所发生的成本，它是在企业的采购过程中发生的。如固定资产的购置成本包括买价、运输费、保险费、包装费安装费和缴纳的税金等。存货的购置成本包括买价、运输费、装卸费、保险费、途中合理损耗、入库前的加工整理、挑选费用以及缴纳的税金等。生产经营成本是企业为生产制造产品或提供服务等所发生的成本，它是在企业的生产经营过程中发生的。企业在生产一定种类和数量的产品或提供一定种类和数量的服务过程中，所耗用的各种材料物资，生产人员的工资、奖金、津贴和补贴，以及为组织和管理生产所发生的各项支出，都构成了产品或服务的生产经营成本。

销售成本是企业在一定期间内销售一定种类和数量的产品或提供一定种类和数量的服务所应负担的生产经营成本。销售成本的内容由生产经营成本构成，但一定期间销售成本通常并不等于该期间所发生的生产经营成本，这是由于存货的调节作用所致。因为本期销售的产品并非一定是本期所生产的产品。相反，本期生产的产品也不一定在本期能够销售出去。销售成本是企业确定一定期间产品销售利润的依据。

（二）按成本费用发生后的归属分类

按照这一标准，可以将成本费用分为生产经营成本与期间费用。

生产经营成本的发生是与一定的对象相联系的，如为生产一定种类和数量的产品，提供一定种类和数量的服务。它的发生可以归属或追溯到一定的对象上去，如为生产产品而耗用的原材料，支付给产品生产人员的工资、奖金等。

期间费用的发生是与一定的会计期间相联系的。企业为了在一定期间内进行正常的生产经营活动，需要发生各种管理费用、财务费用和销售费用。这些费用的发生往往无法将其归属或追溯到确定的对象上去，或即使可以进行归属与追溯，也没有这种必要。因为这些费用的发生只是使企业在一定的会计期间内具备生产经营所必需的各种条件，它与产品生产的多少，服务提供的多少均不存在直接的依存关系。如管理人员的工资，只要企业继续生产经营，就需要发生与支付。

（三）按成本费用的确定依据分类

按照这一标准，可将成本费用分为实际成本、计划成本、定额成本、估计成本、标准成本、重置成本等形式。实际成本，也叫原始成本、历史成本，是指以经济业务发生时的实际耗费计算确定的成本。

计算实际成本的依据是各种原始凭证和有关记录。

计划成本是根据计划期计划耗费定额计算确定的成本。它表示企业在计划期中所应达到的平均的成本水平。在计划期内，计划成本一般不进行变动调整，而是在重新制订新一期的计划时，根据企业具体情况进行调整确定。

定额成本是根据一定日期（如月初）所实行的各种消耗定额即现行定额计算确定的成本。它表示企业在这一定日期所应达到的成本水平。在计划期内，定额成本一般随着企业具体情况的变化而随时进行必要的调整修订。通过采用定额成本，可以揭示实际耗费脱离定额的差异，以便及时采取措施，达到降低成本费用的目的。

估计成本是根据企业目前的生产经营情况预先估算确定的成本。企业在接受客户的订货时，往往需要进行这种估计，以便合理确定价格，决定是否接受这一订货合同。

标准成本是通过科学的细致的调查、分析和测算而确定的成本，用来评价实际成本，揭示差异，衡量工作效率。在确定标准成本时所选用的标准通常有理想标准、正常标准、现行标准、基本标准和实现标准五种。理想标准是在企业现有生产经营条件下所能达到的最佳水平，如无任何的浪费发生，也没有返工或废品产生、生产效率、设备利用均达到最高限度。正常标准则是按企业正常的工作效率所能达到的水平，如考虑到正常的返工、废品发生的可能性，生产效率、设备利用也都达到正常的限度。现行标准则是在现有的条件下，按一般的工作效率所应能达到的水平。基本标准是在企业生产经营条件不发生重大变化的情况下，不予变动调整而长期作为参考依据的水平。实现标准则是根据目前可能发生的各种消耗量、价格、工作效率等计算确定的水平。

重置成本是相对于产品的历史成本而言的，它是指在企业目前的生产经营条件下，重新取得或生产同样的产品所需要发生的成本。随着企业生产经营条件的变化，同类产品的重置成本往往与其历史成本不相一致，有时甚至存在较大的差异。

（四）按成本费用的经济内容分类

按照这一标准，可将企业在一定期间发生的成本费用分为外购材料、外购燃料、外购动力、工资、职工福利费、折旧费、财务费用、税金支出及其他支出等费用要素。

外购材料是企业为进行生产经营活动而耗用的一切由企业外部购入的原料及主要材料、辅助材料、备品配件、外购半成品、包装物、低值易耗品等。

外购燃料是企业为进行生产经营活动而耗用的一切由企业外部购入的各种固体、液体、气体燃料。

外购动力是企业为进行生产经营活动而耗用的一切由企业外部购入的电力、热力等动力。

工资是企业支付给直接参加企业生产经营活动的人员的工资、奖金、津贴和补贴。不包括支付给不直接参加企业生产经营活动的企业人员的工资、奖金、津贴和补贴，如医务人员、托儿所与职工子弟学校人员、从事企业各项在建工程建设人员，负责固定资产清理的人员等。

职工福利费是企业按照规定对上述直接参加企业生产经营活动的人员从成本费用中计提职工福利费。按规定，职工福利部门人员所计提的福利费也可列入费用。

折旧费是企业各项固定资产按照规定计算分摊的取得成本。

财务费用是企业为筹集资金而发生的各项费用，包括企业生产经营期间发生的利息净支出、汇兑净损失，调剂外汇手续费、金融机构手续费等。

税金支出是企业按规定可以计入成本费用的各种税金，包括房产税、车船使用税、土地使用税、印花税等。

其他支出是指企业为进行生产经营活动而发生的，不属于以上各项要素的费用支出，包括物质消耗和非物质消耗。物质消耗如水费、邮电费、试验费等；非物质消耗如差旅费、技术转让费等。

成本费用按其经济内容分为上述各项费用要素，用以反映企业在生产经营过程中耗费了些什么费用。

（五）按成本费用的经济用途分类

按照这一标准，可将成本费用分为直接材料、直接工资、其他直接支出和制造费用等成本项目，以及管理费用、财务费用、销售费用等费用项目。

直接材料是企业在生产经营过程中实际消耗的原材料、辅助材料、备品配件、外购半成品、燃料、动力、包装物以及其他直接材料。

直接工资是企业支付给直接从事产品生产人员的工资、奖金、津贴和补贴，不包括各种管理人员的工资等。

其他直接支出是企业按规定对上述直接从事产品生产人员计提的职工福利费等。

制造费用是企业各个生产单位如分厂、车间等为组织和管理生产所产生的各种支出，如生产单位管理人员工资、职工福利费，生产单位房屋建筑物及机器设备等的折旧费、修理费、机物料消耗、低值易耗品、水电费、办公费等。上述各项成本项目，构成了产品制造成本。

管理费用是企业行政管理部门为管理和组织经营活动所发生的各项费用，如公司经费、工会经费、职工教育经费、劳动保险费、董事会费、咨询费、审计费、技术转让费等。

财务费用是企业为筹集资金而发生的各项费用，前已述及。

销售费用是企业在销售产品、自制半成品和提供劳务等过程中发生的各项费用以及专设销售机构的各项经费，如运输费、装卸费、广告费、销售部门人员的工资等。

（六）成本费用的其他分类

成本费用除了上述的分类方法之外，还有许多其他的分类方法。以下简单介绍几种方法。

按成本费用计入产品成本的方式，可将成本费用分为直接费用和间接费用。直接费用是由费用要素直接计入产品制造成本的费用，如直接材料、直接工资、其他直接支出。间接费用是指不是由费用要素直接计入产品制造成本的费用，而是需先行归集之后按一定标准分配计入产品制造成本，如制造费用。

按成本费用的性态即产品成本与其业务量之间的关系，可将成本费用分为变动成本和固定成本。变动成本又称变动费用，是指随着业务量的增减变动而成正比例升降的那部分费用。如直接材料、直接工资等。固定成本又称固定费用，是指当业务量在一定范围内变动时，并不随之升降变动而基本上保持固定不变的那部分费用，如制造费用中的管理人员工资、折旧费、办公费等。但当业务量的变动超过一定范围时，固定成本会相对地有所增减。

按成本费用的发生能否被一个责任单位，如分厂、车间、部门所控制，可将成本费用分为可控成本和不可控成本。可控成本是指能被一个责任单位所控制且受其工作成绩所影响的成本，而不可控成本则是不能被其控制，并不受其工作成绩所影响的成本。应当注意的是，成本的可控与不可控是相对的，当地点、时间、条件发生变动时，两者之间就可能产生转化。

按成本费用与决策方案有无关系，可将成本费用分为相关成本和无关成本。相关成本是与决策方案有关，在进行决策时应予以考虑的成本。无关成本是与决策方案无关，在进行决策时可不予考虑的成本。

除此之外，还有边际成本、差量成本、可避免成本、付现成本、沉入成本、机会成本等，这些成本概念在管理决策上应用较为广泛，这里就不再一一介绍。

三、成本费用的原则与要求

为了提供管理上所需的成本费用资料，并使这些资料符合规定要求，满足正确、及时、客观、真实等基本要求，对成本费用的计算处理必须讲求质量。因此必须确立成本费用会计的基本原则和具体要求。

（一）基本原则

成本费用会计必须遵守的基本原则主要有以下六项原则。

1.分期计算的原则

企业的生产经营活动是持续进行、不可中断的，但为了确定一定期间所生产产品的成本，必须将企业连续不断的生产经营活动划分为各个期间，分别计算确定各个期间所生产的产品成本，而且成本核算上的分期应当与企业会计年度的分期相一致，以便于确定各期的收益。《企业会计准则》第六条规定：会计核算应当划分会计期间，分期结算账目和编制会计报表。会计期间分为年度、季度和月份。年度、季度和月份的起讫日期采用公历日期。第五十一条规定：成本计算一般应当按月进行。应当指出，成本计算的分期，与产品的成本计算期是两个概念。完工产品的成本计算，按其生产类型可以定期进行或不定期进行，而成本计算包括费用的归集与分配都必须按月进行。

2. 权责发生制原则

《企业会计准则》第十六条规定：会计核算应当以权责发生制为基础。第五十条也规定：本期支付应由本期和以后各期负担的费用，应当按一定标准分配计入本期和以后各期。本期尚未支付但应由本期负担的费用，应当预提计入本期。

3. 实际成本计价原则

《企业会计准则》第十九条规定：各项财产物资应当按取得时的实际成本计价。物价变动时，除国家另有规定者外，不得调整其账面价值。第五十二条规定：企业应当按实际发生额核算费用和成本。采用定额成本或者计划成本方法的，应当合理计算成本差异，月终编制会计报表时，调整为实际成本。成本核算按实际成本进行计价包括两个方面：一是对产品生产所耗费的原材料等各项费用要素都应当以实际成本计价；二是对完工产品应当以实际成本计价。应当指出，按实际成本计价原则并不排斥将原材料、产成品等按计划成本或定额成本计价入账，而将实际成本与计划成本或定额成本之间的差异另行归集入账，当其耗用、发出再将其计划成本或定额成本调整为实际成本，即分摊负担差异后的成本这种实务处理办法。

4. 一贯性原则

《企业会计准则》第十三条规定：会计处理方法前后各期应当一致，不得随意变更。如确有必要变更，应当将变更的情况，变更的原因及其对企业财务状况和经营成果的影响，在财务报告中说明。遵循一贯性原则，使企业各期的成本费用资料有统一的口径，具有可比性。否则，若允许随意变更，就可能造成弄虚作假，任意调节成本的水平，影响成本的正确性。成本计算所采用的方法要求前后各期应当一致，具体体现在各个方面，如耗用材料实际成本的确定办法，折旧的计提方法，辅助生产成本、制造费用的分配办法，在产品的计价方法，完工产品成本的计算方法，等等。

5. 重要性原则

对于那些对成本有重大影响的成本费用项目应力求正确，如直接计入各种产品制造成本的直接材料、直接工资而对于那些对成本不太重要的细碎项目则可以从简处理，不必要求过高过严。如对于零星耗用的机物料则不必直接计入产品的制造成本，而可以先行计入制造费用，与其他费用一起分配计入产品。又如按权责发生制原则应当由本期和以后各期负担的成本费用项目，若发生的数额较小，就不一定进行分摊，而可以在实际发生时计入当期的成本费用，如经常性的维修费用等。

6.有用性原则

成本计算本身应当讲求成本效益。为成本计算所做的努力应对企业的管理有实际意义。为了提高成本核算的质量，保证成本费用资料的正确性，成本计算应当做得细致些。但这并不是讲越细越好，关键在于有用。如果核算所花的努力很大，但所得资料对企业改善经营管理并没有多大的意义，则这种细致并无必要，可以简化一些。除此之外，真实性原则、合法性原则、一致性原则、及时性原则等也均适用于成本费用会计，《企业会计准则》第二章"一般原则"中均做了规定，这里不再一一阐述。

（二）具体要求

为了使成本费用会计所提供的资料具有较高的质量，企业应当按照以下几个方面的具体要求做好各项有关工作。

1.正确划清成本费用支出的各种界限

应当划清收益性支出与资本性支出的界限。《企业会计准则》第二十条规定：会计核算应当合理划分收益性支出与资本性支出。凡支出的效益仅与本会计年度相关的，应当作为收益性支出；凡支出的效益与几个会计年度相关的，应当作为资本性支出。如企业为购置和建造固定资产、无形资产和其他资产的支出，不应列入成本费用。其次，应当划清成本费用支出与投资支出的界限。企业为进行各种短期和长期投资而发生的支出，不应计入成本费用。如企业为购买债券、股票而发生的支出，以实物形式投资而投出的固定资产、材料物资的成本等，均不得计入本企业的成本费用。

应当划清成本费用支出与营业外支出的界限。企业被没收的财物、支付的滞纳金、罚款、违约金、赔偿金等，均不应计入成本费用。

应当划清成本费用支出与权益支出的界限。企业缴纳所得税支出，向投资者分配利润的支出，赞助捐赠支出，国家法律法规规定以外的各种付费等，均不得计入成本费用。

应当划清成本费用支出与其他各种支出的界限。如应由福利费负担的支出，偿还各种债务的支出等，均不得计入成本费用。

应当划清各个会计期间的成本费用界限。企业不得为了及时计算成本费用而提前结账，并应当按照权责发生制原则正确使用待摊费用、预提费用，防止利用待摊、预提的方法任意调节各个会计期间的成本费用水平。

应当划清企业各种产品或服务的成本费用界限。企业凡能分清应由某种产品负担的费用应直接计入该产品的成本；不能分清的，应采用比较合理又简便的方法分配计入各种产品的成本。

应当划清完工产品与在产品的成本界限。企业应采用合理又简便的分配方法计算确定完工产品与在产品的成本。不能利用分配方法任意调节完工产品成本，以达到随意拨弄利润的目的。

2. 严格遵循成本费用的开支范围和开支标准

企业应当严格遵循《企业财务通则》和各行业财务制度所规定的成本费用的开支范围和开支标准。有关工业企业的成本费用开支范围和开支标准，将在本书以下有关章节中分别介绍。其他行业的成本费用的开支范围和开支标准，限于本书篇幅不做一一详细介绍，可参见有关行业的财务制度。企业实际发生的成本费用支出如果超过了规定的开支范围和开支标准，则应当在纳税前予以调整，由企业的税后利润负担。

3. 做好成本核算的基础工作

应建立和健全有关成本核算的原始记录。原始记录是成本费用会计的出发点，进行成本计算必须以数据正确可靠、内容齐全完整的原始记录为依据。

有关成本核算的原始记录包括以下几个方面：有关物资消耗的原始记录，如原材料、辅助材料、包装物、低值易耗品的领用等；有关工时利用的原始记录，如工时消耗等；有关产品产量的原始记录，如在产品、产成品、半成品转移、交库等；有关机器设备的原始记录，如设备运转利用等；有关费用支出的原始记录，如零星开支等；有关产品质量的原始记录，如废品发生、质量检验等。原始凭证的填制应当正确完备，并按企业的实际需要，确定恰当的传递流程和归档保管制度。

应制定先进合理的各种定额。定额是企业在进行各项生产经营活动中，在人力、物力、财力的配备，利用与消耗等方面所应达到的标准。定额一般有计划定额与现行定额之分。计划定额是计划期内应达到的平均水平，作为制订计划成本的依据。现行定额是目前所应达到的水平，作为成本考核分析的依据。定额的制定应当先进合理。定额的先进性是指定额需要经过一定努力之后方能达到，而不是轻而易举地；定额的合理性是指定额经过努力是能够达到的，而不是高不可攀的。有关成本核算的各种定额主要包括：消耗定额，如原材料、燃料、动力、低值易耗品的消耗等；劳动定额，如工时消耗、产量标准、停工、缺勤的数量等；利用定额，如机器设备的利用率等；费用定额，如修理费、办公费开支等；质量标准，如一级品率、废次品率等。为了保持各种定额的先进合理性，应根据企业实际情况的变化，及时地定期地予以修订。

应建立和健全有关成本核算的各项制度。企业的各项生产经营活动，应当正常有序地进行。为此，应当建立和健全有关成本核算的各项制度，包括：材料物资的收发领退制度、计量制度、半成品和产成品的转移制度、检验制度、交库制度；财产物资的盘点制度、费用开支的审核批准制度、例外事故的检查分析制度等。

应制定内部结算价格和内部结算制度。为了分清企业内部各个生产单位的经济责任，简化和减轻成本核算的工作，考核各生产单位计划成本的完成情况，需要对原材料、辅助材料、燃料、动力、在产品、半成品和各种劳务等，制定合理的内部结算价格，作为各生产单位之间结算的依据，并建立相应的内部结算制度。内部结算价格的制定，一般可以计划成本为依据，也可以在计划成本上加上一定的利润，以反映各生产单位的工作成果。内部结算制度的建立，应有利于激励各生产单位降低各项消耗，提高工作效率，避免出现相互扯皮、责任划分不清的情况。否则将流于形式，达不到降低成本的目的。

4.确定成本核算工作的组织方式

企业应根据本企业的具体情况，结合管理上的要求，合理组织成本核算工作。做到事前计划，事中控制，事后分析，使成本核算所提供的资料能够正确和及时。成本核算的正确性是相对的，不是绝对的，因为所采用的核算方式往往都具有一定的假定性和适用条件，不可能做到绝对正确。因此成本核算的组织不应过于繁复，应根据管理上的要求合理地予以适当简化，以保证核算的及时性。成本核算工作的组织方式通常有集中核算和分散核算两种。

集中核算又称为一级核算，是把企业的成本核算工作大部分集中在企业财会部门进行，企业内各个生产单位的核算人员只负责提供或初步整理核算资料。集中核算使企业财会部门可以掌握全面的成本费用资料，并可以适当减少核算层次和核算人员，但集中核算不利于企业内各生产单位对所发生的成本费用进行控制，不利于责任制度的落实与运行。

分散核算又称为二级核算，非集中核算，是把大部分的成本核算工作分散到企业内各个生产单位，由它们的核算人员进行，企业财会部门一般只进行企业产品成本的最后汇总计算工作，以及某些不便于分散到各生产单位进行的核算工作。分散核算虽然增加了核算层次和核算人员，但有利于各生产单位掌握本单位的成本费用发生情况，进行及时控制进和分析，有利于责任制度的落实与运行。

　　企业应根据实际需要，从有利于生产发展，有利于形成激励机制等方面的要求出发，考虑决定采用成本核算工作的组织方式。另外，不管采用何种方式，企业应开展班组核算，这是企业职工参与管理的有效形式，也是企业实行经济责任制的基础。

第二节　成本费用核算的基本要求和一般程序

　　企业产品的生产有一定的生产流程，作为成本和费用核算、分析与控制的会计工作同样有自己的核算要求和程序。

一、成本费用核算的基本要求

　　成本费用核算可以为企业生产经营管理提供重要的信息，为了保证产品成本核算的客观性和合理性，除了遵循会计核算原则外，还应该符合以下各项要求。

（一）正确划分生产经营费用和非生产经营费用的界限

　　企业的经济活动是多方面的，会发生各种各样不同的支出或费用；应严格按照国家统一的会计制度规定，根据各支出或费用的用途，区分是否应计入生产经营管理费用。例如，企业购建固定资产的支出，属于资本性支出，就不应该计入生产经营管理费用，而应计入固定资产造价；企业的固定资产盘亏损失、固定资产的报废损失，都不是由于日常的生产经营活动而发生的，也不应计入生产经营管理费用。只有用于产品的生产和销售、用于组织和管理生产活动，以及用于筹集生产经营资金的各种费用，即收益性支出，才计入生产经营管理费用。

（二）正确划分产品生产费用与期间费用的界限

　　为了正确计算产品成本和期间费用，正确计算各期损益，必须正确划分生产费用和期间费用的界限。企业的生产费用会计入产品成本，并在产品销售后作为产品销售成本计入销售当期的损益。

（三）正确划分本期成本费用与非本期成本费用的界限

按照权责发生制原则和配比原则的要求，只有应由本期负担的费用，才能计入当月的产品成本和期间费用；而对于应计入当月的产品成本和期间费用，也不应递延到下期和以后各期。

（四）正确划分各种产品的费用界限

为了正确计算各种产品的生产成本，必须将应计入本月产品成本的生产费用在各种产品之间正确地进行划分。凡属于某种产品单独发生，能够直接计入该种产品成本的生产费用，应直接计入该种产品的成本；不能分清应由哪种产品负担的生产费用，则应采用适当的分配标准和方法，分配计入有关产品的成本。

（五）正确划分完工产品与月（期）末产品的费用界限

月末，如果某种产品已全部完工，那么这种产品的生产费用之和就是该种产品的完工产品成本；如果月末某种产品既有完工产品又有在产品，那么这种产品的各项生产费用就需要采用适当的分配方法在完工产品和在产品之间进行分配，分别计算完工产品成本和月末在产品成本。

二、成本费用核算的基本程序

成本费用核算的一般程序，就是根据成本核算的基本要求对生产经营费用进行分类核算，并按成本项目进行归类直到计算出完工产品成本的基本工作过程。主要包括下列步骤。

（一）确定成本核算对象

企业的生产工艺特点、管理水平和管理要求、企业规模大小不同，成本计算对象也不相同。对于制造企业，成本计算对象有产品品种、产品批号、产品生产步骤三种，企业应根据自身的生产经营特点和管理要求选择适合本企业的成本计算对象。

（二）确定成本项目

企业一般可确定直接材料、直接人工、制造费用三个成本项目，如果需要，可做适当调整，单设燃料及动力、废品损失、停工损失等成本项目。

（三）将生产费用在各成本核算对象之间进行分配

成本计算对象是指企业承担费用的对象。这个步骤首先要确定成本计算对象、成本计算期并设立成本费用明细账，然后按成本计算对象归集和分配各项费用。具体主要包括各种要素费用的归集和分配、辅助生产费用的归集和分配、制造费用的归集和分配、期间费用的归集和结转等。经过这样一系列工作，产品在本期生产过程中发生的各种耗费就分配到了各个成本计算对象中，并按各个成本计算对象的各成本项目归集完毕，计入到各产品成本明细账中。

（四）将生产费用在完工产品和月末在产品之间进行分配

各成本计算对象本期所承担的生产费用，如果期末有的产品已完工，有的尚未完工，这时，还应将生产费用在完工产品和期末在产品之间进行分配，以确定本期完工产品的实际总成本和单位成本。生产费用在本期完工产品和期末在产品之间进行分配，也就是正确划分本期完工产品和期末在产品之间的界限。

参考文献

[1] 郑姐芳.浅析新会计准则对企业财务管理与会计实务的影响 [J].商业观察，2022（28）：93-96.

[2] 李立丹.医院内部审计促进医院财务管理效率提升：评《医院会计实务》[J].中国油脂，2022，47（5）：165.

[3] 许月.新会计准则对企业财务管理实务影响 [J].中国管理信息化，2022，25（5）：83-86.

[4] 杨蕊竹.新收入准则对 CRO 医药企业财务管理会计实务的影响及对策 [J].中国产经，2022（4）：132-134.

[5] 陈凌燕.新会计准则对企业财务管理会计实务的影响探讨 [J].财经界，2022（2）：125-127.

[6] 刘燕汝.新会计制度对医疗机构财务管理的影响探讨：评《医院财务与会计实务》[J].商业经济研究，2021（19）：193.

[7] 刘鹤.新会计准则对企业财务管理会计实务的影响分析 [J].营销界，2021（38）：155-156.

[8] 刘媛.会计信息化对矿山企业财务管理实务的影响：评《有色金属矿山企业财务风险预警系统》[J].有色金属工程，2021，11（9）：145.

[9] 代秀玲.新会计准则对企业财务管理实务影响分析 [J].财经界，2021（23）：77-78.

[10] 金雯.新会计准则对企业财务管理实务的影响及对策 [J].财会学习，2021（19）：119-121.

[11] 刘晓欣.粮食企业财务管理风险防范研究：评《粮食企业会计实务操作手册》[J].粮食与油脂，2021，34（6）：168.

[12] 白莉莉.再谈新会计准则对企业财务管理实务影响 [J].财会学习，2021（12）：105-106.

[13] 魏玉燕.新会计准则对企业财务管理会计实务的影响 [J].商业文化，2021（11）：102-103.

[14] 黎郅斌. 新会计准则对企业财务管理实务的影响 [J]. 财经界，2021（6）：102-103.

[15] 徐卫永. 新会计准则对企业财务管理实务影响研究 [J]. 投资与创业，2021，32（3）：105-107.

[16] 白莉莉. 再谈新会计准则对企业财务管理实务影响 [J]. 商场现代化，2021（2）：139-141.

[17] 胡慧丽. 新会计准则对企业财务管理实务影响分析 [J]. 纳税，2020，14（31）：147-148.

[18] 王静. 探讨新会计准则对企业财务管理实务的影响 [J]. 财经界，2020（28）：119-120.

[19] 刘忠伟. 新会计准则对企业财务管理实务的影响分析 [J]. 纳税，2020，14（22）：57-58.

[20] 王伟. 论管理会计在建筑施工企业财务管理中的应用分析：评《建筑施工企业财务与会计实务》[J]. 电镀与精饰，2020，42（5）：53.

[21] 王玲玲. 管理会计在中小企业的应用研究 [D]. 重庆：重庆大学，2011.

[22] 潘东高. 网络环境下会计理论和方法若干问题研究 [D]. 武汉：武汉理工大学，2003.